2018
中国第三部门观察报告

中国人民大学中国公益创新研究院
公域合力管理咨询有限责任公司
康晓光 冯利 主编

OBSERVATION REPORT ON THE THIRD SECTOR OF CHINA

社会科学文献出版社
SSAP
SOCIAL SCIENCES ACADEMIC PRESS (CHINA)

中国扶贫基金会资助

编写说明

本报告由中国人民大学中国公益创新研究院与公域合力管理咨询（北京）有限责任公司共同完成。报告由康晓光与冯利领导与指导的编写小组执笔完成，编写小组成员主要来自中国人民大学中国公益创新研究院的博士生、硕士生，公域合力管理咨询（北京）有限责任公司的工作人员，以及外部专家、学者。包括：康晓光、冯利、章慧梓、任荣晖、林逸丹、龙萧如、王鹤、王文娜、章一琪，章一琪同时担任编写小组的助理工作。

本报告的编撰工作历时一年，从确定选题到最终形成文稿，经历了复杂的过程。本报告中的主报告、分报告、典型案例均以小课题研究的方式进行，每篇文章写作时基本采用的工作逻辑与工作流程为：（1）确定研究目的；（2）根据研究目的设定研究内容；（3）针对研究内容进行文献研究、综述；（4）针对研究内容，在文献研究的基础上，建立分析思路、分析框架；（5）针对研究内容与分析框架的要求，设计覆盖所需信息的调查方案；（6）按照调查方案，实施田野调查，获取所需经验资料；（7）分析一手资料与二手资料；（8）进行汇总、撰写。每篇文章从立意到撰写提纲，直至形成文稿，编写小组均进行了反复讨论与论证。各篇文章执笔人如下。

第一部分　主报告

超慈善——中国慈善新时代的特征及其由来　　康晓光

第二部分　分报告

慈善欺诈　　冯　利　王文娜

平台模式在共享空间捐赠中的现实运用　　章慧梓

一路走红的轻松筹大病救助平台　　王文娜

目录

Contents

典型人物

第四部分　大事记

第一部分
主报告

超慈善——中国慈善新时代的特征及其由来

一 新现象

最近十年来，在中国慈善领域中，“一簇新现象”爆发性地涌现。做慈善不再是专业慈善组织的“专利”，个人或几个朋友合伙发起和组织慈善活动蔚然成风（如多背一公斤、随手拍），做慈善的企业越来越多而且企业做的慈善也越来越精彩（如百胜餐饮集团的捐一元、腾讯的99公益日、阿里的淘宝公益宝贝计划），媒体主持的慈善项目也是轰轰烈烈（如新华社的公益广告大赛、《公益时报》的中国公益年会）。慈善内涵日益多元，不仅关注传统的社会问题（如扶贫济困、教育、环保），小众的需求也受到关注（如罕见病群体），高端的需求同样受到关注（如健身、朗诵、合唱、临终关怀、科普、非遗保护）。慈善的方法和工具越来越丰富（如众筹、线上募捐、捐步数、光盘行动、绿色出行、冰桶挑战、时间银行）。慈善组织形式也越来越丰富，非正式组织（如越野E族、夕阳再晨团队）、网络型组织（如公益筹款人联盟、河流守望者网络）、基于互联网的平台（如腾讯公益、易宝公益圈）、虚拟组织（如米公益）纷纷涌现。围绕慈善的合作无处不在，慈善领域内部的合作蓬勃发展，跨界合作日益深化。比跨界合作更深刻的是融合，慈善领域吸纳其他领域的要素，其他领域也吸收慈善要素（如今日头条寻人公益项目）。广泛而深入的跨界与融合带来了慈善的“弥散化”，慈善要素进入各个领域，慈善渗透个人和社会生活的方方面面。原有的各种界限被打破了，出现了一些难以辨识的行动和组织类型（如公益营销、社会企业、影响力投资），慈善活动与非慈善活动、慈善组织与非慈善组织的差别不再清晰可辨。慈善领域原有的清晰的宏观结构、运行机制、分工、等级、脉络、趋势也不再清晰可辨。大人物、大机构、大媒体、大资本的影响力下降了，崛起的新一代生力军主宰新兴的慈善。与新兴社会力量携手并进的是如日中天的“互联网+”，它介入一切，改变一切，足迹无处不在，影响至深至远。原来的主流、中心、权威、秩序、逻辑都受到无情的挑战。慈善治理体系也受到挑战，尤其是政府管理方式受到严重挑战，面对排山倒海、扑面而来的新现象晕头转向、手足无措。

这是偶然地同时出现的一批新现象吗？抑或是宣告一个新时代的降生？

这些雨后春笋般喷涌而出的、令人目不暇接、眼花缭乱的新现象，不像是昙花一现的短期现象，也不像是出于偶然地聚在一起，相反，它们表现出鲜明的共性和趋势性，也许还预示了慈善的未来图景。

二　研究思路

要理解今日慈善的“聚变”，需要辽阔的视野，一方面，要超越慈善的范围，另一方面，要超越当下的局限。这意味着，不能就慈善论慈善，而要放宽视野，将慈善置于文明之中进行考察；不能就当下论当下，而要以历史的眼光考察慈善，将慈善置于人类文明历史之中。这正是本文的方法论。

1. 跳出慈善看慈善

为了跳出慈善看慈善，需要建立一个与之相称的描述与解释慈善的框架。

慈善是什么？或者说，如何描述慈善？

所谓“描述慈善”也就是回答如下问题：做什么？谁来做？拿什么做？怎么做？如何治理？

慈善的本质是“利他”。与出于本能的利己不同，利他需要相应的价值观的支持。价值观决定了什么人的什么需求应该得到满足。这就决定了慈善活动的目的、内容和受益对象。

慈善要由人来做。做慈善的人或组织就是慈善行动主体。它可以是个人、群体、非正式组织、正式组织、实体组织、虚拟组织。

慈善需要资源，如各类利益相关者的信息、物资、专业技能、法律条件等。在市场社会中，最重要的资源是钱，因为绝大多数慈善所需的资源都可以用钱买到。资源不会自动来到“行动主体”手中，需要“动员”。这就需要开发和运用有效的“资源动员方式”。

有了目标，有了行动主体，有了所需的资源，还要有解决问题的方案，还要有方案的有效实施。这就是所谓的慈善项目及其执行。正是通过实施项目，慈善行动主体将各类资源转变为提供给受助者的服务或产品。

慈善是有组织的集体行动，也是受到管理的集体行动，包括慈善组织内部的管理、慈善部门内部的管理，也包括来自外部的政府和社会的管理。这一切统称为“治理”。

综上所述，慈善的“描述指标”包括：价值观、内容与受益对象；行动主体及其组织形式；资源及其动员方式；项目运作方式；治理。

什么塑造了慈善？或者说，如何解释慈善？

慈善的“历史”与慈善的“环境”塑造了当下的慈善。

慈善“镶嵌”在民族国家之中。民族国家构成了慈善的“环境”。全球化时代，还要把“国际局势”加入“环境”之中。

慈善文化是大文化的子系统。慈善文化深受大文化的影响，大文化格局决定了慈善文化格局。“文化格局”这一概念体现了文化的多源性及其融合。民族国家的文化格局决定了它的慈善文化格局。

技术对慈善的影响直接、广泛而又深远。前现代慈善、现代慈善、后现代慈善就是对应的技术体系的产物。经济结构对慈善的影响同样至深至广。产业结构通过影响就业结构塑造了社会结构，而社会结构直接影响慈善模式。第三次产业的发展，导致“白领”成为社会中坚力量，并成为今日慈善的“主力军”。

尽管慈善属于民间，但是它无法逃脱政治的影响。政府通过法律和政策影响慈善的治理结构和实际运行。在现代社会中，对于任何领域来说，绝对的自治都是不可能的。实际上，随着时间的推移，国家对慈善的影响越来越大。现代政府在慈善领域的“介入”主要表现为，规定慈善组织的治理结构，规定慈善组织的运行规则，对慈善组织的运行实施监管，为慈善组织提供各种实际支持。当然，慈善组织也会积极主动地影响政治和法律。

全球化时代，各国处于密集互动之中，相互影响无处不在。慈善自然不能例外。一国的文化不仅仅由本土的要素构成，还包含外部的要素。政治和法律也处于紧密互动之中。慈善组织之间的跨国互动也极为发达。

综上所述，慈善的影响因素或“解释变量”包括：文化；技术、经济结构与社会结构；政治制度与法律体系；国际局势。

上述影响因素统称为“文明形态”。

2. 跳出当下看当下

“比较”是一种行之有效的认识方法。本文选择的比较的“基准点”或“参照系”是“现代慈善”。从“现代慈善”这个“基准点”或“参照系”出发，观察和理解“前现代慈善”和“后现代慈善”。这样的“比较”可以视为对慈善的一种“历史回顾”与“趋势展望”。

每个时代都有属于自己的、排他性的、标志性的慈善模式，称之为“自有慈善模式”。“自有慈善模式”基本取决于“文明形态”。可以区分出前后相继的三种文明形态，即前现代、现代、后现代，相应地，存在三种自有慈善模式，即前现代慈善、现代慈善、后现代慈善。慈善的三种模式对应于文明的三种形态。

本文用“总体慈善形态”描述一个时代的慈善的全貌。每个时代都有特定的总体慈善形态。总体慈善形态是历史的产物，是历代慈善实践累积的成果，由曾经存在过的自有慈善模式叠加而成。由此可见，“时间”是一种积极的“建设性力量”。这也就是“慈善的‘历史’……塑造了当下的慈善”的含义。

本文采用韦伯的“理想类型方法”①，描述总体慈善形态和自有慈善模式。关于韦伯的理想类型方法，周晓红有简明扼要的评述：（1）理想类型属于研究者的主观建构，它既源于现实社会，又不等同于现实社会。现实中的社会现象只能与之近似，不会与其完全一致。（2）理想类型尽管是一种主观建构，但并不是凭空虚构的，它以理论结构的形式体现着某个时代社会文化现象的内在逻辑和规则。韦伯指出，“这种理想的类型化的概念将有助于发展我们在研究中的推论技巧：它不是‘假设’，但能够为假设的建构提供指导；它不是现实的一种描述，但却欲图为这种描述提供一种明确的表达手段。”（3）理想类型在一定程度上是抽象的，但它并没有概括也不欲图概括现实事物的所有特征，它只是为了研究的目的侧重概括了事物的一组或某种特征。（4）理想类型就价值而言是中立的。韦伯指出，“我们所谓的理想类型……和价值判断没有任何关系，除了纯逻辑上的完善外，它与任何形式的完美毫不相干。”②

① 〔德〕马克斯·韦伯：《经济与社会》，林荣远译，商务印书馆，2004。

② 周晓红：《理想类型与经典社会学的分析范式》，《江海学刊》2002年第2期，第95页。

三　从前现代慈善到现代慈善

1. 前现代慈善

在本文中“前现代慈善”指农业文明中的慈善。

农业文明的主要经济部门是农业。传统农业的主要生产资料是土地(尤其是耕地)，而且土地的人口承载量很低。所以，人口被束缚在土地上，主要聚落形态是小规模的村社。个人的活动空间非常狭小，不但地理空间非常狭小，社会空间也非常狭小，而且流动性很低，构成所谓“熟人社会”。知识与生产技术进步缓慢。社会的主要组织形式是大家庭、家族、宗族。借助大家庭和传统乡村社区为个体提供各种保障。

前现代慈善一般由地方精英主导。确定救济对象与需要解决的问题，提出解决问题的方案，筹集资源，组织实施等，均由地方头面人物主持。绝大多数的慈善活动是临时性的，局限于本乡本土，而且规模不大。从头到尾由同一个人或一群人实施，没有明显的、稳定的专业分工，参与者也不是以慈善为职业的人，而是“业余的”、“兼职的”、不拿报酬的“志愿者”。也没有现代社会中常见的正式的、专门的“慈善组织”。助人者与受助者直接面对面，不需要中介环节。传统道德构成慈善价值观，风俗、约定俗成的惯例、明文规定的乡规民约构成了慈善的行为规范。慈善属于社会自治领域，政府几乎不干预，也没有专门的法律进行调整。但是，问责是高效的，在熟人社会里，高度透明，没有秘密，一切丑行都会受到千夫所指，而且被世代传播。在慈善领域，家庭、家族、村社、宗教组织发挥“主力军”作用，政府的作用不大，往往在发生大的天灾人祸的时候才会采取行动。

2. 现代慈善

在本文中“现代慈善”指工商文明中的慈善。

占主流地位的“工商文明”就是“现代的”资本主义文明。资本主义市场经济以及由文艺复兴确立的人文化、世俗化、理性化，确立了现代资本主义文明的基础性特征。资本主义市场，加上以现代科学为基础的技术体系，有力地推动了工业化和城市化。制造业取代农业成为主导产业。以效率至上、科学管理为特征的福特制生产方式大行其道。工业化和城市化导致了人口的大规模流动（从农业流向工商业、从农村流向城市），彻底摧毁了以农业为基础的世代定居的乡土社会。城市取代农村成为主要的人口聚居场所，相应地，大规模的“匿名社会”取代了小规模的“熟人社会”。个体的独立性、自主性、流动性空前提高，个人主义价值观盛行，传统的大家庭解体，核心家庭成为主要的家庭形态。现代民族国家成为最大的也是最重要的政治组织形式。与此同时，分化出由政府、营利组织（企业）、非营利组织（慈善组织属于非营利组织）构成的三大部门。科层制成为覆盖一切领域的组织形式。个人一生中所需的各类保障，不再由家庭和社区提供，而由社会和政府来提供。

工商文明塑造了全新的慈善模式，即现代慈善模式。

亚当·斯密指出的经济组织原理——分工与专业化——也支配了慈善领域。社会分化出一类专业机构（慈善组织），其职能是发现问题、提出解决方案、筹集资源、实施救助。“前现代慈善”中的“慈善家”的职能被分割了，“现代慈善”中的“慈善家”仅仅出钱、出物、出力，而不再参与发现问题、制定解决方案、筹集资源、组织实施等环节的工作。在现代慈善中，慈善组织是连接提供慈善资源的人与接受救助的人的“合法的”桥梁。它本身并不是“慈善家”，仅仅是“中介者”或“中转站”。

慈善组织采取的组织形式是科层制——有得到政府管理机关认可的法人身份，有正式的章程，有规范的组织结构，有专职工作人员。此类“正式慈善组织”主宰了现代慈善，至少被认为是现代慈善的“主力军”。

一般来说，绝大多数的慈善组织的专职工作人员，不是业余的、兼职的、不计报酬的志愿者，而是以此为职业并靠这份工作养家糊口的“从业者”。他们本身不是“慈善家”，既不捐款、捐物，也不无偿贡献时间和技能，而是一般的“工薪劳动者”，靠在慈善组织就业谋取一份收入，以支撑自己和家庭的生活所需。

现代慈善也不再是临时性的、地方性的、小规模的集体行动，而是常规性的、持续性的、大范围的、大规模的集体行动。理性化——效率至上、科学管理——导致慈善组织追求规模化、持久性，其项目具有大规模、大范围、标准化、稳定、持久的特征。

政府深度介入慈善领域，法律发挥着不可或缺的调节作用。政府的主要管理工具，除了立法，还有注册管理、税收优惠、审计等。这也是“大政府时代”，政府大踏步进入慈善领域，从摇篮到墓地，包揽个人的一切需求。一些过去由民间慈善解决的问题，由政府接管了，成为行政职能的组成部分。具有人道主义诉求的慈善内容，也逐渐体现在法律层面，由政府兑现，保障公民权利。

在慈善领域中，价值观清晰、单纯而稳定；需求结构简单而稳定，同样供给结构简单而稳定；各类慈善组织分工明确，主次分明，呈现出清晰而稳定的地位结构；总体格局清晰、严整、井然有序，而且非常稳定；各种意义的“中心”广泛存在，而且清晰可辨。慈善领域便于观察、描述、解释、预测。

为了鼓励慈善捐赠，现代政府对捐赠给予税收优惠。为了防止有人将遗产继承、私人赠与等伪装成慈善捐赠以逃避纳税责任，政府及其法律将受益者必须是“不确定的多数”视为“慈善”的定义性特征。（这也是个人流动性剧增、聚落大规模化、个体匿名化的必然结果，也与公众意识、国家意识、全球意识的普及密切相关。）这样一来，亲人之间、邻里之间、朋友之间、单位同事之间的互助就被排除在“现代慈善”之外了，而这恰恰是前现代慈善的主要类型。政府对前现代慈善，任其自生自灭，不承认，不鼓励，不反对，不纳入法律调节，也不给予经济鼓励（税收优惠），于是慈善的外延被大大缩小了。尽管受到现代慈善有意无意地压制、排斥，在现代社会里，前现代慈善依然存在，当然，不是原封不动地保留下来，而是经过了适应性调整。

四　从现代慈善到后现代慈善

根据本文建立的解释框架，塑造慈善模式的因素或变量包括：文化；技术、经济与社会结构；政治制度与法律体系；国际局势。在本文的情境中，即最近十几年的中国变化最显著的变量是“技术”与“经济与社会结构”。所以，我们从“技术变化”和“经济与社会结构变化”入手，观察和解释慈善的变化尤其是后现代慈善的诞生。

1. 社会变量的作用

要理解经济社会发展对慈善的深远影响，首先要了解马斯洛的需求理论。马斯洛把人的需求分为生理需求、安全需求、爱和归属感、尊重、自我实现五类。他指出，在多种需要未获满足前，首先满足迫切需要；该需要满足后，更高的需要才显示出激励作用。某一层次的需要相对满足了，就会向高一层次发展，追求更高一层次的需要就成为驱使行为的动力。同一时期，一个人可能有几种需要，但每一时期总有一种需要占支配地位，对行为起决定作用。各层次的需要相互依赖和重叠，高层次的需要发展后，低层次的需要仍然存在，只是对行为影响的程度大大减小。马斯洛理论把个人需求和社会需求的当前关注重点与个人成长阶段和社会发展阶段关联起来——随着经济发展，收入提高，生活水平提升，教育发达，媒体发达，社会保障发达，人们的低级需求得到满足，高级需求涌现，社会归属感提高，社会责任感提升，爱人之心、利他之心也随之高涨。马斯洛理论告诉我们，人类发展的过程就是低级需求不断满足的过程，就是需求层次不断提升的过程，就是利他精神逐步丰盈的过程，就是利他精神越来越有力地约束、征服利己之心的过程。

下面回到正题。

经过持续的高速发展，中国的经济结构发生了重大变化，经济重心由制造业转变为服务业。相应地，从事服务业的“白领阶层”成为社会的主导阶层。他们主导需求结构，引领并塑造文化和生活方式的风尚、气质与演变方向。与此同时，卖方市场转变为买方市场，消费者掌握了市场主导权。这样一来，稳定的、均质化的消费需求被多变的、个性化的消费需求所取代，随之而来的是，大规模生产式微，以满足个性化需求、大规模定制、弹性生产为标志的“后福特”生产模式兴起。此所谓“后工业社会”，也称为“高技术社会”、“信息社会”、“富裕社会”、“发达社会”。

科技、经济结构、社会结构的变化带来了价值观、行为方式、生活方式、需求结构的深刻变化。由于白领阶层的基本需求（马斯洛所谓的低级需求）已经得到满足，于是高级需求被提上议事日程。又由于他们是主导阶层，所以在整体上马斯洛的高级需求被提上了社会议事日程。英格尔哈特所谓的“后物质主义文化”兴起，精神性追求上升。价值观个性化、多样化，主流道德、主流理论的主导性下降，道德相对主义盛行，相应地，社会的包容性提高。

白领崛起、富裕社会出现、高级需求上升，带来一系列深刻的后果。

首先，慈善需求发生了巨变。

从受助者的需求来看。在后工业社会中，人们的基本需求“基本上”得到了满足。根据马斯洛的需求理论，低级需求满足之后将追求更高的需求，所以后工业社会追求高级需求的满足。需求等级越高，需求就越是个性化、多样化、小众化，而且不断变化。

从助人者的需求来看。以中产阶级为主体的助人者群体，价值观高度多元化，而且参与慈善的积极性很高，自主性很强，行动能力也很强，并且拥有一定的资源。所以，他们定义的“慈善需求”也表现出高度的多元化，也具有个性化、小众化、随时变化的特征。

从民间与政府的分工来看。越是低级需求，刚性和同质性越强，满足此类需求的行动越是具有刚性、普遍、稳定、持续的特征，越是适于由政府予以满足。越是高级需求，弹性和差异性越强，个性化越突出，满足此类需求的行动越是具有弹性、小众、小规模、变动不居的特征，越是适于由非政府主体（个人、群体、慈善组织、企业）予以满足。随着社会的发展，此前未被满足的需求得到满足，越来越多的需求得到满足；越来越多的需求得到刚性的保障，被法律规定，由政府负责，进入公民权利清单；留给社会满足的需求，越来越高级，越来越多样化、小众化、个性化、富有弹性、随时变化，具有越来越鲜明的“后现代特征”。

人类的需求经历了这样一种演变过程：先是被无视、忽视，无人问津，得不到普遍满足被认为是天经地义、很正常、不是问题；然后是被认识，感到应该得到普遍满足，但是仅仅作为“道德诉求”，能满足更好，不能满足也可以接受；再就演变成为必须得到普遍满足的需求，刚性的要求，成为法律规定的政府必须予以保障的公民权利。

其次，慈善的供给发生了巨变。

社会经济发展带来的后果之一就是全社会的道德水准提升，利他、助人、责任意识普遍提升。人人有慈善意识，各个部门也都有慈善意识。其结果就是慈善的行动主体剧增。一方面，人人参与慈善。普通人除了给慈善组织捐款、捐物、做志愿者，还可以发现问题、设计解决方案、筹集资源、组织实施。慈善不再是少数人的“职业”，而是成为大多数人的“业余活动”，成为个人生活的必不可少的组成部分。另一方面，各部门参与慈善。慈善不再是“慈善组织”、“公益组织”、“非营利组织”的“专利”了。所有部门都在“做公益”，慈善要素进入所有领域。围绕慈善的跨部门合作蔚然成风。此前的部门界限被打破了。行动主体的剧增又带来了“附加结果”——慈善创新能力暴涨，慈善发展日新月异。

另外，从受益方来看，权利意识提升了，能够更积极主动地提出诉求，而且能够直接采取行动解决自己的问题，也就是说，受益者成了自助者。

2. 技术变量的作用

科技革命，尤其是“互联网革命”，给慈善带来了广泛而深刻的变化。

互联网的本质就是“连接”。强大的“连接”能力使得所有的人、事、物都能被瞬间触及，便捷、高效而且成本低廉。如今互联网已经成为真正的“公共基础设施”，任何个人和组织都可以自由使用，由此产生了广泛的“互联网+”。互联网可以“+”任何东西。慈善的各个环节——确定需求、资源动员，集体行动的组织协调，线上与线下的互动，资源提供者、传递者、受益者之间的各种资源的传递，由于互联网的存在，门槛降低了，成本降低了，效率提高了。

互联网降低了通信成本和门槛。更为重要的是，互联网为越来越多的人提供了更畅通的民意表达和更广泛的社会及政治参与空间。普通个人不再是信息的被动获取者，而是信息的生产和发送者。互联网不但促进了单向的信息传播，也促进了人与人之间双向的信息交流。在此基础上，实体世界里的人与人的互动更加便捷。现在只要拥有一台电脑或者一部智能手机，任何人都可以接入互联网。无线网络的发展使得人们可以随时随地上网。智能手机的发展使其进入了“移动互联时代”。

作为一项集体行动，有效的慈善需要“共识”。慈善首先需要建立关于“需求”的共识。建立需求共识需要发现客观存在的问题，再从众多的问题中筛选出要着手解决的问题。这都需要大量而频繁的信息交流。慈善需要有人来做，要有一个合格的团队，也就是说需要“聚人”。而“聚人”也需要大量而频繁的信息交流。只有人还不够，慈善还需要“筹款”。筹款需要向筹款对象发送信息，说服筹款对象使之同意捐款，同意捐款的人要把钱付给筹款者，筹款者还要给捐款者提供收据。这里不仅需要传递和交换信息，还需要传递货币和单据。有了目标，有了行动主体，有了所需的资源，还要有解决问题的方案，还要有方案的有效实施。项目设计及实施同样需要大量而频繁的信息交流。互联网帮助行动主体有效地克服了各种自然和人为的障碍，大幅度降低了信息传递成本，也大幅度降低了货币传递的成本（通过银行卡、移动支付）和单据传递的成本（通过电子单据），从而大幅度降低了慈善的成本。

互联网还引起了一场广泛而深刻的“组织革命”。确定需求、聚人、筹款和实施项目都需要“组织”（动词），而“组织”（动词）离不开“组织”（名词）。互联网打破了自然和人为的限制，使个体的力量得到前所未有的增长，组织方式和行动方式发生了巨变，集体行动广泛地发生，并深远地影响了人们的理念和思维方式。

互联网改变了实体组织的运行逻辑和组织结构。互联网的运用大幅度降低了组织内部的沟通成本，管理幅度增大，层级减少，组织趋于扁平化；同时，网络型协作更加普及，决策方式也更加分散，参与性更强。比改造实体组织更伟大的变革是创造虚拟组织。社交软件的出现是发生在互联网上的又一场伟大的组织革命。Facebook、微博、微信等社交网络，其本质是形式化的、通用的、开放的、人人可用的、触手可及的、简单的、免费的“组织”。它们是“组织的平台”。拥有一个自己的“组织”（名词），自发地“组织起来”（动词），不再是困难的事情，成本高昂的事情，难以企及的事情，而是简单的事情，廉价的事情，轻松愉快的事情。权力和金钱有效地垄断“组织”这种最重要的“资源”的时代结束了。互联网一定程度上使得公众能够有效地运用宪法赋予的权利。

在现代慈善中，实体组织是最主要的行动主体。实体组织较之个人更为强大，能够完成许多个人无法完成的任务。但是，获得这种优势是有代价的。实体组织需要办公场所、办公设备、水电采暖费用、人员费用、纳税等，还要到政府管理部门登记并接受监管。所以，成立并运营一个实体组织的门槛是很高的，普通人根本无法承受。因此，在现代慈善中，个人只能扮演捐赠者或志愿者的角色，以给实体慈善组织捐款、捐物、无偿贡献时间的方式参与慈善，而不能承担发现问题、确定需求、设计解决方案、动员资源、组织实施的职能。然而，互联网改变了这一切。

在现代慈善中，组织规模越大，组织实力就越强。后工业社会中，出现了大量的、多样化的、个性化的需求，只有“灵活”的组织才能适应这种环境。与大型组织相比，小规模组织往往更加灵活。因此，在后工业社会与互联网叠加的时代，大组织相对于小组织的优势下降了。

在现代慈善中，实体组织是“慈善组织化”的唯一载体。后工业社会与互联网叠加改变了这种局面。在后现代慈善中，个人可以出于兴趣和爱好，借助互联网快速找到一群志同道合的人，并发起集体行动。人们也可以借助互联网建立虚拟组织，从寻找组织成员到实施集体行动都可以在互联网上完成。借助互联网产生的组织（既是名词又是动词），自发、自主、分散，可以快速聚集，可以随环境变化而瞬间解散，也可以根据需要持续地生存下去。这样一来，个人或人们可以不再依赖于庞大的实体组织，不再需要跨越高不可攀的门槛，不再需要支付常人或小群体无力支付的成本，而是借助互联网自主地组织起来，酝酿、发起、实施并完成集体行动。可以说，互联网及虚拟组织解除了个人对实体组织的依赖，个人不依靠实体组织也可以高效率地组织集体行动。

互联网使个人成为积极的“主角”，而不仅仅是消极的“配角”。依托互联网强大的“连接”功能，个人可以自主地发现问题，设计解决方案，向社会广而告之，募集各种资源，并组织实施。这就是后现代慈善中行动主体的“个体化”或“去组织化”。随之而来的，一方面是慈善的“业余化”、“兼业化”、“普遍化”；从另一方面看也就是“去职业化”、“去专业化”。

在现代慈善中，专业慈善组织是唯一的、合法的“中介”。互联网打破了这种局面。借助互联网，助人者可以“越过”专业慈善组织与受助者“直接对接”；而受助者可以直接向社会求助，解决自己的问题，而不再求助于各种“中介”。这就是互联网的“去中介化”效应。

综上所述，互联网改变了慈善领域中的权力分配格局：大组织相对于小组织的优势下降了；实体组织相对于虚拟组织的优势下降了；组织相对于个人的优势下降了；助人者相对于受助者的优势下降了。

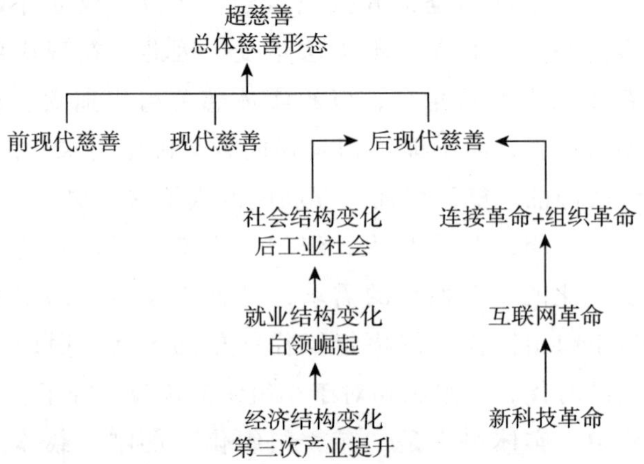

图1　后现代慈善暨超慈善形成机制

3. 两大变量交互作用的结果——后现代慈善诞生

社会变量与技术变量各显神通，且相互激励，造就了后现代慈善。与此前的自有慈善模式相比，后现代慈善自有“独特之处”。

其一，价值观。后现代慈善拒绝宏大叙事，反权威，反主流化。后现代慈善的价值观高度多元化，且不断变化，而且这种变化含有很强的不确定性和不可预测性。后现代慈善主张多种道德诉求共存的正当性。

其二，行动主体。属于后现代慈善的行动主体是个体、小团体、虚拟组织、网络型组织、非专业慈善组织。与现代慈善相比，呈现出鲜明的去组织化、去专业化的色彩。后现代慈善的“主导势力”是中产阶级，而不是现代慈善中的大捐款方、大慈善机构、行业大佬、有话语权的学者和各类“明星”。

其三，组织形式。从微观层面来看，小型化、非正式、虚拟性、模糊性、流动性、扁平型、网络型、平台型，构成了后现代慈善的组织形式的“特征集合”。与之形成鲜明对照的是，实体科层制组织是现代慈善的唯一的、合法的组织形式。从宏观层面来看，现代慈善的分工和部门化逻辑被打破了，渗透与融合无所不在，各类边界模糊化，慈善弥散化。在后现代慈善中，分工、界限、等级体系、权力结构、演变趋势不再是清晰、稳定、可预见的了。

其四，项目及其运作方式。后现代慈善主要回应高级需求，其特征为弹性大、个性化、小众化、多样化、变化快。相应地，后现代慈善反对单一化、标准化、普遍化、大规模的项目设计原则，对项目的确定性、稳定性、持久性亦不以为然。作为中产阶级的慈善，后现代慈善既张扬个性，又主张平等，既反对千篇一律、苍白平庸，又反对精英主义、父爱主义。后现代慈善的项目运作方式也具有突出的特征，一是去中介化，助人者与受助者直接对接；二是广泛的跨界合作，核心竞争力理论、战略联盟理论、“长板原理”得到广泛运用；三是平台战略大行其道，以互联网为基础设施的各类平台占据枢纽位置，发挥着协调与整合的功能；四是行为边界“模糊化”，如公益营销、社会企业、影响力投资的行为目的、主体身份、治理结构均含混不清，亦此亦彼的杂乱混淆取代了非此即彼的明确清晰。

其五，治理。现代慈善基于实体组织和实体空间行为建立了一整套治理模式。在后现代慈善中，这套治理模式的有效性大打折扣，有的“部件”甚至彻底失灵了。

由上述“独特之处”可知：其一，后现代慈善是对以往慈善的价值观、行动主体、组织形式、运作方式、各种分工与边界的全面超越；其二，后现代慈善不是过去的平滑的延续，不是单纯的连续的量变的积累，而是发生了质变。在后现代慈善与现代慈善之间存在一个不可抹杀、不可逾越的“断裂”！

第二次世界大战将工业文明的优势与弊端集中地展现在世人面前。这场人类浩劫宣告了工业文明黄金时代的终结。20 世纪 60、70 年代，西方世界的年轻一代，主要是学生和艺术家，掀起了声势浩大、轰轰烈烈的“反叛运动”。与此同时，信息文明登上人类历史舞台，渐渐后来居上，成为大戏剧的主角。20 世纪中叶以后，所谓“后工业社会”、“高技术社会”、“信息社会”、“富裕社会”、“后现代社会”开始形成，后现代慈善模式也开始在其中孕育，逐步成长，并将自己显示在世人面前。由此可见，尽管“后现代慈善”在中国尚属“新现象”，但是从世界范围来看，它绝不是眼下、瞬间产生的现象，而是一个过程，更是一种趋势。就世界慈善而言，后现代慈善的历史可以追溯到半个多世纪之前。

表 1　三种自有慈善模式比较

	前现代慈善	现代慈善	后现代慈善
价值观	明确，单一，高度稳定。	明确，多元，稳定。	多元化，变动不居，不确定，不可预测。
行动主体	个人，家族，村社，宗教组织。 主导者为地方精英。	专业慈善组织。 主导者为大捐款方、大慈善机构、行业大佬、有话语权的学者和各类“明星”。	个体，小团体，虚拟组织，网络型组织，非专业慈善组织。 去组织化，去专业化。 主导者为青年和中产阶级。
组织形式	非正式组织。 参与者为业余的、兼职的、不拿报酬的“志愿者”。 无专业分工。	实体科层制组织。 从业者为专职的工薪劳动者。 分工、界限、等级体系、权力结构清晰、稳定、可预见。	小型化，非正式，虚拟性，模糊性，流动性，扁平型，网络型，平台型。 渗透，融合，边界模糊化、慈善弥散化。 分工、界限、等级体系、权力结构、演变趋势不清晰、不稳定、不可预见。

续表

	前现代慈善	现代慈善	后现代慈善
项目及运作方式	助人者与受助者直接对接。 临时性，地方性，小规模。	组织化，分工与专业化，中介化。 常规性，大范围，大规模，持续性。	慈善需求弹性大、个性化、小众化、多样化、变化快。 反对单一化、标准化、普遍化、大规模的项目设计原则。 运作方式去中介化，跨界合作，平台战略。
政府角色	几乎不干预。	深度介入慈善领域，立法，监管，福利国家。	政府面对慈善治理失灵的挑战。

五　超慈善

所谓“超慈善”指一种“总体慈善形态”，它由前现代慈善、现代慈善、后现代慈善三种“自有慈善模式”叠加而成。本文的描述与分析表明，当今中国的总体慈善形态即属于“超慈善”。

后现代慈善的兴起并不意味着原有的自有慈善模式的消亡。前现代慈善和现代慈善仍然存在，只不过发生了适应性改变。在互联网的影响下，前现代慈善焕发了新的活力，个体化的慈善、非正式组织的慈善、去中介化的慈善（如轻松筹的个人大病救助平台）大行其道。现代慈善组织也积极回应新的机遇，改造组织形式，开发新的需求，运用新的工具，如爱佑基金会实施加盟战略，在“99 公益日”为加盟伙伴提供非定向配捐。后现代慈善生气勃勃，一大批企业跨界参与慈善，而且做得风生水起，大有喧宾夺主之势，如腾讯公益基金会的“为村”和“99 公益日”。跨界合作如火如荼，如中国扶贫基金会与 IT 企业合作将区块链技术引入公益项目之中（顶梁柱项目），其“善品公社项目”则与苏宁、京东、天猫等开展合作。融合也日益深化，社会企业、共益企业、影响力投资声势夺人。

超慈善已经出现，超慈善仍在发展之中。在中国，现代慈善起步较晚，充其量只有三十多年的历史，尚未发育成熟。前现代慈善也处于恢复之中。不成熟的老模式，在发展的同时还要适应新的环境。后现代慈善方兴未艾，势不可挡，与老模式争锋，同时也在有力地改造老模式。目前，三种自有慈善模式并存，并且均处于发展之中，呈现出重叠发展、叠加创新的局面。慈善世界因而更加丰富，更加厚实，更加有力，也更加庞杂，更加动荡，更加迷茫，但是生机与活力也就蕴藏其中，各种可能性呼之欲出。

超慈善是机遇也是挑战。机遇前所未有，未来不可预知。挑战也前所未有，我们熟悉的旧世界有可能被撕裂或者干脆被摧毁，取而代之的却未必是一个令我们满意的新世界。如何抓住慈善发展的新机遇？如何控制后现代慈善的破坏性潜力？如何实现三重慈善模式的顺畅叠加？特别是，如何保障慈善的本质属性——利他——得到一以贯之的尊重和坚守？慈善将如何进一步发展？慈善将如何改变我们和世界？我们应如何应对这些广泛而深刻的变迁？我们的心态要不要改变？我们的认知要不要改变？在“碎片化”和充满“不确定性”的时代如何“立心”与“立命”？要不要有一种主导性的慈善价值观？如果需要，它是什么？

到目前为止，对于上述问题，本人还没有确切的答案。所以，只能以一系列问题结束这篇文章。希望本文对今日中国慈善世界的描述与解读，能够激发更多的人面对现实，严肃思考，并通过思考找到未来的目标与出路。

未来还有一种和谐的慈善世界吗？抑或是我们就不应该继续幻想拥有一个秩序井然的未来慈善世界？无论如何，“万物并育而不相害，道并行而不相悖”应该是我们始终如一的理想！

第二部分

分报告

慈善欺诈

近年来，在我国慈善事业面临良好发展机遇的同时，也面临着巨大的发展风险，其中，慈善欺诈成为重大风险。“挂羊头卖狗肉”，假慈善之名，行自利之实者大有人在。慈善欺诈事件层出不穷，事件本身更为隐蔽，带来的后果愈加严重，对慈善领域乃至整个社会造成巨大的危害。防范慈善欺诈变得难上加难，防不胜防。如，2017 年 4 月新闻披露的“老人被骗鸟巢领钱”事件；2017 年 7 月 21 日公安部官方公布的伪慈善“善心汇”敛取巨额资金事件……

今天，慈善欺诈的具体表现及发生逻辑和成因具有极为显著的中国特色，慈善欺诈在中国猖獗蔓延，已经到了不得不揭露和惩治的地步。各类欺诈者花样百出，扮演公益组织、捐赠者、受助者、公益组织合作伙伴等进行诈骗，手段不一而足。有人捐钱捞慈善头衔，有人借此非法集资，有人造势公益性捐赠，却中饱私囊。有机构“卖”慈善，赚真金；有机构以慈善立世，收巨额会费发财……慈善不仅成了任人拿捏玩弄的漂亮木偶[①]，更成了欺诈者畅行无阻的通行证。

互联网的深入普及，为无德之人敛财创造了极佳的条件，“假慈善”、“伪爱心”如虎添翼。以往欺诈手段不仅没有消失，反而更加高明，线上线下齐头并进。

摧毁慈善的最好办法就是以善作恶！本文只列举了极为少数的案例，这些仅仅是中国慈善欺诈的冰山一角，每日发生的、正在酝酿中的慈善欺

① 《慈善不能成为欺诈谋私的诱饵》，http://365jia.cn/news/2012-03-17/56A290750EF87976.html。

诈事件几乎可以说无法计数。

关注中国慈善领域和慈善事业发展的人士需要反思，为什么近年来中国慈善欺诈事件持续不断，且具有极强的生命力而愈演愈烈？问题到底出在哪里？期望本文在寻找其中的答案时，能够提供有益的启示。

一　慈善欺诈的定义

在汉语中，“欺诈”是指用狡猾奸诈的手段骗人。在西方语言中，其基本含义与汉语是一致的，都是欺骗的意思。罗马法上的诈欺是指“一切蒙蔽、欺骗、欺诈他人而采用的计谋、骗局和手段”。也就是说，诈欺不能被看作一种心态，而是一种有损害他人恶意的行为。在我国，对欺诈的权威解释来自民法领域。1988 年我国最高人民法院在《关于贯彻执行〈中华人民共和国民法通则〉若干问题的意见（试行）》第 68 条中，对“欺诈”做出了司法解释，即“一方当事人故意告知对方虚假情况，或者故意隐瞒真实情况，诱使对方当事人作出错误意思表示的，可以认定为欺诈行为”。

关于欺诈的构成要件，尽管有不同的表述，但被大多数学者们采纳的要件有四项。

第一，主观方面：欺诈方有欺诈的故意。所谓欺诈的故意，是指欺诈方明知自己的欺诈行为会或者可能会使对方陷于错误的认识，而希望或者放任这种结果的发生。

第二，客观方面：欺诈方实施了欺诈的行为。所谓欺诈行为，是指为使被欺诈者陷于错误判断，或加深其错误、保持其错误，而虚构、变更、隐匿事实的行为。沉默，如依法律、习惯或契约有告知义务的场合，应构成欺诈行为。

第三，因果关系 1：被欺诈一方因欺诈而陷入了错误的认识。这一要件强调的是欺诈一方的欺诈行为与被欺诈一方的受欺诈之间具有因果关系。换言之，被欺诈一方陷入了错误的认识是欺诈一方欺诈行为的结果。

第四，因果关系 2：被欺诈一方基于这种错误认识作出了意思表示。即错误判断与意思表示之间具有因果关系。①

① 董勤：《对合同法欺诈构成要件的探讨》，《当代法学》2003 年第 9 期。

何谓“慈善欺诈”，目前并没有明确定义，有时以“伪慈善”“诈捐”“骗捐”等词语出现。本文基于对“欺诈”的法律解释，通过对大量慈善欺诈事件的观察与分析认为，一方当事人（欺诈方）以慈善的名义，故意告知对方虚假情况，或者故意隐瞒真实情况，诱使对方当事人（被欺诈方）作出错误意思表示的，为慈善欺诈。欺诈方的真实意图是打着慈善的噱头谋取个人利益。需要说明的是，本文对慈善欺诈的界定尚未包括人们从道义的角度根据自己的价值观判定的欺骗或者谎言，即不包括单纯的欺诈意思表示。

简单来说，借慈善之名，与慈善有关的欺诈是慈善欺诈。

二 慈善欺诈的类型及特征

我国的慈善欺诈名目繁多，手法不断翻新，具有很强的迷惑性。从以往学者的研究中可以发现，对欺诈类型的划分并无统一标准，但欺诈行为的主要表现形式是划分欺诈类型的重要依据。即一般都是从字面意思上简单地对欺诈的行为方式进行概括，从而归结出欺诈类型，比如诈捐。本文根据欺诈方主体、欺诈内容和手段的不同，结合具体的欺诈事件，在细致分析欺诈事件主要表现形式的基础之上，归结出慈善欺诈类型。欺诈者（及其所扮演的“角色”）可以分为“捐赠者”“伪慈善组织”“正规慈善组织”“慈善组织员工”“‘做善事’的企业/个人”“求助者”等；被欺诈者包括公众、消费者、求助者、政府部门、公益组织、企业等；欺诈手段则五花八门，包括“诈捐”“传销”“集资”“寻租”“炒作”等手段（见表1）。

表1 欺诈的类型、手段、主要欺诈对象及案例说明

欺诈者“角色”	欺诈手段	主要欺诈对象	案例说明
捐赠者	诺而少捐 诺而不捐	受资助方、公众	【案例 A－1】企业举“捐赠 20 万元支票模型”道具，捐赠 2000 元后失踪
	直播	消费者	【案例 A－2】快手网络主播真直播假捐赠被追究刑责
	骗税	政府	【案例 A－3】尚德“诈捐门”虚开捐赠发票抵税

续表

欺诈者“角色”		欺诈手段	主要欺诈对象	案例说明
伪慈善组织	冒用慈善组织身份	非法募款	公众	【案例 B-1】不法分子盗用儿慈会名义吸收捐款为个人所用
		卖会员	公众	【案例 B-2】不法分子盗用中国美术家协会名义卖假会员
		收好处费	公众	【案例 B-3】中国警察论坛被开除志愿者借论坛名义承诺好处敛财
		非法集资	公众	【案例 B-4】不法分子假借国字头基金会名义以高息为诱饵实施集资诈骗
		公益噱头引流	公众	【案例 B-5】不法分子冒用中国扶贫基金会名义进行营销引流
	编造慈善组织身份	非法募款	公众	【案例 B-6】百色助学网以助学为名募捐，实为敛财和性侵被救助女童
		卖会员	公众	【案例 B-7】山寨社团被民政部通报后仍旧收费卖会员
		公益噱头促销	消费者	【案例 B-8】山寨社团“中华学生爱眼工程促进会”以慈善活动为名义坑害消费者
		兜售山寨奖项	企业、公众	【案例 B-9】品牌中国产业联盟隐瞒商业机构身份以“社团”名义兜售山寨奖项
		收保证金	求助者	【案例 B-10】不法分子虚构“爱心基金会”收取白血病患病家属保证金
		非法寻租	政府	【案例 B-11】山寨社团“中国科技创新与战略发展研究中心”推项目拉投资
正规慈善组织		非法吸收公众存款	公众	【案例 C-1】河南省宋庆龄基金会被指非法吸收公众存款
		刷单套捐	公众、捐助方	【案例 C-2】“99 公益日”众多知名慈善组织身陷“套捐”嫌疑
		项目造假	公众	【案例 C-3】福建新华都慈善基金会“蓝天工程”项目弄虚作假
		宣传造假	公众	【案例 C-4】公益“零成本”成部分基金会竞争筹款的砝码涉嫌宣传欺诈
慈善组织员工/志愿者		买卖政策优惠	政府、公益组织	【案例 D-1】深圳市施惠零铅工程慈善基金会创始人买卖免税发票和落户积分
		职务侵占	公众	【案例 D-2】公益明星“义工李白”，编故事，侵吞善款
		截留善款	公益组织	【案例 D-3】红基会志愿者马书军截留善款

续表

欺诈者“角色”		欺诈手段	主要欺诈对象	案例说明
“做善事”的企业/个人	非法企业	传销/非法集资	公众	【案例 E-1】“善心汇”借“精准扶贫”名义行传销之实
				【案例 E-2】“民族资产解冻”打着“精准扶贫”口号进行传销
	个人	炒作	公众	【案例 E-3】“跪爬母亲”“小女孩为晕倒环卫工撑伞”借慈善为名恶意炒作
		寻租	政府、公众	【案例 E-4】云南“慈善妈妈”借慈善之名从政府低价拿项目
	合法企业	侵吞捐赠物	捐赠者	【案例 E-5】杭州市经营 2 年的“大熊猫”旧衣物回收掐“大头”捐零头
		公益噱头促销	公益组织	【案例 E-6】莆田系医院借公益项目提供免费检查的名义招揽患者入院
求助者		借热点骗捐	公众	【案例 F-1】杨彩兰利用天津滨海新区爆炸事故网上骗“赏”
		隐瞒事实骗捐	公众	【案例 F-2】罗尔隐瞒事实骗捐
		虚构事实骗捐	公众	【案例 F-3】“知乎女神”童瑶虚构身份和悲惨故事骗取捐款
		伪造公文骗捐	公益组织	【案例 F-4】亿万富翁伪造公文骗取中华慈善总会援助药品

欺诈者所扮演的“角色”不同，其本身的身份、欺诈动机、欺诈手法和欺诈对象，以及被揭露后所受的惩罚也明显不同。

1. 欺诈者的类型及特征

（1）捐赠者

角色为“捐赠者”的欺诈者主要是名人、明星或企业。

名人、明星进行慈善欺诈，其目的是“为名”，但是又不想真的花那么多钱，希望将慈善捐赠作为“免费广告”，“诺而不捐”或“诺而少捐”，通过吹嘘、抬高自己捐赠的善款金额，来骗取公众、媒体的好感度，从而间接地为自己赚人气，最终获得更多的名牌代言费或利益回报。他们采用的欺诈手段很简单，会将爱心捐助变成“演出作秀”，承诺的捐助资金成了“演出道具”，在台上扮演冠冕堂皇的“捐赠者”，台下则变成口是心非的“赖账者”，走形式、做宣传、出风头。

企业“诺而不捐”相对隐蔽，一般是企业家在公开场合高调公开承诺给慈善组织/慈善项目巨额捐赠，利用自己企业家的身份博得公众和政府的信任，从而获得良好的名誉回报和经济回报，事后却食言，开口头支票。汶川地震发生后，一份曾在2008年5月27日到6月19日频频更新的“捐款捐物表”引起了前所未有的“捐款秀”质疑风波。中国慈善捐款十年来诺而不行的“旧账”也被一一翻起：据媒体报道，1998年洪灾6亿捐款一半未到位；2008年初的南方雪灾中，湖北省民政厅公布消息，1.06亿元承诺捐款实际到账仅7383万元。更有业内人士透露，“诺而不捐”、“诺而少捐”几成慈善事业的“潜规则”，平常年份的到账率非常低。①

不管是名人、明星还是企业，他们的慈善欺诈行为一经曝光，通常会受到舆论谴责，但是，尽管这成了他们永恒的污点，他们却很少受到真正的惩罚，他们依然能利用舆论，大做文章，满血复活。老百姓或者漠视，或者冷漠，或者转而选择相信，“粉丝”则对偶像无条件信任，因他们“多少都捐了点”而原谅，甚至替他们找理由，找辩词。

捐赠者若要在“为名”动机上叠加“为利”，则可能出现更为恶劣的“骗税” + “诺而不捐”情况，捐赠企业先行通过承诺等方式获得受捐人的回执收据，后凭借回执收据和捐赠书获得公益基金会开具的免税发票，却迟迟不兑现捐赠承诺。此种情况，则与公益组织捐赠流程漏洞有关系。

多次受骗，的确使一些公益组织变得“精明”起来，善款不到账，企业不能举牌，亮出捐赠金额。2010年4月20日，在由中宣部、国家广电总局、民政部、中国红十字会主办，中央电视台承办的《情系玉树　大爱无疆——抗震救灾大型募捐活动特别节目》的晚会上，企业的捐赠资金在接受捐赠的公益机构确认到账后，凭捐赠发票领取晚会门票才能在晚会上举牌亮相。

【案例 A-1】企业举“捐赠20万元支票模型”道具，捐赠2000元后失踪

一家企业在捐助贫困学生书画艺术爱心拍卖会上称将捐款20万元给

① 《玉树对诺而不捐说不：捐赠到位才能举牌亮相》，http://yule.sohu.com/20100521/n272263827.shtml。

河北涉县关防乡后池村新愚公希望小学，并举着“中国工商银行20万元”的现金支票模型与受助学生合影留念。之后该企业却声称模型只是“道具”不应视为爱心捐款承诺，事后只捐赠2000元。仪式之后这家所谓的“企业”就消失不见，连工商信息都无法查询到。此事引发舆论热议。该希望小学校长回应，由于无法找到捐赠人，暂无起诉打算，但之后再有此类捐赠活动，一定会向上级主管部门报告，并通过工商部门查询捐赠企业信息，在捐赠仪式前会尝试与捐赠人签署协议，防止发生“被利用”的情况。①

（2）伪慈善组织

不法分子或冒用知名慈善组织的名义，或虚构一家慈善组织冠以一个看似权威的名称，披上权威、合法的慈善外衣，模仿慈善组织或行业协会开展日常活动，如募款，吸收会员，与政府合作，与企业合作等，却干不法的勾当，如非法集资、非法吸收存款、非法寻租、欺诈式销售，兜售山寨奖项等。

其中，较为典型的是山寨慈善组织。山寨慈善组织的出现有几种情况：有的在登记条件宽松的国家和地区进行注册，为自己披上合法外衣；有的注册为商业企业，却自称“NGO”；有的直接盗用知名慈善组织名称。

山寨组织故意将名称起得和合法登记的慈善组织相同或相似，目的是“混淆视听”，让不了解情况的老百姓对“李逵李鬼”傻傻分不清，从而“浑水摸鱼”。冠以“中国”“中华”“全国”等国字头字样，与国内合法登记的全国性社团名称相近甚至相同，最受欺诈者“青睐”，他们认为国字头代表权威、信誉，更能“唬人”，也更容易被接受，不被怀疑。

山寨慈善组织精心设计名称欺骗广大民众，巧立各种名目进行收费，最终目的就是为了敛财。山寨社团重灾区是各种山寨协会，收费名目太多。他们发展会员，收取会员费；给一些别有用心的人“唬人”头衔，充门面，大肆收钱；他们发牌照、搞培训收费；举办各种评奖自然也不会免费。不仅如此，很多山寨协会还会运用诸如曝光等一些手段敲诈企业。

山寨协会不择手段地敛财，带来很大的社会危害。山寨协会所作所为，

① 《20万捐款变两千　主办方：支票模型是给观众看的》，新华网，http://www.xinhuanet.com/gongyi/2017－07/12/c_129653335.htm。

不仅给很多社会个体带来经济损失，也伤害了很多企业的利益。由于这些山寨组织在大陆没有登记，一旦出现个人或企业被骗，相关维权也困难重重。另外，山寨协会在各种评奖活动中弄虚作假的一系列行为，客观上给某些人在社会上“招摇撞骗”提供了条件，损害公平竞争的市场环境和社会风气。

山寨组织除了名称唬人，还会拉政府、媒体背书，比如，百色助学网通过媒体报道广泛传播助学事迹，为自己贴上“助学达人”“大山里的天使”等标签，向外界塑造善良、值得信任的形象。他们还喜欢追政治热点，以政府的行为为借口唬人，并且通过开展各种线下公益活动配合媒体报道混淆视听，让很多判断力比较低的人难辨真假。如，2017年7月，民政部社会组织管理局发公告称，一些未经登记的“一带一路”联盟、研究会等组织在社会上开展活动，巧立名目举办论坛、研讨会、展会以及评比、竞赛活动等，收取高额费用，敛财聚财。[①]

这类伪慈善组织是慈善欺诈中最恶劣的行为之一，打着慈善的旗号骗取钱财，大多触犯刑法。在舆论谴责之外，欺诈者往往要承担刑事责任，如诈骗罪，组织、领导传销活动罪，非法经营罪，集资诈骗罪等。

【案例B-11】山寨社团“中国科技创新与战略发展研究中心”推项目拉投资

山寨社团“中国科技创新与战略发展研究中心”下设40多个各种名目的委员会、产业联盟等机构和“县域经济发展工作委员会”等20余个地方机构，组成了一个庞大的非法组织网络。该组织打着国务院下属单位旗号、网站挂着国徽标识，在全国各地推广所谓的精准扶贫创业项目、推行“智慧社区便民服务站”并吸引投资。该中心典型的活动模式是，中心下属组织以中心的名义向地方省市发函，提出开展项目和建立合作需求。其后，这些机构前往各地与政府洽谈项目。最后，由该组织利益相关的公司与政府签订合作协议。挂靠中心的公司可以使用中心的牌子开展工作，项目产

① 《民政部社会组织管理局关于防范冠以“一带一路”字样的组织非法开展活动的提示》，http://www.mca.gov.cn/article/zwgk/tzl/201707/20170700005006.shtml。

生效益后每年付给“中心”配套运营机构60万元管理费。[1]北京市民政局查实，该中心及下设机构既不是国家事业单位，也不是在民政部登记的社会组织，属于非法组织。2017年8月31日，该组织被北京市民政局现场取缔。[2]

（3）正规慈善组织

对于以促进社会公益事业发展为己任的慈善组织来说，较高的社会声誉以及随之带来的较高的授予社会声誉的权利是公益组织获得政府及社会支持，赢得公众信任，保持自身持续健康发展的前提。这种声誉是其生命线，对慈善组织的发展有着至关重要的作用。因此，慈善组织往往很注重自己的形象，以良好的声誉服务于大众，为社会提供福利。而声誉的高低又可以直观地体现为慈善组织所募集到的捐款数额。

为了提高声誉，部分慈善组织本末倒置，不择手段。如，夸大筹资额，在编制基金会年报和对外公布中弄虚作假，谎报项目成果，骗取公众的好感度和美誉度。还有，迎合公众对于慈善的惯性误解，对外宣称自己的基金会做公益零成本，并在财务报表中将管理成本体现为零，实际上是用转移支付的方式解决管理费，给人们造成基金会零经费的假象，吸引捐赠者捐赠。宣传造假一般很难判断，又比较隐蔽，很难引起真正的关注和争议，也很难受到惩罚。

有的慈善组织在筹款时如发现有可以钻的漏洞时，也会不择手段。如，“99公益日”期间，部分慈善组织利用规则漏洞，恶意刷单套取腾讯公益基金会和企业的配捐，一方面通过筹款额增加曝光度，另一方面获得更多的资金。

可以说，进行慈善欺诈的慈善组织其恶劣更不可饶恕！慈善本是具有实质内容的道德事业，慈善组织是实施这种道德事业的实体组织，占据天然的“道德制高点”，却做了违背诚实信用、违背伦理的事情，这种落差对于社会道德是沉重的打击，尤其打击公众对公益机构的信任度。尽管现行法律法规很难界定其是否“错误”而对其进行惩罚，但它已明显违背了公益行业所坚持的“公正公平”的初衷与底线，让严于律己的公益机构感到

① 《“国字头中心”被指山寨：网站主体是企业挂靠一年60万》，中国网，http://www.china.com.cn/news/2017-08/22/content_41451083.htm。

② 《下设40个委员会辐射全国二十多个省市谎称“便民服务”敛财非法“研究中心”被取缔》，《北京晚报》2017年8月31日，第2版。

失望和痛心，一旦这种行为遭到曝光，将对整个慈善行业的公信力造成无法弥补的伤害。

【案例 C－2】“99 公益日”众多知名慈善组织身陷“套捐”嫌疑

“99 公益日”是由腾讯公益基金会联合全国众多公益组织、企业、明星、创意传播机构共同打造全民公益日，通过当下流行的社交软件和移动支付方式，让全国数亿热爱公益的网民更便捷、更高效地参与公益。中国绝大多数活跃的公募基金会和社会服务类机构都积极参与其中。三天的“99 公益日”，几亿元的配捐，这么多钱，这么短时间，很容易就暴露了行业短板，带来了诸如“恶意套捐”“机器刷单”造假等一系列的问题。

“套捐”行为在 2015 年首届 99 公益日就已出现。2015 年，腾讯公益订立“配捐”游戏规则，此规则引发了大额捐赠的“刷榜”。甚至出现了“挪款套捐”，即挪用机构或机构负责人私人资金套捐，事后再用做假账等各种方式进行平账。

2016 年 99 公益日，腾讯公益出台了一系列复杂的规则，包括锁定单笔配捐的上限——单日单笔最高配捐为 999 元，意在限制冲着配捐而来的大额捐赠，鼓励公众捐赠。但公益组织们开始各显其能，“雇用了”数量庞大“水军”志愿者“刷单”，将大额捐赠分批捐出，以期套取更多的配捐金额。①

2017 年 99 公益日，腾讯公益运营团队发出公开信称，腾讯公益平台对于挪用公益机构账户内的款项，来套取配捐等违规行为，将坚持贯彻零容忍的处理态度，坚决做到“查实一单，处理一单”。一旦经核查，确实存在违反活动规则行为的机构、个人，包括但不限于“恶意套捐”“机器刷单”等，腾讯公益将依据相关活动规则，立即永久取消其在腾讯公益平台的筹资资格，取消其在平台的所有配捐、激励；并将其计入失信黑名单。情节严重涉嫌违反相关法律法规的，腾讯公益还将向有关部门投诉、汇报，以进一步追究其法律责任；同时，也将视情节轻重向公众和媒体进行通报。腾讯公益再一次升级了监管手段，除了设置配捐上限，还开放举报入口和开展独立审计。2017 年第三届 99 公益日，不少公募基金会要求合作的公益

① 《警惕 99 公益日的“刷单”风潮，隐秘“套捐”恐透支社会信任》，https://mp.weixin.qq.com/s/43Xui79_4R_hjuZGBbyntw。

机构签署“诚信承诺书”。但“套捐”行为并没有减少，这种风气甚至已经演变成职业化操作，出现了专门的团体四下活动向公益机构兜售“套捐”的操作方法。上海真爱梦想基金会、中华儿慈会、中国社会福利基金会多个筹款项目都出现了存在相同ID重复低额捐赠单，疑似机器人刷单。①

2017年10月10日，腾讯公益发布关于“99公益日”期间捐赠合规性核查结果的说明：捐款异常个人账户2.5万个，捐款金额占配捐时段总捐款额比例约1%；异常行为账户捐款受助金额超10万元的项目23个；将启动第三方独立审计与核查，并第一时间公布结果；腾讯公益将举行“99回归日”，进一步倾听各方声音。②

（4）慈善组织的员工/志愿者

同其他组织一样，慈善组织里也有“坏人”，其中有员工，也有志愿者。

员工实施的欺诈可以归为“职务侵占”，一般是在自己职责所能达到的范围内，虚构或者隐藏事实，进而获取本属于慈善组织的财物。有的通过虚增支出、虚增发票金额等方式将捐赠款占为己有；有的夸大被救助者贫困事实，制造煽情点，吸引捐赠者捐赠，却不执行项目，后通过使用假发票报账、编制财务会计报告中弄虚作假、不履行信息公布义务或者公布虚假信息等手段私吞善款。

志愿者实施欺诈一般是先行以志愿者身份建立与基金会的关系，后利用基金会项目管理漏洞，以身份之便伪造证据骗取基金会财物。

良好的形象和声誉的积累是一个漫长而系统的过程，但是一次“职务侵占”就可以让慈善组织多年良好的形象毁于一旦。与一般职务侵占类欺诈不同的是，因为此类欺诈的发生，容易导致公众对该慈善组织产生怀疑，而一个形象不好的慈善组织很难筹集到资金，政府不会把自己的业务外包给它，就连企业在选择合作伙伴时也不会考虑一个声名狼藉的公益组织，对慈善组织造成严重影响。

① 《警惕99公益日的“刷单”风潮，隐秘“套捐”恐透支社会信任》，“公益资本论”微信公众号，https://mp.weixin.qq.com/s/43Xui79_4R_hjuZGBbyntw。

② 《腾讯公益平台关于“99公益日”期间捐赠合规性核查结果的说明》，“腾讯公益伙伴”微信公众号，2017年10月10日。

【案例 D－1】深圳市施惠零铅工程慈善基金会创始人买卖免税发票和落户积分

2011 年 2 月，深圳市施惠零铅工程慈善基金会（以下简称施惠零铅基金会）创立，原始基金为 200 万元，主要出资人为萧师惠与詹玉如，分任基金会主席与常务副理事长，法人代表杨某云为詹玉如的妻子。基金会宗旨是致力于捐助贫困青少年、儿童铅中毒治疗、铅中毒防范知识普及。2012 年该基金会经过财政、税务以及民政部门联合认证后被列入《具备公益性捐赠税前扣除资格单位名单》，个人或企业向名单中机构捐赠后，可凭捐赠票据冲抵税款，且若向具备此类资格的公益组织捐款，同时还能获取深圳入户积分——慈善捐赠 1000 元可获得 2 分，该项加分最多为 10 分。

施惠零铅基金会利用积分入户政策在 2012 年和 2013 年吸纳积分入户者捐赠约 1300 万元。但因给予中介和捐赠者回扣，2013 年 8 月，施惠零铅基金会被市人社局取消积分入户加分资格。2014 年 6 月，施惠零铅基金会员工向深圳市民政局和媒体实名举报千万善款流向不清，怀疑被侵吞，根本没有用做公益；萧师惠是一个保健品制售商人，为了推广自己的产品，借基金会进入学校进行免费血铅检测，销售排铅产品。2014 年 11 月 10 日深圳市民政局查明该基金会存在私分、侵占基金会财产的违法行为，涉及金额达 303 万元，对其作出撤销登记的行政处罚，同时通报公安、税务部门查处。①

（5）企业/个人

企业/个人进行慈善欺诈时，主要宣称自己“做好事”，而在“做好事”时进行欺诈。这有四种情况。

一是用慈善名义为其获利锦上添花。我们看到，“慈善的名义”大多数是在“免费广告”“公关”“营销”的意义和意图下同时出现，欺诈者们借“慈善”吸引目标客户。而“慈善”名义为其锦上添花，企业即便没有慈善作噱头，其商业模式也能运作。

二是刻意模糊与慈善的边界，将商业做得看似是慈善。目前，各种“既能做公益、又能赚钱”的花式炒作频出，欺诈者在宣传时刻意模糊商业

① 《深圳施惠零铅工程慈善基金会涉嫌违法被撤销登记》，人民网，http://society.people.com.cn/n/2014/1113/c136657－26019320.html。

和捐赠两者的边界，其实质是沾一沾慈善的名气，做免费的炒作/广告，因为公众对于真正的慈善含义不了解，这类更具有迷惑性。

三是欺诈者找有权威性的慈善组织、政府、媒体进行合作，获得其背书，增加其行为的权威性和迷惑性。如果找不到真正的公益组织、政府、媒体，则会虚构合作事实进行传播。之所以会有慈善组织与其合作，有的是因为不了解情况而被蒙蔽，有的是难以厘清商业促销与慈善捐赠的关系，有的是心知肚明不考虑捐赠人的捐赠动机一心只想要捐赠，作为外人很难了解真实情况，一旦被爆出丑闻，涉事慈善组织往往只在官网发表声明，与其撇清关系，称事情与己无关，且不深究，而公众对其往往也不予深究，从而助长了这种行为。

四是承诺给予被欺诈者高额回报，引人入局。比如，“善心汇”以一套以传统文化+公益慈善的“使命愿景价值观”将人留住，发展下线并组成层级，以“人头数”作为返利或者计酬依据，引诱、胁迫参加者继续发展他人参加，以此骗取巨额财物。又如，诈骗分子围绕“民族资产解冻”这一噱头，虚构所谓“养老”“扶贫”等投资项目，许诺“民族资产解冻”后，将给予投资赞助者巨额回报，骗取钱财。

这种“将慈善与商业结合”的欺诈行为越来越猖獗，与今天慈善的发展特点具有必然联系。早期，慈善欺诈限定在慈善领域，但是随着慈善的弥散化，慈善欺诈也出现弥散化，慈善欺诈的主体开始具有广泛性，并非局限于以慈善组织名义实施。

【案例 E-2】“民族资产解冻”打着“精准扶贫”口号进行传销

“民族资产解冻”类诈骗是一种集返利、传销、诈骗为一体的新型、混合型犯罪，极具诱惑性和欺骗性。不法分子谎称中华民族历史上各朝代灭亡后以及国民党溃败台湾时在大陆和海外遗留保存了巨大财富，国家现委托一些民间组织或企业对这些海外“民族资产”进行解冻，通过诱骗受害人缴纳启动资金、会员报名费或者投资入股等实施诈骗。同时，他们紧跟社会关注热点，围绕“民族资产解冻”这一噱头，虚构所谓“养老”“扶贫”等公益项目，许诺“民族资产”解冻后，将给予投资赞助者巨额回报，不断骗取钱财。作案团伙通常运用 QQ、微信等网络通信工具建立各种群，诱骗受害人通过支付宝、微信红包、网银打款或转账，实施远程非接触式诈骗；通过引入传销手段宣传洗脑、大肆伪造国家机关公文、曲解国家相关政策等，让受害人走入他们的圈套，并对所谓的项目以及慈善事业深信不疑。①

2017年4月，数万名老人前往国家体育场（“鸟巢”），被编造为“慈善富民总部”机构的鼓励，参加所谓“民族资产解冻大会”，引发舆论广泛关注。组织者宣称，每人收取10元胸牌制作费，到现场就可以领取5万元善款并报销来回食宿费。其实，这是诈骗分子利用身陷“民族资产解冻”骗局网络的中老年人传播信息，打算敲一笔横财。诈骗人让每人汇入10元的费用，最后竟骗到了90万元。②

2017年5月25日，公安部通报称，针对当前假借“民族资产解冻”等名义实施诈骗犯罪蔓延的情况，从2016年10月开始，公安部组织部署全国涉案地公安机关持续开展专项打击工作。截至2017年5月，共打掉犯罪团伙15个，抓获犯罪嫌疑人405名，初步查证涉案金额超过9.5亿元，成功破获了“慈善富民总部”“三民城”“巨龙国际”“5A级扶贫养老项目”等一批重大诈骗案件，封停涉案微信群9000余个、微信号1200余个，有效遏制了此类犯罪高发势头，专项打击工作取得阶段性成效。③

【案例E-3】“跪爬母亲”“小女孩为晕倒环卫工撑伞”借慈善为名恶意炒作

2011年3月22日下午，广州大道通往体育中心的路上，一位苦命母亲抱着患眼癌的6个月大的女儿跪地前行。她这样做，是因为一名叫“广州的富家公子”的网友说，如果她从广州大道抱着孩子跪爬到体育中心，立即当场捐款两万元。这位母亲真的做到了，“广州的富家公子”却不打算兑现承诺，并称是她自己作贱。新闻见诸报端和网络后，许多人伸出援手，“跪爬母亲”获助28万元。此后舆论迅速反转：网络推手“金泉少侠”称因为苦命母亲无钱医治女儿，便策划摆拍“母亲跪爬”这一感人事件来

① 《真假民族资产解冻》，http://mp.weixin.qq.com/s/Ycks7ydyelFdx5F9d9kbZw。

② 《公安机关打击“民族资产解冻”类诈骗　已抓获204人》，http://www.sohu.com/a/136391703_123753。

③ 《公安部提醒：所有涉及“民族资产解冻”的项目均为骗局》，新华网，www.xinhuanet.com/legal/2017-05/26/c_1121037952.htm。

“让有爱心的人为其捐款救她的女儿”。[1]

2013年8月，媒体报道广州有清洁工在大街上晕倒，一小女孩为其撑伞。就在众人均被感动之际，事件又被曝光是有人策划造假，当事清洁工为“摆拍”，其与撑伞的小女孩都是策划者花钱请来的。[2]网络推手“金泉少侠”受到舆论谴责，他坦承造假，数次道歉，希望能获得谅解。

（6）求助者

求助者对自我悲惨境遇、自强不息等真情实意的表达，往往能打动人心，如果具有舆论引爆点则更容易引起关注，从而获得大量捐赠。各类互联网募捐平台为网友奉献爱心提供了高效、便利的渠道，让个人求助的声音不再微弱。然而，近年来频繁爆出的求助者的骗捐事件也给社会的同情心蒙上了一层阴影：真伪信息参差混杂；监管机制缺位；法律保障不足……这不仅透支了社会诚信，也消耗着人们对慈善的信任。

在互联网的加持下，求助者或者扮演求助者角色的欺诈从线下本地欺诈升级为依靠互联网的跨地域欺诈。一个煽情的求助信息打破了地域的限制依靠互联网瞬间扩散至全国，形成舆论爆点，公众高度参与，便捷的支付方式，非理性捐赠瞬间汇聚，善款数额往往较高。如，童超通过在知乎回答问题的方式虚构“知乎女神”身份，为自己赢得“粉丝”，成为知乎“大V”。之后又用知乎“大V”身份为虚构的患病无钱救治的悲惨故事背书，博得网友的充分信任，几天时间就骗得24万元。如，罗尔在女儿患病的事实基础上，隐瞒家庭情况和实际医疗费用，骗捐数百万元。

由于求助者的慈善欺诈与公众投入的感情和精力直接相关，加上法律对这种情况的规定较为模糊，如没有确切证据证明其欺诈事实，很难对欺诈者进行定罪处罚，更多只是舆论强烈的讨论和反应而已。虽然很多时候这种情况的发生与慈善组织没有关系，属个人求助范畴，但实际上对慈善组织募捐，以及对整个社会的捐赠热情造成了巨大的伤害。

---

① 《“跪爬妈妈”的善与恶》，http://hnnews.zjol.com.cn/hnnews/system/2011/03/30/013545065.shtml。

② 《女童为晕倒清洁工撑伞是演戏》，http://news.163.com/13/0802/15/959IT9MB00014AED.html。

【案例 F-3】“知乎女神”童瑶虚构身份和悲惨故事骗取捐款

知乎用户“童瑶”在2014年12月26日回答知乎问题“青梅竹马是一种怎样的体验”中一炮走红，并塑造“虚拟知乎女神”：以美女自拍为头像，自述是孤儿，从小被好心人收养，有一个青梅竹马的男孩子对自己百般呵护，后来养父去世。还好男孩子不离不弃，而自己也争气考上复旦又出国留学，最后有情人终成眷属，开了花店当上老板娘。这一回答在知乎上获得5.8万个赞，6777条回复。其他回答的问题大多集中在生活美好类的心灵鸡汤，迅速积累大批粉丝，在其账户被删除前累计粉丝59806人。

童瑶的骗捐开始于2015年5月。ID为“ck小小”（后被证实是童瑶的小号）提问“长期被疾病折磨，结束生命是最好的选择吗?”，称自己是在校大学生，没钱治病，请求帮助，并公布了支付宝账户。一个月后，粉丝达59000人次的知乎“大V”@童瑶在回答“人所能做到的最大的善良是什么?”时为@ck小小患病“背书”，她在回答中推荐了这篇帖子，并提到去看望了患病的@ck小小，还为她捐款。随后@ck小小患病一事引发热切关注，有大量网友提出要为其捐款。2016年1月13日，有知乎用户搜到“ck小小”这个ID，发现“一个先天心脏病的姑娘，一个手术失败生无可恋的姑娘，竟然以Dota中的角色为自己的知乎ID”，进而其QQ、支付宝账号被“人肉”搜出，从而证实童瑶与ck小小为同一人，没有患病且为男性。至此，童超在知乎网用“ck小小”与“童瑶”两个账号上演双簧苦情戏骗捐一事败露。最终查明，其骗捐24万元。童超的实际情况为：男，1990年出生，高中肄业，长期在苏州一工厂做操作工。知乎平台于2016年1月14日和1月16日发布两次公告，表示已经联系警方，并将相关信息反馈给警方。1月27日，苏州公安局官方微博消息，知乎大V“童瑶”诈捐犯罪嫌疑人童某已被苏州市公安局刑事拘留，案件正在进一步审查中。[①]

2. 被欺诈者的类型及特征

慈善欺诈的被欺诈者呈群体性、多样化。

① 《知乎大V“童瑶”涉诈骗被拘留曾编造女神故事》，央视网，http://news.cntv.cn/2016/01/27/ARTI9E8uWRQX5OCRKnytQqZy160127.shtml。

由于慈善是崇高的道德精神的体现，“道德”本身可以“操控”人的心智，人们普遍会对做慈善的人或组织有好的评价和认知，因此，当欺诈中融入慈善要素，被欺诈者往往会忽略或降低对欺诈者的质疑、怀疑，此时，欺诈者利用被欺诈者的向善心、同情心、崇敬心理、崇高动机、某种强烈的愿望诉求，谋取利益。

例如，人们对权威、名人有崇敬心理，人们对其言行往往会选择相信，名人慈善欺诈往往容易得手，也容易被原谅。如某影星在 2008 年 5 月 15 日，也就是汶川大地震发生 3 天后，在博客上写道，“我捐助一百万，我希望通过我的努力可以为灾区筹到更多的钱!!! 过两天因工作的原因我会去戛纳电影节，到了法国我也会继续为灾区筹款!!!!”

（1）公众

公众是最普遍的被欺诈者，无论是哪类欺诈者，都把欺诈的矛头瞄准了公众。名人诈捐类的被欺诈者即为公众，公众常认同某些自己所羡慕和崇敬的人物，对他们的言行总是会选择相信；同时，公众一般防范心不强；挖掘真实信息的能力差；此外，名人尤为看重公众身上的注意力资源，博得眼球经济；网络骗捐的被欺诈者也是公众，欺诈者利用公众的同情心骗取捐款；再有，在大多数的以慈善为名义的非法集资中，欺诈者利用人们“一夜暴富”的求利心理，蓄意发布含有“高息”“高额”诱惑的信息，被欺诈者本身就怀着获取高额回报的意图参与其中，是否具有慈善名义仅是“吸引力”问题，而非“决定性因素”。披着慈善外衣敛财的慈善组织、企业、离岸社团、山寨社团、虚拟组织统统把公众视为瞄准的目标。

（2）消费者

“消费者”往往是欺诈者直接瞄准的欺诈对象，即欺诈的潜在猎物。因消费者处于特定的消费环境中，欺诈者携带慈善信息更容易使消费者迷惑而上当。

【案例 B-8】山寨社团“中华学生爱眼工程促进会”以慈善活动为名义坑害消费者

2012 年“3·15”晚会上曝光了“中华学生爱眼工程”（以下简称“爱眼工程”）打着公益的幌子坑害消费者事件。“爱眼工程”网罗各地的眼镜店，号称中国初级卫生保健基金会为上级主管单位，并且经教育部门同意，打着公益慈善的幌子进入学校为学生做免费视力检查。一些视力较差的孩子可以得到“爱眼工程”捐助的价值260元、360元等面额不等的爱心捐赠卡，持这张卡可以到当地“爱眼工程”工作站免费兑换一副特殊的镜片。其实，学生们得到的捐助镜片均由三亿康科技发展（北京）有限公司（以下简称“三亿康公司”）提供，真实的价格只有30元左右，而在接受免费镜片的同时必须购买镜架，还被推销价格夸张的视力治疗仪。由此，这些加盟眼镜店都获得了巨额的利润。加盟店每年必须购买至少6亿元三亿康公司的产品，如果加盟店捐赠其他公司的赠品，则会被“爱眼工程”取消加盟资格。一条清晰的商业利益链浮出水面：刘金顺在香港注册私人公司，进入大陆以公益名义——“中华学生爱眼工程促进会”出现，吸引各地眼镜店加盟；加盟店则借“爱眼工程”的公益外衣进入学校，捐赠可换购廉价镜片的卡片吸引大批学生，通过高额销售镜架及视力治疗仪获利；刘金顺再通过向上百家加盟店绑定销售视力治疗仪获利。①

经查实，“爱眼工程”并未在民政部门注册，是一家在香港注册的私人公司——中华学生爱眼工程促进会有限公司。该公司进入大陆，摇身变为“中华学生爱眼工程促进会”，“有限公司”四个字被抹去。2012年3月，相关部门已查封了三亿康公司位于河北玉田县的三家分公司以及“爱眼工程”总部。②而“爱眼工程”所谓的“上级主管单位”中国初级卫生保健基金会在“3·15”晚会的第二天即在官网上发表严正声明，称从未设立“爱眼工程”项目，也从未与该项目理事长刘金顺及妻子、“中华学生爱眼工程促进会有限公司”发生任何关系。

（3）慈善组织

慈善组织之所以成为被欺诈者，通常是因为存在管理漏洞。如，在“马书军截留中国红十字基金会小天使基金救助款”案中的被欺诈者是中国红十字基金会，基金会在项目管理方面存在的最大漏洞就是当时没有及时进行回访，没有跟踪善款的去向和使用情况。

（4）政府部门

政府部门也是被欺诈对象。欺诈者一般先从政府处骗取头衔，再利用

---

① 《中华学生爱眼工程借慈善敛财　法律监管仍存空白》，人民网，http://finance.people.com.cn/GB/70846/17517404.html。

② 《“中华学生爱眼工程”总部被查封》，新京报电子报，http://epaper.bjnews.com.cn/html/2012－03/17/content_324770.htm? div=－1。

这个头衔为自己谋取经济利益。

(5) 企业

企业成为被欺诈者，主要有两种情况：一种是企业本着利他的精神和崇高的理想，进行正常的捐赠或参与慈善活动纯粹被蒙蔽；另一种则是企业本身也怀着从欺诈者身上获益的意图参与其中，甚至心知肚明却不说破。如，其实有些企业明知不靠谱山寨社团“卖奖牌”“卖荣誉”的本质，但是为了利用虚假名头坑骗消费者，故意心照不宣。

三　慈善欺诈的危害

慈善欺诈具有巨大的社会危害性，它明显高于普通诈骗，具体体现在以下几个方面。

1. 损害特定群体利益，伤及困境人群

慈善欺诈一般不仅仅针对某一个特定的对象，其行为应该认定为针对不特定多数人的行为，覆盖面广，受害群体众多。而且这些被欺诈者群体中，很多是需要帮助的困难群体，如老人、患病的人，骗血汗钱、救命钱的危害性显然更大。

【案例 B－10】不法分子虚构“爱心基金会”收取白血病患病家属保证金

自 2015 年起，杨某某打着慈善捐助的旗号，以虚构的“爱心基金会”名义，自称“爱心基金会”会长，向白血病患病家属承诺，只需交 5000 元保证金，就能领取到 12 万元救助款。其又假冒白血病患病家属的身份加入病友群，在群里谎称交保证金就可以领取救助金，诱骗患者及其家属上当。受害者发现受骗后向公安机关报警。2017 年 8 月，杨某某被依法刑事拘留。自 2015 年起至案发，杨某某打着慈善捐助的旗号专门针对白血病患者及其家属进行诈骗，作案 3 起，涉案金额近两万元。①

① 《交 5000 元得 12 万元救助款？男子借慈善之名诈骗》，中国网，http://www.china.com.cn/legal/2017－08/10/content_41383413.htm。

2. 侵占私人财产及社会财产

与普通欺诈类似，大多数欺诈者以侵占、获得被欺诈者的财产为目的，从而侵害对方当事人的财产权利，最终使得应当属于社会的财产蒙受损失。如截留善款、诺而不捐；山寨社团借慈善之名大肆活动，聚敛钱财。

【案例 D－3】红基会志愿者马书军截留善款

2005 年，马书军的儿子马骁帆患白血病，他在天津跪地乞讨，因其“98 抗洪英雄”身份引起媒体关注。2006 年，马书军参加央视《开心辞典》举办的公益特别节目迅速成名，获得中国红十字基金会小天使基金救助 30 多万元，之后成为小天使基金的志愿者。但他在儿子病愈后，2006 年至 2009 年，利用自己的名气和志愿者身份，利用中国红十字基金会白血病儿童救助款发放过程中的漏洞，以为患儿申办白血病儿童小天使基金救助款为由，采用提供虚假就医票据、控制患儿家长银行卡等手段，骗取中国红十字基金会救助款 21 万元。[①] 2010 年 12 月，马书军被北京市东城区人民法院以诈骗罪判处有期徒刑 7 年，并处罚金 7000 元。红基会也对这种情况进行了反思，小天使基金刚成立时只有两三名工作人员，面对上千人的资助申请，没有能力进行善款拨付到位后的追踪，为马书军的诈骗埋下了隐患。为了弥补管理上的漏洞，基金会成立了监督委员会，从社会上招聘监督巡视员，为基金会进行善款使用情况回访。其次，修改了资助告知书，让受助方更加清楚如何进行申请，并印发了工作指南和求助指南，指导红基会工作人员和申请人在申请时遇到具体问题如何处理。此外，基金会加大了拨款后的回访力度，并要求省级及以下红基会负责 100% 的核实，中国红基会进行 30% 的抽访。[②]

---

① 《志愿者骗取基金会救助款 21 万元被判 7 年》，央视网，http://news. cntv. cn/20101220/111701. shtml。

② 《截 25 万善款马书军受审》，新京报网，http://www. bjnews. com. cn/news/2010/11/26/86328. html。

【案例B－7】山寨社团被民政部通报后仍旧收费卖会员

2016年10月，中国民政部公布了最新的第十三批“离岸社团”“山寨社团”名单，至此，民政部社会组织管理局已经掌握的非法社团已达1287个。这些社团、协会多冠以“世界”“中华”“中国”“国际”等名称，打法律的“擦边球”，游走在监管的“空白地带”，与官方管辖下的全国性社团名称相近甚至相同。尽管屡被通报，但部分山寨社团仍以各种方式在继续活动。如，山寨社团“中国健康食品协会”官网仍在继续更新，其自称是“由中国食品产业内具有代表性的大中型企业和食品科学与营养工程学、中药药理学普通大众消费者为核心组成的行业机构。协会是经国家核准登记的全国性社会团体，属食品行业一级协会”。并公开说明任何从事食品及相关行业的企事业单位均可报名入会，但入会需缴纳会费。会费的收取标准依会员层级有所不同，最高的为协会会长单位，会费每年10万元，最低的为协会团体会员单位，会费为每年2000元，其余几档会费包括8000元、2万元和5万元三个层级。会员需将会费汇入指定账户，缴费成功后，将获得会员单位证书，并可以“中国健康食品协会”的名义进行宣传。该协会的名称与正规社团“中国营养保健食品协会”名称比较接近，容易让人混淆。另有多名网友爆料称，所谓“中国建设行业协会”同样存在问题，自己参加了该协会主办的注册工程师培训，但实际学习的内容与考试内容完全不相关，自己在缴纳完6000元左右的培训费后便再也联系不上该协会。①

与普通欺诈不同的是，慈善欺诈所获取的对方当事人的财产，一部分原本应该被视为“社会公共财产”，而被欺诈者获得后，原先可以被分配的社会公共财产减少，社会公共财产的有效分配受到影响，如公益组织的财产，政府原本为慈善事业提供的政策扶持养老用地、免税等。

【案例E－4】云南“慈善妈妈”借慈善之名从政府低价拿项目

王玉琼因云南当地媒体以“女老板（或千万富婆）寻子八年”为题大

---

① 《1135家山寨社团被民政部曝光多数仍在继续活动》，新华网，www.xinhuanet.com/politics/2016－08/29/c_129259625.htm。

幅报道了她艰辛寻子的历程而出名，成为当地知名的“慈善妈妈”。2015年3月，王玉琼被其前同事公开举报借慈善名义敛财。举报称，王玉琼因“筹建敬老院”，从政府手中低价拿地60亩，但敬老院至今未开工，且声称壹基金向其捐助了1500万元用来做出租车GPS系统项目，由此获得了14年的当地出租车广告收益权。有关捐资一事，已被壹基金证实造假，而对于60亩“医疗慈善用地”，王玉琼也承认，她计划在征用的土地上开发房地产项目创收用来“维持敬老院”。① 相关报道记者至现场证实，王玉琼“筹建的敬老院”未开工。

【案例F-4】亿万富翁伪造公文骗取中华慈善总会援助药品

家住绍兴市的陈峰是一个亿万富翁，陈家拥有包括房地产公司在内的多家公司，在上海、杭州、太原、贵阳、昆山等地都有工程在建，名下更是有宝马等名车多辆，在绍兴、上海有别墅和公寓多套，身家过亿。2003年，他的父亲陈幼兴检查出患有小肠恶性肿瘤。陈幼兴患病后，开始长期服用名为“格列卫”的药品，每个月花费两万多元，一年得二三十万元。陈峰从医生处听说了中华慈善总会提供“格列卫”的慈善援助项目后，2007年夏向中华慈善总会提出申请。按规定，申请者必须是贫困户。为得到中华慈善总会的援助，陈峰采取私刻公章、制作虚假证明的方法，证明其家庭条件十分困难，骗取中华慈善总会总价值51万元的药物援助。经知情人向媒体举报，事件曝光。2009年12月，中华慈善总会通报了浙江省绍兴市陈峰通过私刻公章、伪造公文，骗取中华慈善总会“格列卫”慈善援助药品的事件，并保留追究其法律责任的权利。②

3. 恶化慈善领域

（1）慈善组织受牵连

冒充正规慈善组织进行欺诈，对慈善组织及其捐赠者的利益造成损害。

---

① 《云南“慈善妈妈”被举报骗政府项目敛财数千万》，人民网，http://gongyi.people.com.cn/GB/11165424.html。

② 《中华慈善总会：绍兴富翁骗取援助药品价值超50万》，中国新闻网，www.chinanews.com/gn/news/2009/12-02/1996466.shtml。

特别是知名慈善组织和知名的慈善项目，它们有着强大的品牌效应，是慈善组织多年经营积累的无形资产，被他人假冒，组织的实际捐赠额不仅受到直接影响，组织的信誉和声誉也会受到冲击，失去捐赠者和支持者的信任。

【案例 B－1】不法分子盗用儿慈会名义吸收捐款为个人所用

2017 年 8 月，中华少年儿童慈善救助基金会（以下简称“儿慈会”）接到群众举报电话，有人盗用儿慈会的名义，以开展公益慈善活动为由，通过微信群发布信息：凡每人捐赠 200 元，便可成为儿慈会的爱心大使，当捐赠人数达到 3 万人时，返给每人 98 万元。[①] 2017 年 8 月 16 日，儿慈会紧急发布申明，称此类募捐信息与儿慈会无关，此种信息为诈骗信息。儿慈会已报警，并保留追究其法律责任的权利。

【案例 B－2】不法分子盗用中国美术家协会名义卖假会员

不法分子打着中国美术家协会的旗号通过微信、QQ 等或直接打电话，一对一联系艺术家，通过金钱交易的方式办理“假会员”身份，具体流程是以试探性的口气与被骗者讨价还价商议价格，被骗者填表格，最终假的会员证书则是通过快递等第三方快递到被骗的艺术家手里，如果对于这一“交易”认可，就现场交钱，由快递代收。很多艺术家希望自己成为中国美术家协会会员，并没有意识到这一渠道是来路不正的“假会员”身份。当这些被欺骗的艺术家在自己展览或者出版物上标注上“中国美术家协会会员”，在展览过程中被投诉，他们却全然不知被欺骗的事实。而且交易结束之后，电话打不通，账号消失，地址也是错误的，意识到受到欺骗，艺术家们也无法找到实际的联系人。所以，造成中国美术家协会“假会员”泛滥的现象并非都是艺术家本人的恶意使然，很多情况都是艺术家被欺骗。[②] 中国

---

① 《关于冒名中华儿慈会进行非法募捐的声明》，新华网，http://www.xinhuanet.com/gongyi/2017－08/16/c_129682198.htm。

② 《“假协会”背后的灰色利益链》，www.ce.cn/culture/gd/201703/15/t20170315_21019848.shtml。

美术家协会就此情况专门发表了声明。①

【案例 B－3】中国警察论坛被开除的志愿者借论坛名义承诺好处敛财

聂明礼曾是慈善机构中国警察论坛的志愿者，因违反中国警察论坛规定被开除。被开除的聂明礼却从中国警察论坛的慈善属性中发现商机，开始借助中国警察论坛的外衣行骗，以成为中国警察论坛志愿者为噱头在河南省禹州当地及周边大量吸收老年人加入，收取会员费，以成为志愿者获得“慈善红利”为幌子吸引会员加入，通过收取会员费骗取财物。聂明礼声称成为中国警察论坛志愿者，不但可以行善还可享受国家养老、60岁以后免费医疗、子女当兵上大学优惠、车辆在高速路免费通行等慈善红利，并许诺成为志愿者后可采用排队分红奖励模式发展下线，赚取分红。短短4个月内，吸收老年人志愿者达35人，涉案金额近8万元。最终，河南省禹州市法院以组织、领导传销活动罪判处聂明礼有期徒刑一年零一个月，并处罚金1万元。②

【案例 B－4】不法分子假借国字头基金会名义以高息为诱饵实施集资诈骗

2011年3月17日，李长宾以北京国联华闻国际文化传媒有限公司名义向中国社会福利基金会捐款100万元，成立中国社会福利基金会爱基金，李长宾出任“爱基金管理委员会秘书长”。2011年3月至2012年3月，李长宾假借中华慈善总会、中国社会福利基金会、山西省慈善总会的名义，通过网络、新闻发布会、推介会等途径向社会公开宣传，以投资慈善快乐行投币设备能够每月获取投资额4%～8%的高额回报为诱饵，以其公司的名义与被害人签订《慈善快乐行购机合同》《投资分红协议书》《认领协议书》《设备委托租赁协议》等合同，骗取300余名被害人共计人民币4800余万元，至案发给被害人造成实际损失共计人民币3200余万元。李长宾于2013年5月31日被查获归案。2014年12月25日，一审判决李长宾犯集资诈骗罪，

---

① 《公告通知中国美术家协会关于申请入会途径的声明》，新华网，www.xinhuanet.com/shuhua/2017－05/18/c_1120993110.htm。

② 高雨林：《慈善是假的，传销诈骗才是真的》，《检察日报》2017年8月23日，第8版。

判处无期徒刑，剥夺政治权利终身，并处没收个人全部财产。①

很多受害人参加过此前李长宾在钓鱼台国宾馆召开的新闻发布会，看到过其参与慈善的事迹在新闻发布会上播放，受害人对自己参与活动的真实性曾深信不疑。中国社会福利基金会工作人员对该事件回应称，李长宾的秘书长身份只对他捐赠的100万元负责，再无其他意义，也不算基金会的人。但受害人并不了解内情，受害人曾打电话向中国社会福利基金会核实李长宾的身份，得到的答案是李长宾的“爱基金管理委员会秘书长”的身份属实。受害人称自己正是被李长宾的这个身份蒙蔽，相信他宣传的慈善项目有官方背景，投资有高额回报又能参与公益事业，投资者纷纷认购慈善快乐行投币设备，最终被骗。②

【案例 B－5】不法分子冒用中国扶贫基金会名义进行营销引流

有人在互联网上冒用“中国扶贫基金会”名义发布举办“公益慈善拉群晚会活动”的相关信息。骗子声称自己在参加“慈善助力 PK 拉群比赛”，谁加入的微信群多就能获得公益奖金，请求网友拉他们进新的微信群。他们其实另有目的，进群后一般发广告推销商品。2017 年 8 月，中国扶贫基金会在官方网站发布声明称，接到群众咨询，发现冒名行为，称将保留追究法律责任的权利。③

（2）破坏慈善行业规则，扰乱慈善行业秩序

一些慈善欺诈行为明目张胆地破坏慈善行业的规则。如，一些企业或明星开出捐赠“空头支票”，大搞捐款秀，善款迟迟不到账。有报道称，平常年份的捐款到账率实际也只有7%。暂不论该数据是否权威，“诺而不捐”的行为由来已久，早已不是个别现象，甚至成了个别慈善组织与企业或明星之间的“默契”。

一些慈善欺诈行为会对慈善领域公平竞争的秩序造成破坏性的影响。如，“99 公益日”期间，不少公益机构采取不正当手段竞争有限的慈善资

① 北京市第二中级人民法院（2014）二中刑初字第867号《李长宾集资诈骗罪一审刑事判决书》。

② 《男子借慈善诈骗4800余万元，项目启动仪式在钓鱼台举行》，人民网，http://legal.people.com.cn/n/2014/0809/c188502－25435484.html。

③ 《关于以我会名义举办“公益慈善 PK 拉群晚会活动”的声明》，中国扶贫基金会官网，www.cfpa.org.cn/notice/notice_detail.aspx？articleid＝424

源——使用“机器刷单”、雇佣“水军刷单”套取更多配捐金额。

另有慈善组织另辟蹊径，混淆视听，破坏慈善领域的运营规则，获取不当的声誉及竞争优势。

【案例 C－4】公益“零成本”成部分基金会竞争筹款的砝码涉嫌宣传欺诈

当下，零成本成为部分基金会竞争筹款的砝码，并试图让公众相信“做公益不需要成本”。但在操作层面上，零成本的公益慈善是不存在的。这也引起公益界对关于“公益活动是否需要成本、需要多少成本”的争论。《基金会管理条例》也规定“基金会工作人员工资福利和行政办公支出不得超过当年总支出的10%”，依据此规定，国内公益慈善组织一直以来都有在接收的捐款中提取不超过10%的“管理费”的“明规则”。有批评认为，零成本的提法对公益慈善行业的可持续发展不利，因为公益行业要专业化，离不开专业人才，也离不开独立的运营团队，这些都需要支付成本。有公益组织负责人认为，不承认运行成本的客观存在，公益组织就不可能做成“透明的玻璃口袋”，公众与公益组织之间就不可能达成信任。①

以万科基金会为例，其行政费用实际上由万科公司包揽。2016 年度，万科基金会总支出达 9721 万元，但报表上的管理费用仅为 10.9 万元，只占开支的 0.06%，近乎“零成本”。诸如办公场地租金、工作人员薪酬等“大头”由万科公司埋单，项目调研和回访时所产生的差旅费，则由志愿者自付。②

因探索“先天性心脏病救助模式”而知名的爱佑慈善基金会也曾宣传不从捐赠收入中列支人员成本。在其 2013 年之前的年度报告中，工作人员工资福利支出一直为零，其行政办公支出占总支出的比例也未超过 2%。但这不意味着爱佑慈善基金会不存在人员成本。实际上，爱佑慈善基金会另有发起人通过企业给工作人员发工资，而且工资水平高于大多数全国性基

① 《“公益需要多少成本”的争论背后》，新华网，http://news.xinhuanet.com/local/2015－10/28/c_128366865.htm? appinstall＝0。

② 《万科公益基金会 2016 年度工作报告》，万科公益基金会官网，www.vankefoundation.org/publicity.aspx。

金会的工资水平。①

成龙基金会也宣称始终做“零成本”的慈善基金会，称基金会的管理成本完全由成龙会长一人支付，相当于零成本为其他捐款人提供服务，没有将一例善款用于行政开支。②

可见，“公益零成本”是一个伪命题。尽管它们的财务报表体现的成本为零，实际上只是因为成本已经由他人承担。评论认为“零管理费”是一种“虚伪的说法”，不少企业基金会用转移支付的方式解决管理费，其用意无非在于宣传和突出企业的贡献。国内企业与企业基金会不分的状况需要改进，捐赠人应该渐渐淡出对基金会运营的影响，基金会和企业团队应该是互相独立的两个部分，不应一套人马既赚钱又花钱。

（3）损害慈善行业公信力

慈善欺诈是慈善事业的毒瘤，不仅损害被冒名的慈善组织的利益，还会损害慈善行业的公信力，阻碍整个慈善事业的发展。慈善欺诈事件无论大小，均会使公众对慈善产生怀疑，使慈善行业的公信力遭遇危机。如，“罗尔事件”爆发后，更多的人担心善良被透支。据清博舆情监测系统的监测，2016 年 12 月 1 日 14 时至 16 时，情感属性图显示舆论对骗捐的主要情感为负面，高达 46.36%，不仅因为个人的经济损失或善意失效，更因为骗捐对慈善领域，对整个社会环境造成恶劣影响。③微信公众号“芥末微报”发文《最可怕的是，以后没人转发“罗一笑，你给我站住”》提到，朋友圈一直在消费我们的好奇心，但这一次消费了很多人的“善良心”，而我们都听过“狼来了”的故事。2017 年 9 月 11 日，公益筹款人联盟发布了针对腾讯“99 公益日”“套捐”行为的问卷调查结果。调查结果显示，58.1% 的人认为套捐会影响公众对公益机构的信任度，公益机构应该严格自律，反对套捐。④

① 《“公益需要多少成本”的争论背后》，新华网，http://news.xinhuanet.com/local/2015-10/28/c_128366865.htm?appinstall=0。

② 《成龙回应违规接收儿慈会基金：我的基金会零成本》，中新网，http://www.chinanews.com/yl/2012/12-26/4438285.shtml。

③ 《“罗尔式”愚弄并不鲜见，给我们留下了什么?》，http://www.sohu.com/a/120414016_114751。

④ 公益慈善论坛：《99 公益日反思：套捐已成公开的秘密?》，http://baijiahao.baidu.com/s?id=1578342663295234192&wfr=spider&for=pc。

【案例 F－2】罗尔隐瞒事实骗捐

2016 年 11 月 25 日，深圳作家罗尔在个人微信公众号“罗尔”上发布文章《罗一笑，你给我站住》，小铜人公司的微信公众号“P2P 观察”里推送《耶稣，请别让我做你的敌人》，为患白血病的女儿罗一笑筹款。截至 2016 年 11 月 30 日 01：20，《罗一笑，你给我站住》一文的赞赏金总额达到 2416353.56 元。然而，事情的发展很快出现反转。11 月 30 日中午，“罗尔女儿的治疗费用并没有那么高且大部分都可报销”“罗尔家有三套房两辆车，根本不缺钱”“利用女儿营销炒作”等质疑经由网络传开。随后，普通公众、捐赠者、媒体、意见领袖等问责主体，向罗尔、小铜人公司、深圳市民政局、深圳儿童医院、社保部门、深圳慈善会、微信平台等展开了积极、广泛而深入的问责。2016 年 12 月 1 日，微信团队发布声明称，经深圳市民政局、罗尔先生、刘侠风先生以及腾讯方面四方面协商，最终达成协议，网友给“罗尔”微信公众号及“P2P 观察”微信公众号打赏的 260 多万元资金将原路退回至用户零钱包。

这类慈善欺诈事件发生之后，人们议论最多的是，今后还能不能相信别人？还能不能帮助弱者？还能不能像以往一样去支持慈善事业？有长期捐款者后悔自己很“傻”，有的怒不可遏，发誓不再捐一分钱。

【案例 C－1】河南省宋庆龄基金会被指非法吸收公众存款

2017 年 5 月，据中国之声报道，河南省宋庆龄基金会叶县办事处和河南宋基保险代理有限公司叶县营业部，被指非法吸收公众存款多年。2017 年 3 月，该机构资金链断裂，导致投资人受到损失。河南省宋庆龄基金会对此解释说，叶县办事处已经于 2015 年 4 月 23 日注销，非法集资系原叶县办事处主任任广立个人行为。但该说法难以自圆。据受害人反映，从 2008 年开始当地村民就开始通过河南宋基保险代理有限公司存钱，2006 年以前的利息是每年一万块钱有 500 元，到 2016 年利息下降为 400 元。按照任广立的说法，河南省宋基会叶县办事处收了老百姓的存款，然后交给上级省宋基会的投资公司，投资公司又把部分资金拆借给企业做短期过桥贷款，本来企业从银行贷款到位后归还，但是银行断贷导致资金链断裂，使得投资人受损。[①]河南省叶县政府回应说：2017 年 3 月 1 日，叶县廉村镇部分村民陆续到县信访局、县公安局，反映他们在河南宋基会的存款不能取款付息，要求公安机关立案侦查。针对群众反映，县处非办会同公安、民政、工商等相关部门调查核实，“河南宋基保险代理有限公司叶县营业部”未经中国人民银行批准，近年来在叶县部分乡镇以储蓄形式吸收群众存款，已涉嫌非法吸收公众存款犯罪。目前，案件侦办、确权登记、资产清理、追赃挽损、善后处置及信访稳控等工作正在进行。[②]

4. 毁坏社会捐赠文化，败坏社会风气

常规欺诈对人们的影响与慈善欺诈对人们的影响有所不同。例如，某人被冒充银行的工作人员所骗，无论他是否受骗，事件过后，他未来还会与银行接触。但是，慈善欺诈不同。如果有人被骗捐，而慈善行为往往是自愿的，不是被迫的，未来他可能不会再捐赠，或者捐赠时会有所犹豫，同时，他未来参与慈善的热情也许会下降。

慈善欺诈加剧了社会关系之中的不信任，增加了人们交往的成本，拉低了道德标准，从而败坏社会风气。从表面上看，名目多样、花样翻新的慈善欺诈导致受害者金钱损失、名誉损失和精神损失等。实际上，慈善欺诈的深层危害是以失信为代价，每一起虚假的慈善行为都会在人们心中埋下不信任的种子。

【案例 D－2】公益明星“义工李白”，编故事，侵吞善款

2015 年 12 月，凉山汉达社工服务中心负责人闫伟杰（自称“义工李白”）与中华社会救助基金会合作，在腾讯乐捐平台发起了一个筹款目标为 141 万元的“给凉山代课老师补贴”的项目。平台项目页显示，以一名代课 10 年的老师阿木举例，“一个月 600 元，这就是凉山代课老师的工资。”根据官方文件，四川省 2015 年的最低工资标准为每月 1260 元。这段宣传引起

① 《河南宋庆龄基金会被指非法集资，办事处撤销仍敛财》，央广网，http://china.cnr.cn/yaowen/20170505/t20170505_523739690.shtml

② 《河南叶县政府：河南宋基保险涉嫌非法吸收公众存款》，央广网，http://china.cnr.cn/xwwgf/20170506/t20170506_523741916.shtml。

警方注意，因为该公益项目中的宣传与事实不符。此后顺藤摸瓜，警方进一步查出闫伟杰涉嫌经济问题，包括：将单位代为管理的财务64790元非法占为己有；在“让孤寡老人有鸡蛋吃”项目中，成都慈善总会于2015年9月将募捐所得捐款54180元转入凉山汉达社工服务中心基本账户，闫伟杰并未组织开展此项目，2015年12月，闫伟杰将5万元捐款转至个人账户，并安排会计将该笔款项从账目中冲平，通过虚增支出的方式侵占凉山汉达社工服务中心慈善项目资金5万元；在“让山里娃跑进马拉松”项目中，闫伟杰通过虚增发票金额方法侵占凉山汉达社工服务中心财产14790元；另外，2015年5月6日，闫伟杰从凉山汉达社工服务中心银行基本存款账户转入10万元至本人账户，并于当日将10万元转入余额宝购买天弘基金，至今（2016年11月10日）尚未归还。[①] 2016年8月30日，西昌市人民检察院指控被告人闫伟杰犯职务侵占罪、挪用资金罪向西昌市人民法院提起公诉。2016年11月3日，闫伟杰因职务侵占罪、挪用资金罪被西昌市人民法院判处有期徒刑一年，缓刑一年。

四　慈善欺诈的逻辑及成因

1. 基于信息不对称理论的分析

欺诈定律指出，所有的欺诈行为都是利用现有的信息不对称或者制造新的信息不对称来达到误导对方的目的。2001年，乔治·阿克尔洛夫（George Akerlof）、迈可尔·斯彭斯（Michael Spence）和约瑟夫·斯蒂格利茨（Joseph Stiglitz）三位经济学家，因其在不对称信息市场分析方面所作出的开创性研究而获得2001年度诺贝尔经济学奖，他们颠覆了经典经济学以假设信息对称得出的一些理论结果，其倡导的信息不对称理论（Asymmetric Information theory）是指在市场经济活动中，各类人员对有关信息的了解是有差异的，即交易双方或多方，总有些人掌握更多的信息。掌握信息比较充分的人员，往往处于比较有利的地位，而信息贫乏的人员，则处于比较

① 《编故事募善款挪为己用公益明星“义工李白”获刑》，新华网，www.xinhuanet.com/gongyi/2016-11/10/c_129358855.htm。

不利的地位。[①]

任何欺诈方有其自身的欺诈动机，其拥有的资源和能力不同，其心理素质也不相同，“动机”“资源及能力”“心理”构成了欺诈方是否进行欺诈、如何进行欺诈的基础条件；而被欺诈方的这三个方面，也成为欺诈方是否进行欺诈，欺诈能否成功的决定因素之一。当欺诈方基于自身基础条件，相应地针对被欺诈方的基础条件，能够对被欺诈方虚构、隐瞒事实，做到信息不对称，欺诈方处于比较有利的地位，欺诈成功的可能性较大。此时，如果立法部门、执法部门、公众、媒体、公益行业这些外部环境对欺诈方实施欺诈不构成严苛的约束，无法或难以打破信息不对称，欺诈容易成功，即欺诈方能够诱使对方当事人（被欺诈方）作出错误意思表示，欺诈成功。反之，当这些外部环境对欺诈方实施欺诈构成严苛的约束时，容易或能够打破信息不对称，欺诈不易成功，即欺诈方不能诱使对方当事人（被欺诈方）作出错误意思表示，欺诈不成功。具体而言，如果有人揭露真相，披露准确的信息，而法律规制完善，政府执法机构具有足够的执法力度，媒体发挥有效的监督作用，慈善组织能洁身自好，这种强外部环境将会使慈善欺诈不易成功；反之亦然。这就是慈善欺诈的逻辑。详见图 1 所示。

一般情况下，欺诈者不具有绝对成功欺诈的条件，他们需要采用虚构或隐瞒或模糊化的手段建立所扮演“角色”的形象和打造“故事”，然后将这种“形象”和“故事”传递给被欺诈方，赢得被欺诈方的信任，被欺诈方因信息不对称，难以或无法辨别真伪，处于劣势，使欺诈方得逞，获得利益。此时，慈善成为欺诈者粉饰自己、武装自己的工具。而且，以慈善进行的武装，与其他武装相比，更具迷惑性。欺诈方之所以利用慈善来建立自己的优势，是因为慈善本身具有特殊性和独特性。

首先，慈善所倡导和追求的是公平、仁慈、善良、人道、博爱等，它们是慈善的核心价值，这些价值恰恰蕴含着一种道德因子，彰显着道德的力量，慈善向社会传达的是良、正，从事公益慈善的人或组织自然被视作拥有较高的道德水平，被视作具有良好的动机和出发点。因此，慈善欺诈与一般性欺诈（如电信欺诈、商业欺诈等）的区别是，它能够强有力地利用人们的善心，以良、正的化身出现，当欺诈方巧妙地用慈善包装自己时，

---

① “欺诈定律”，https://baike.baidu.com/item/%E6%AC%BA%E8%AF%88%E5%AE%9A%E5%BE%8B/17524101?fr=aladdin。

被欺诈方很难分辨。

其次，慈善的根本属性是追求社会利益，拥有社会赋予的声誉。慈善组织或慈善组织负责人实施的慈善欺诈，完全可以利用慈善组织的声誉制造烟幕，麻痹被欺诈方，作出欺诈行为。前文列举的深圳市施惠零铅工程慈善基金会以慈善基金会的名号利用积分入户政策吸纳捐赠资金，河南省宋庆龄基金会叶县办事处打着国字头基金会的名义吸收公众存款等都是利益慈善组织的声誉，骗取公众的信任。

最后，慈善是大众化的，易于为公众接受，欺诈者编造的故事因被理解为慈善自然也容易被接受。企业、离岸社团、山寨社团、虚拟组织这些本身不具备慈善声誉影响力的组织，作为欺诈方，通常会借助慈善组织或者虚构一个慈善项目来蒙蔽被欺诈方，因为在广大普通百姓的认知里，慈善组织或者慈善项目拥有公信力，容易被接受。以深圳市善心汇文化传播有限公司制造的慈善欺诈事件为例，组织者张天明为了吸引会员加入，把非法所得的钱的极少部分用于捐助、扶贫，给会员们呈现一个慈善家的形象，引诱更多人加入。

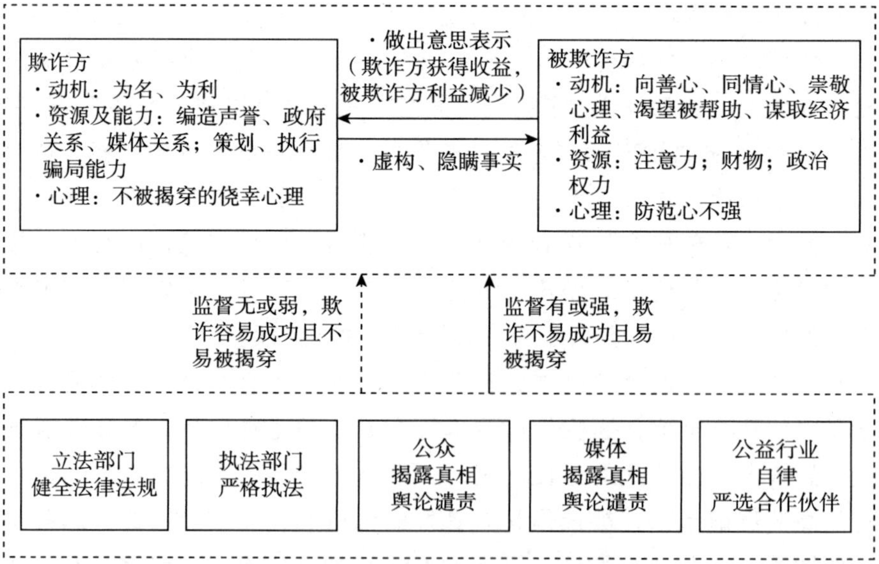

图1　慈善欺诈的逻辑

由于欺诈者及被欺诈者的特征在本文第二部分有所描述，而外部环境（包括微环境及大环境）的描述与本文第四部分的第二小节中所述的“机会”描述一致，此处基于信息不对称理论的外部环境的进一步分析将一并在第四部分的第二小节展开。

2. 基于三因素论的分析

最早研究舞弊因子学说的是美国内部审计之父劳伦斯·索耶先生，他早在20世纪50年代就提出，舞弊的产生必须有三个条件：异常需要、合乎情理、机会，即“三因素论”或“三角理论”。

结合慈善欺诈的逻辑，我们运用该理论对慈善欺诈进行说明。

从慈善欺诈的各种案例以及通过三因素的分析，我们看到了慈善欺诈的“中国范本”。

（1）异常需要

欺诈者的异常需要或者是直接的“利”，或者是希望“名利双收”。

从欺诈者的角度来说，欺诈实际上是获得所扮演角色的权利，但却不实际履行义务，或履行少量义务。欺诈者具有强烈的谋取个人利益的欲望，这种贪利性欲望也构成了欺诈方欺诈的主观故意心理状态。其期望获得的“权利”可分为两种，一是为名，既包括名声、美誉，也包括有声望，其名字为大家所知；二是为钱，既包括资金，也包括物资、管理技能、媒体关系、政府合作关系等。这种所述的“权利”指的是欺诈方实施欺诈最直接的动机或需要。大多数情况下，“为名”的最终体现也会是“为钱”。慈善本身可谓既有“名”又有“钱”，且能因为“名”而换来“钱”，这与欺诈者的动机高度吻合。以下列举三个例子。

A 扮演捐赠者是欺诈者获得形象和声誉的“速成器”

慈善捐赠能够直接且快速地使人们获得崇高的社会声誉，且“捐赠”后可以获得政府的税收优惠。对于一般企业或个人而言，良好的形象和声誉的积累是一个漫长而复杂的过程，但对于扮演捐赠者的欺诈者而言，不履行义务或少履行义务（捐赠），捐赠是使欺诈者迅速累积形象和声誉的“速成器”。采用诺而少捐、诺而不捐的欺诈手段，可使欺诈者获得形象和声誉的投入成本大大降低。

如，明星因为消费者“消费”其形象而具有商业价值，因此，明星们最在乎的是自己的社会声誉。如前所述，慈善的价值观蕴含着一种道德因子，作出慈善行为的人会被视为有较高的道德水平。因此，明星在公开场合高调承诺捐款数额，其实是在经营自己的社会形象，它能够为他们带来经济收益。他们无论是在公开场合承诺大额捐赠，事后不兑现诺言，还是在“冰桶挑战”中作假掺水，未按“冰桶挑战”规定的动作完成，只要能炒作自己或者秀自己，骗取公众的关注度和声誉即可。

同明星一样，进行慈善欺诈的网红，目的也是炒作自己或者作秀，以此来让自己变得“有名”“涨粉”。网红经济的本质是关注度的战争，眼球经济的嗜新性，意味着网红如果没法维持高曝光度，看客很快会审美疲劳，也正因此，网红们需要的是更持续的高曝光度。只要有助于“涨粉”，任何行为都可以尝试。比如，2016 年 9 月刷爆网络的快手主播在大凉山搞假慈善的视频，就是为了博取观众眼球，吸引“粉丝”付费赠送礼物。

【案例 A－2】快手网络主播真直播假捐赠被追究刑责

2016 年 9 月，快手主播在大凉山做公益持续在快手直播平台上播出。视频中，两名男子直播做慈善，安排凉山州某村村民站成两排给村民发钱，树立自身崇高形象，博得网友信任，诱导大量网友关注的同时也通过“刷礼物”“购买虚拟货币”等手段敛财。2016 年 11 月初，由于直播团队出现了内讧，“黑叔”公布了直播后将钱收回的视频，视频显示，自称“杰哥”的主播把 3 万元钱发给凉山村民，摆拍后又把钱收回。另一名主播“黑叔”在视频中自称做慈善就是为了赚钱。11 月 5 日起，各大网络媒体纷纷刊发或转载《多名主播被指在大凉山做公益造假：拍完钱就收回》文章，描述“大凉山公益作假”的过程，揭露了直播平台中“假公益真骗钱”的真相。网民纷纷表达对“伪慈善”的震惊和愤怒。直播平台主动通过相关渠道联系警方，协助核实“杰哥”“黑叔”等主播的真实身份，固定相关电子证据。凉山警方成立联合调查组对事件进行调查后认为该行为涉嫌诈骗，责成凉山州布拖县公安局立案侦查。2017 年 9 月 7 日，凉山州布拖县人民法院对这起网络诈骗案件进行一审宣判，涉事主播“快手杰哥”杨杰通过直播吸引“粉丝”，获得礼物提现 21 万余元，其行为已构成诈骗罪，获刑三年零八个月；主播“快手黑叔”刘国彪通过直播吸引“粉丝”，获得礼物提现 19 万余元，其行为已构成诈骗罪，获刑三年零六个月。[①]这种行为是以“公益”之名进行直播，以博取观众眼球，吸引观众付费赠送礼物。给观众

① 《两“快手主播”搞假慈善直播涉诈骗罪一审获刑 3 年多》，新华网，www. xinhuanet. com/legal/2017－09/07/c_1121625987. htm。

的印象是主播在镜头中献爱心，实则是一种虚假表演。这对观众尤其是打赏、送礼物的观众是一种欺骗。一方面，对于大凉山的贫困群体来说，他们这样的“献爱心”，会招致这个群体强烈的反感，甚至连带着也会影响到他们对整个外部世界的态度；另一方面，主播们以煽情的道具，编织出一个个催人泪下的故事，对于大多数网民也是一种爱心透支。而一旦很多人“对什么都不相信”了，则等于是挖掉了社会公益的根基。

B 扮演慈善组织的参与者可“名利双收”

欺诈者们觊觎慈善组织既有“集资募款的权利”，又有“授予其他组织/个人荣誉以获得资源”的“名利双收”的权利。对欺诈者来说，编造自身拥有这种慈善组织拥有的权利或者以真实慈善组织为背书获得相应的权利，比扮演“企业卖东西”或者“法院查抄财产”的“戏路”要宽得多，也更容易“空手套白狼”。

【案例 E-1】“善心汇”借“精准扶贫”名义行传销之实

善心汇文化产业集团创办于2013年（未注册），集团总部是海南善心汇文化传播有限公司（简称海南善心汇），运营中心是深圳善心汇文化传播有限公司（简称深圳善心汇）。深圳善心汇、海南善心汇打着“扶贫济困，均富共生”的旗号大力发展会员，同时在网上运营“善心汇众扶互生大系统”，只要缴纳年费，就可注册成为会员，参与投资获取高回报，以高收益为诱饵，采取拉人头方式，吸引注册会员超过五百多万人，涉案金额高达数百亿元。“善心汇”的手段十分高超。首先，从非法所得的钱中拿出小部分以慈善的名义作秀，并以“慈善秀”的方式建立了与媒体、政府的联系，在这个过程中，许多有头有脸的人在活动中为善心汇剪彩背书。①给会员们呈现一个慈善家的形象，引诱更多人加入。其次，善心汇以农村居民和三四线城市的弱势群体为宣传受众。他们往往在温饱线之上，而在小康线以下，对于此类人群而言，人生最大的痛苦莫过于眼看别人过着好日子，自己没什么指望。所谓不患贫而患不均，“扶贫共济，均富共生”的愿景击中

① 《“善心汇”的煽动力是怎么炼成的?》，http://mp.weixin.qq.com/s/Oa6aP3FqgWqz-W7YxRSkMw。

了他们的痛点。“善心汇”向会员编造“共富神话”：会员只要按一定标准投资，可以很快收回本金，并获取高额回报。2017年7月，公安机关依法对“善心汇”公司法定代表人张天明采取刑事强制措施，对其涉嫌组织、领导传销活动等犯罪问题依法展开调查。按照公安部统一部署，全国各地公安机关依法对深圳善心汇法定代表人张天明等人涉嫌组织、领导传销活动等犯罪问题进行查处。截至2017年9月19日，河南省公安机关共立案90起，抓获涉嫌犯罪的传销人员172人，并全部采取刑事强制措施，目前已经依法批准逮捕26人。① 2018年4月17日，上海市松江区检察院以组织、领导传销活动罪对犯罪嫌疑人陆某、丁某某等12人提起公诉。②

C 扮演求助者可快速获利

对于只想获得金钱的个体欺诈者来说，有时候以追求金钱为慈善欺诈的第一目的，而“名声”“名誉”或者“有名”也能为他们带来直接的经济利益。一方面，热心慈善的社会公众手里有钱，且愿意捐赠给慈善事业；另一方面，正规的慈善组织也是“有钱的香饽饽”。

一般而言，个体求助者的义务是如实告知社会或公益组织自身的情况，以隐私权和个体尊严的让渡，来享有社会帮助（金钱、物资等）的支持。但扮演个体求助者的欺诈者，需通过虚构或隐瞒事实获得金钱。

如，通过虚构身份和悲惨故事博取公众的同情心，向社会求助骗捐的“知乎女神”童瑶；又如，2015年8月，杨彩兰通过个人微博发布虚假信息，谎称其父在天津港爆炸事故中遇难，母亲已于一年前去世。借助微博“打赏”功能，杨彩兰骗取网友近10万元“打赏”。

【案例F-1】杨彩兰利用天津滨海新区爆炸事故网上骗“赏”

2015年8月12日，天津港爆炸事故发生后，杨彩兰发微博，称其爸爸在爆炸现场附近的公司上班，发生爆炸后就与父亲失去联络，当时发这两条微博的目的是为博取网民的关注，提升自己微博的“粉丝”量。随后，

① 《河南敦促“善心汇”传销犯罪分子限期投案自首已立案90起抓获172人》，新华网，www.xinhuanet.com/legal/2017-09/19/c_1121688385.htm。

② 《上海检察机关对“善心汇”传销组织12人提起公诉》，新华网，http://www.xinhuanet.com/finance/2018-04/17/c_1122691781.htm。

杨彩兰转发了一篇报道天津港爆炸事故的信息和一张现场图，并附上虚构事实的文字，称其爸爸在天津港爆炸事故当中不幸丧生，博得了大量网民的同情，网民纷纷通过新浪微博的“打赏”功能对其捐款。8月14日，杨彩兰欲将微博中的“打赏金”提现，但因网友举报其诈骗行为而未予提现。随后，有网民向防城港市公安局官方微博举报称其涉嫌冒充天津港爆炸事故受害者身份骗取捐款，骗得千人捐助，款额9万余元。8月15日，杨彩兰因涉嫌诈骗已被依法刑事拘留。8月18日，新浪微博冻结该账号收取的款项，并将3856笔打赏款全部退还给网友。2016年1月26日，杨彩兰以诈骗罪被依法判处有期徒刑三年，并处罚金人民币8000元。[①]

（2）合乎情理

欺诈者通过虚构和隐瞒事实，使一切合乎情理。

任何计谋想要成功，首先需要营造欺诈环境来麻痹对方，使其放松警惕。慈善欺诈的手段与普通欺诈看似没有明显不同，主要为隐瞒和虚构两种方法操控信息，实施欺诈行为。但是，因信息中含有慈善要素，对被欺诈者而言，其欺诈的隐蔽性更强，被欺诈者容易被蒙蔽、麻痹，容易放松警惕。欺诈者虚构和隐瞒与慈善有关的事实，相对其他虚构和隐瞒的事实而言，更不容易被识破，其原因正是前述慈善本身具有的特殊性和独特性。

虚构是指欺诈方臆想或制造实际上并不存在的虚假信息。若欺诈方本身不具备声誉和影响力，为了促成欺诈方信任的形成，他们往往通过某种手段重新包装塑造成一个有“声誉”的人。如，以助学为名进行个人募捐敛财从事非法活动的百色助学网负责人王杰先行把自己塑造成“助学达人”“大山里的天使”的形象，再利用这些美誉博得捐赠者的信任。如，虚构自己是“爱心基金会”会长，向白血病患病家属承诺，只需交5000元保证金就能领取到12万元救助款；虚构只要每人捐赠200元，便可成为中华少年儿童慈善救助基金会的爱心大使；虚构巨额民族资产有待解冻；虚构身份和悲惨故事，通过网络社交平台向社会求助，骗取捐款；虚假就医票据、控制患儿家长银行卡等手段，骗取中国红十字基金会救助款。[②]

① 《利用天津港爆炸事故网上骗“赏”被告人杨彩兰受审》，正义网，http://news.jcrb.com/jxsw/201601/t20160114_1583046.html。

② 《“百色助学网”黑幕大起底》，民主与法制网，http://www.mzyfz.com/cms/benwangzhuanfang/xinwenzhongxin/zuixinbaodao/html/1040/2015-11-02/content-1157192.html。

隐瞒指的是欺诈者向信息接收者隐瞒真实信息。之所以形成欺诈，是因为信息接收者被欺诈时已经对某一现象或者事件有了不正确的概念，而信息发送者并未告知真相，其他因素的存在也未能使他发现真相。如，明星在公开场合作出捐赠承诺，公众已经默认他们会兑现承诺。如果事后因各种理由食言，没有兑现承诺，却不告知公众，就是用隐瞒的方法操控信息实施欺诈。罗尔在女儿患病事实的基础上，向公众隐瞒家庭财务状况等个人信息以及大部分医疗费用可报销的事实，而这些是资助者判断是否捐钱的至关重要的信息。公益明星“义工李白”一方面向捐赠者夸大凉山代课教师贫困的事实，制造煽情点，吸引捐赠者捐赠；另一方面，通过虚增支出、虚增发票金额方式向捐赠者隐瞒项目未执行的事实。杭州“大熊猫”旧衣物回收项目的执行企业杭州申奇废品回收连锁有限公司在项目前期推广中，为引导民众积极参与，在宣传上，刻意模糊回收和捐赠两者的边界，让公众把“旧衣回收”项目误解为“旧衣捐赠”。

（3）机会

A 微环境

各类监督者的态度和行为是慈善欺诈的微环境，也就是慈善欺诈的机会所在。对慈善欺诈者而言，他们所处的微环境对其实施欺诈造成了有利的机会。

①司法态度不明确

由于我国缺乏统一的法律规制，在司法实践中，不同司法机关对慈善欺诈行为的处理千差万别，有的认定为犯罪而给予重罚，有的认定为无罪，有的将其视为民法规范的范畴而不予处理。正是因为司法态度的不明确，为一部分人铤而走险留下了可乘之机。另外，因慈善欺诈是“无本万利”的事情，一旦成功，获利就非常大，即便不成功也无妨，或通过再审改判，或退赔了事。这使一些人为了自身利益，不惜采取各种手段进行慈善欺诈，企图从中获利。由于欠缺对慈善欺诈的法律规制上的规定，司法机关无法可依，出现难以对欺诈人进行刑事处罚的尴尬局面。

②执法部门执法不严，政府部门背书

执法部门执法不严，有时候个别政府部门“无意间”出具的背书成了支撑欺诈成功的关键要素。

当然，执法者们也对一些慈善欺诈进行了揭发和处理，有效遏制了慈善欺诈的蔓延。尽管有时候这份揭露有些迟缓。

【案例 B -9】品牌中国产业联盟隐瞒商业机构身份以“社团”名义兜售山寨奖项

从2005年开始，王永以品牌中国产业联盟、品牌中国网、《品牌中国周刊》为平台，打着“社团”“公益”的旗号敛财。主要行动包括：一是“卖奖牌”“卖荣誉”。采用的方式是与中国贸促会、中国国际商会、中国国际公关协会、中国红十字会、全国妇联、中国商业联合会、中国民营经济研究会、全国工商联宣教部、《经济观察报》、《中国企业家杂志》等合作，联合主办“中国品牌节”，迎合国内正处于成长中的新生企业对于荣誉的需求，批量炮制兜授国字号山寨奖项“中国十大品牌”“品牌中国年度人物”“品牌中国华谱奖”“中国十大品牌女性”“品牌中国1000强”奖项。对拉来做招牌的大企业不收费，那些成长中的中小企业加入就得出赞助费。说白了就是利用知名大企业作诱饵，吸引中小企上钓。二是收取会务费、赞助费、宣传费。从2005年开始吸收会员，当年就发展会员单位125个，其中包括五粮液集团、深圳创维、神州数码、四川长虹、中粮集团、一汽集团、青岛啤酒等众多知名企业，截至2009年底，“品牌中国产业联盟”吸收企业会员1000余家，合作媒体300余家，合作记者800余名。从会员、理事、副理事长一般都要收取数额不等的会费，少则几千元，多则几万元。

2013年4月19日，由“品牌中国产业联盟”主办的“2013中国十大品牌女性”颁奖大会在北京隆重举行，中国红十字总会常务副会长赵白鸽荣获“2013中国十大品牌女性”称号，王永作为中国红十字会社会监督委员会委员，意外成为舆论关注的焦点。2013年5月20日上午，微博爆料称，中国红十字会社会监督委员会委员王永的“品牌中国产业联盟”并非社团，而是在香港以一万港币注册的“品牌联盟投资控股集团有限公司”，其在国内注册公司为“公关咨询公司”。①人民法院报、法制晚报、21世纪经济报道、北京晚报、北京晨报、中国运营报、南方都市报、人民网、新华社、京报网、中国法院网等300多家媒体参与了报道和调查。有评论总结

---

① 《“品牌中国产业联盟”骗子公司敛财模式大曝光》，http://blog.sina.com.cn/s/blog_b5c18de6010194sq.html。

了王永的“成功之道”，一是把“品牌中国产业联盟”包装成学术性 NGO，打着“中国品牌”“民族企业”“自主品牌”旗帜招摇撞骗，在内地非法展开颁奖和评选活动；二是热衷套用“中国”两个字，且四处请来退休老领导撑场子，还在人民大会堂租场地搞活动，与知名公益组织合作，欲盖弥彰、暗度陈仓。实际上，2009 年，品牌中国产业联盟曾因宣传时出现了“第十届全国人大常委会副委员长顾秀莲、成思危担任品牌中国产业联盟名誉主席”等内容，被北京市海淀区工商分局以该宣传中使用了“国家机关工作人员的名义”违反了《广告法》及相关管理条例，做出罚款 6000 元的决定。2016 年 3 月 15 日，“品牌中国产业联盟”出现在民政部民间组织管理局主管的中国社会组织网曝光首批“山寨组织”名单中。2016 年 3 月 25 日，民政部公布的第二批名单中，将“品牌中国产业联盟”移除，并注明是将已提供注销文件的组织移除。①

政府监管部门是打破慈善欺诈骗局的重要力量。如，为了规范对社会组织的管理，打击控制“离岸社团”“山寨社团”在境内非法敛财，2016 年 3 月，民政部民间组织管理局主管的中国社会组织网开通了“离岸社团”“山寨社团”曝光台，该曝光台设置了通知公告、政策法规、媒体报道、山寨名单等栏目，并提供“山寨社团”名单检索通道。2016 年 12 月，民政部又上线了“社会组织信息查询平台”，让那些打着国字头社会组织旗号，靠发展会员发牌照、搞评选颁奖等活动敛财的违规社团无处遁形。

但总体而言，我国应对慈善欺诈的能力仍然比较薄弱，而慈善事业的继续发展急需完善的法律制度为其保驾护航。

③公众/知情人认识模糊

部分公众对慈善和商业的界限认识模糊，对慈善不够了解，从未真正去了解真正的慈善如何帮助他人，而是认为慈善就是“给钱”，正好天上掉馅饼，钱给到自己头上了，因此心甘情愿地往骗子身上投钱或者给予“赞扬”。在这样的情况下很难谈到监督，只有当受害人损失了金钱却得不到欺诈方当初承诺的“高返利”“高收益”时，才会主动向公安机关报警。如，李长宾假借中华慈善总会、中国社会福利基金会等名义集资诈骗案，受害

① 《“山寨社团”何以逍遥法外》，新华网，www. xinhuanet. com/gongyi/2016 - 04/12/c_128883884. htm。

人因为收不到收益款，联系不上李长宾，才向公安机关报警。公安机关接到报警后挖掘真实信息识破欺诈，移送检察院审查起诉；检察院审查后，向人民法院提起公诉；法院审理后以集资诈骗罪判处李长宾无期徒刑。

一些特殊人群对阻止慈善欺诈十分重要，他们就是我们所说的知情人或揭发人。他们或是对虚构、隐瞒的事情非常了解，要么就是有一份探寻真相的心思来做监督。知情人掌握事实真相，往往率先对欺诈行为进行揭露，是打破欺诈的关键力量。比如，“快手主播伪慈善”事件被揭穿是因为直播团队出现了内讧，其中一名成员公布了直播后将钱收回的视频。2016年底爆发的“罗尔事件”，也是率先由知情人引爆的。知情人“胡医生”称，罗尔的女儿高达八成的医疗费都被报销了，家人只需要负担很小一部分的比例，仅仅几万元。该消息一经传出，“罗尔事件”的欺诈本质便浮出水面，欺诈骗局被打破。

【案例 B-6】百色助学网以助学为名募捐，实为敛财和性侵被救助女童

2006年3月，广西百色隆林县的王杰建立“公益网站”百色助学网，该网站没有在民政部门注册，且用个人账户为百色地区的贫困学生募集助学金。9年来王杰没有按照承诺，足额地将资助金额发放到孩子手中，而是从每年100万元左右的捐助中提取20万元作为主要收入来源。此外，以发放助学金的名义，王杰在宾馆、出租屋性侵多名女童，其中绝大多数都是未成年人。他甚至组织她们为广东、上海、江西等地多名有特殊需求的老板提供性服务敛财。[①] 2014年初，一位名为秋楚的捐赠人收到一条受资助的女学生发来的QQ留言，说王杰对外提供的受助图片是假的，她没有得到那么多助学款。这名学生还表示，王杰说要领助学款的话必须去他家，她说不敢去，王杰就取消了她的资助资格。随后，秋楚展开了对王杰的调查。2015年6月，秋楚向广西电视台深度报道部主管陈树胜发了一个举报短信：“隆林有一个专门玷污小孩的魔鬼。”陈树胜带队暗访王杰。8月13日晚上8点，广西卫视播出视频新闻《百色助学网的秘密》，23点48分，王杰被

---

① 《百色助学网王杰：捐两三万可提供女学生上门》，http://www.sohu.com/a/29695125_233294。

警方控制。最终，王杰以强奸罪被判处有期徒刑 15 年，以诈骗罪被判处有期徒刑 1 年零6个月，数罪并罚决定执行有期徒刑 16 年。[①] 有评论称，作为一家没有在民政部门取得资质，用个人账户进行募捐，漏洞百出的“公益网站”，不仅能多年安然无恙，而且在警觉的网友发现其不轨行为甚至罪行，向执法部门报案时，还极尽推诿。最终，事情还是由媒体介入，曝光后受到更高级别领导“批示”之后，才得以被调查。[②]

普通意义下的公众主要承担着舆论监督的功能，在网络资源和技术愈发成熟的今天，网民的监督力量不可小觑。在慈善欺诈事件中，网民同时扮演了事件关注者、舆论推动者、道德审判者的角色。网民不再满足于“看热闹”，还热衷于抓取慈善欺诈事件中的关键元素，并自发进行深挖起底。

④媒体被利用

媒体是慈善欺诈中不可或缺的监督者。欺诈者制造“做慈善”的假象时，多通过媒体进行传播，会被冠以较高的道德水平，被赋予良好的社会声誉。而这种声誉恰恰可以为欺诈方拿来营造欺诈环境，提升信任度，提升欺诈成功率。媒体资源不仅可以让欺诈方的“慈善秀”得到广泛的传播，提升形象和声望；同时，媒体本身也可以起到为欺诈方背书的作用。在善心汇的骗局里，媒体资源就起到了重要作用。一方面，善心汇在组织慰问贫困户，进行慈善捐款时，花费并不多，但经媒体报道后却声势浩大，提高了善心汇品牌的曝光度，包装慈善形象。另一方面，官方媒体成为善心汇最有效的背书之一。2017 年 1 月 9 日，善心汇向中国妇女发展基金会“善心汇公益基金”捐赠 1000 万元。此事件得到 CCTV－4 的报道。其时，“善心汇”崭露头角，尚未真正打开局面，报道一出，会员即奔走相告，更对质疑者称，如果善心汇是传销，是骗局，怎么可能得到国家级媒体的报道?[③]

不过，并非所有媒体都会被持续利用。作为社会公器，肩负着社会监督使命的媒体，当发现慈善欺诈线索时，他们挖掘、披露真实信息，对慈

① 《“助学达人”王杰犯强奸等罪获刑 16 年当庭表示不服判》，新华网，www. xinhuanet. com/gongyi/2016－10/14/c_129322373. htm。

② 《百色助学网王杰：捐两三万可提供女学生上门》，http://www. sohu. com/a/29695125_233294。

③ 《“善心汇”的煽动力是怎么炼成的?》，http://mp. weixin. qq. com/s/Oa6aP3FqgWqz-W7YxRSkMw。

善欺诈进行谴责，形成舆论压力。大部分慈善欺诈是通过媒体得以曝光，最终受到严惩的。

【案例 C-3】福建新华都慈善基金会“蓝天工程”项目弄虚作假

2009 年 10 月，新华都集团董事长陈发树发起成立福建新华都慈善基金会，新华都总裁兼 CEO 唐骏担任基金会的执行理事长。2010 年 3 月 11 日新华都基金会开始运作“蓝天工程”，其合作伙伴名为“上海志优教育信息咨询有限公司”（以下简称“上海志优”）。2012 年 6 月 15 日，《每日经济新闻》刊发《新华都基金会合作伙伴或为“空壳”》一文，称该基金会在 2010 年开始运作的以大学生就业培训为内容的“蓝天工程”项目，项目列表中涉及培训的多家高校称从未听说过该项目，投入的近 245 万元善款也去向成疑。同时，其合作伙伴上海志优连注册地址都不存在，工商资料显示其亦无培训资质。2010 年末，新华都基金会网站公示，“蓝天工程”已经培训了 18315 人，但仅显示了 7 名受培训者的姓名。所有证据指向新华都基金会在 2010 年开始运作的以大学生就业培训为内容的“蓝天工程”项目存在造假嫌疑。随后，福建省民间组织管理局介入调查，责令新华都基金会就项目开展调查，重新核查账目，并最后提交调查报告。新华都基金会秘书长林丹娘表示，唐骏从 2011 年 8 月开始就不再担任基金会的任何职务；因为“蓝天工程”运作失败，目前已关停该项目。评论认为，从一个基金会的工作流程的角度，项目立项后，合作的公司至少要出具相应的培训计划、时间跨度等，基金会也要对公司的资质、过往的经历进行相应了解后才能签订合同；在开展项目的过程中，还要有定期的书面反馈。上海志优的种种情况是受到质疑的，新华都基金会如此做也是不负责任的。①

⑤公益组织筹资不择手段

公益组织有时为了筹资不择手段，对欺诈者网开一面，利用自己的关系资源为欺诈者背书，或创造各种有利条件。尽管有时候公益组织提供的便利只有极其短暂的时间，但造成的负面影响却很大，不易修复。如，深

① 《陈发树承诺捐款 83 亿到账仅 1 亿蓝天工程涉嫌造假》，人民网，http://finance.people.com.cn/n/2012/0629/c70846-18408114.html。

圳前海中盛一点科技有限公司就是凭借国字头基金会——中国光华科技基金会的背书，让消费者相信在平台上消费既可以获得返利，又可以捐钱给慈善组织做好事。如，李长宾借中华慈善总会、中国社会福利基金会等名义集资诈骗案，正是因为李长宾借助中国社会福利基金会爱基金管理委员会秘书长的身份取得了受害者的信任。而在事情败露之后，与这些骗子合作的公益组织遇到事情置身事外，形式上不会受到任何惩罚，但影响极其恶劣。

另外，由于公益组织的默认，企业与公益组织合作的慈善诈骗类案件，还经常没有人去揭盖子，使得司法机关不能介入。即使司法机关介入后，也因案情复杂，而不能清晰判定是欺诈还是经营造成的问题，这在很大程度上给案件调查审理带来了不少难题。

【案例 E－6】莆田系医院借公益项目提供免费检查的名义招揽患者入院

2016 年 5 月，据媒体报道，有的莆田系民营医院曾联合北京市二十一世纪公益基金会组织“全国癫痫患者普查公益活动”，该活动称可向到院患者报销单程车票，并免费做价值 885 元的长程视频脑电图检查等。消息一度在央视 12 套播出，并在北京市二十一世纪公益基金会官网挂出。然而不到半个月，上述活动消息在北京市二十一世纪公益基金会官网悄悄下线，此民营医院微信公众号中的癫痫患者普查信息也被清除。媒体报道称，实际上根本没有所谓的基金会救助项目，医院会从患者高昂的消费当中返还很少的钱，当作基金会救助金。开展公益救助活动就是在“撒大网”，通过这个渠道去寻找、吸引患者。往往“救助项目”一公布，患者就会主动找上门。[①]

B 大环境

跳出微环境，我们从整个社会发展的大环境来考察大环境为慈善欺诈创造的便利和机会。

今天，特别是互联网开放便捷普遍，经济发达，大众慈善意愿增强，

---

① 《莆田系掘金技法：借基金会名义“请”患者住院》，新京报网，http://www.bjnews.com.cn/news/2016/05/16/403365.html。

而公益组织之间竞争激烈且以筹款额“论英雄”的大背景下，慈善事业迅速发展，但慈善欺诈也“百花齐放”，这是为什么？因为欺诈者清楚经济收益+派生收益>（远远大于）机会成本（这与社会环境密切相关）+直接成本（为欺诈行为作铺垫的投入）+心理成本（心理上的焦灼感以及被发现后可能产生的惩罚性后果）。欺诈者有如此判断与外部环境不无关系。

①慈善土壤肥沃

全社会的道德水准有了很大提升，经济发展使得“白领阶层”成为社会的主导阶层，利他、助人、责任意识普遍提升，这引领文化和生活方式的风尚、气质与演变方向，利他主义大范围兴起。慈善深入人心，渗透个人生活与社会生活的方方面面。慈善事业有了广泛的社会参与，慈善资源供给也极为丰富，为慈善欺诈带来丰富的“土壤”。在对慈善活动参与者参与程度的讨论中，我们可以看到参与者们对现代中国慈善事业的参与绝不是简单的“掏钱”而已，他们的参与是系统性的、全方位的，参与慈善的行动主体剧增。他们中不仅有捐款捐物的捐赠者，有通过自己的本职工作为慈善活动摇旗呐喊者，还有以发动自己身边的人参与慈善活动为业的民间义务组织者。慈善不再是少数人的“职业”，而是成为大多数人的“业余活动”，成为个人生活必不可少的组成部分，慈善发展日新月异。

②利己之风浓烈

伴随着慈善事业蓬勃发展的同时，我们也看到一些违反社会道德的事件频发，社会道德滑坡的现实不容忽视，这为慈善欺诈助长了嚣张气焰。改革开放后中国进入经济社会，人人把致富作为生存的直接目标，成为经济发展的重要动力，但在相当范围内也滋长了个人主义思想，利他主义受到冲击，各种巧取豪夺恣意妄为。尽管媒体上不断宣传“舍己为人”的模范事迹，各种见义勇为的表彰活动不断举行，但利己主义思潮却超越了应有的界限，日益猖獗，经济领域的极端利己主义一波接一波风起，许多经营者抛弃道德与法律约束，不择手段地压低成本，制造种种低劣产品，不仅骗取消费者的钱财，甚至直接威胁消费者的生命，社会各种盗窃和诈骗也与日俱增。有时候，诈骗不仅不会受到舆论指责，甚至会产生“依靠自己本事诈骗的钱为什么要还回去”的评论。

当然，还有一种情况是，利他与利己出现了奇特的结合，慈善欺诈利用利他与利己结合的心理优势吸引更多的被欺诈者上当。如，2016 年 3 月进入公众视野的亿加爱心互助平台的“公益活动”是平台组织成员到贫困山区摆拍的照片，这些假象在媒体文章中传播，被广泛运用于亿加互助宣传推广中，吸引投资者加入。

③互联网“神助”

短信、社交软件、电商成传播诈骗信息的主渠道，社交软件正逐渐取代传统通信工具成为最主流的信息传播途径。一些欺诈方设置网络平台，用线上加线下的模式实施欺诈，匿名化的网络环境为慈善欺诈提供了机会与便利。比如，善心汇在线上通过网络、微信发布所谓的“扶贫济困，均富共生”，以高收益为诱饵，诱骗会员注册，激励会员在线下“拉人头”。线下通过组织会员慰问贫困户，进行慈善捐款，制造其传销组织一心做爱心慈善的假象。又如，从20世纪80、90年代便已经存在的所谓的“民族资产解冻”骗术，随着网络、手机社交软件的快速发展，愈演愈烈，诈骗人利用QQ、微信等建立群，骗人拉人头入群。依托网络的线上欺诈非接触性明显，跨区域突出，隐蔽性强，取证打击难，波及范围更广，危害更严重。

网络具有其独特的开放性和快速性，在社会各领域的应用面也越来越广泛。大量网民加入到虚拟的网络世界中，造成了网络用户成分的多样化。也恰恰基于此，慈善网络诈骗犯罪的手段具有多样化的特点。随着人们防范意识的逐渐增强，网络诈骗也开始出现专业化的倾向。

④公益界“迟钝”

中国公益界还没有打击慈善欺诈的机制，是慈善欺诈为所欲为的原因之一。在正常情况下，一个保护真慈善的机制，一方面应对现有慈善组织的公益性进行审查，另一方面应对企业或个人发起的公益活动建立监督和事后追索。目前，主要以传统媒体和新媒体曝光打击慈善欺诈为主，缺乏严格的执法机制。从本文直接涉及公益组织的欺诈案例（实施或合作实施）可以看出，欺诈被揭露后，慈善组织更多只是表示歉意，被处罚的依然很少，更多时候是不了了之。而公益界对实质上已影响到整个公益领域的事件反应迟钝，缺乏遏制慈善欺诈的手段和机制。

如，尚德“诈捐门”事件中，在未收到捐赠物的情况下即出具可用于税收抵扣的收据，中华慈善总会的这一做法显然不符合《中华人民共和国公益事业捐赠法》（以下称《捐赠法》）的规定。捐赠资金未到账即开出减免税捐赠发票，属于违规行为，不符合减免税发票的开票流程规范。《捐赠法》第十六条规定，受赠人接受捐赠后，应当向捐赠人出具合法、有效的收据，将受赠财产登记造册，妥善保管。第二十四条规定，公司和其他企业依照本法的规定捐赠财产用于公益事业，依照法律、行政法规的规定享受企业所得税方面的优惠。

我国监管体系当中也存在捐赠物资漏洞。第一，捐赠和接收程序太简单；第二，实物捐赠缺乏科学评价体系，对实物捐赠的价值如何评估并没有明确规定；第三，著名慈善组织参与社会活动没有规范。中华慈善总会、中国红十字会等慈善组织有巨大的品牌价值，但是这些组织参与各种社会活动由谁来监管、如何规范，目前还没有明确的规定。

【案例 A－5】尚德“诈捐门”虚开捐赠发票抵税

2011 年，无锡尚德电力控股有限公司（以下简称“尚德公司”）赞助第五届中国青少年创意大赛，承诺向参赛学校捐赠价值 1500 万元的太阳能电池组件。捐赠流程理论上有三步：第一步，尚德公司向中华慈善总会实施捐赠，同时领取可以享受国家免税政策的收货发票；第二步，中华慈善总会委托中国版权协会教育委员会接收并执行捐赠；第三步，中国版权协会教育委员会委托创新中意公司，向参赛学校发放捐赠品。而实际情况是，2011 年 4 月 15 日，活动承办方中国版权协会教育委员会在看到捐赠品出库但没有收到捐赠品的情况下，开出了收据。随后，尚德公司依据《捐赠书》和收据从中华慈善总会获得了 1500 万元的免税发票。[①]尚德公司依据这张货值 1500 万元的公益事业捐赠发票可以至少少交 300 万元所得税，而这批捐赠物资的产品发电功率仅为优质产品的 52%，其实际价值 1000 万元左右。[②]而且，尚德公司绕过了中华慈善总会和中国版权协会教育委员会，直接把捐赠品捐给了创新中意公司，而创新中意公司的法定代表人正是尚德公司的副总裁解晓南。[③] 2011 年 8 月 4 日，活动承办方中国版权协会教育委员会秘书长罗凡华爆料上述内容，引发舆论对“尚德诈捐门”的关注。2011 年 8 月 5 日，中华慈善总会发表声明，承认自己在监管环节上有一定的缺失和

① 《中华慈善总会未收到捐赠品开 1500 万元收据》，http://news.sina.com.cn/c/2011-08-04/024822930187.shtml。

② 《尚德“诈捐门”引发四大质疑》，http://news.163.com/11/0819/03/7BPRMRAO00014AED.html。

③ 《无锡尚德公司 1500 万免税“慈善捐赠”捐给自家人》，http://zjnews.zjol.com.cn/05zjnews/system/2011/08/15/017765238.shtml。

不足，并将追回发票，监督捐赠方完成捐赠，并适时向社会公布捐赠执行结果。截至2013年7月，两年过去，调查结果始终未能公布。当年参与调查的记者也被告知，“上面要求暂缓追踪”。2013年3月，尚德公司宣布破产。由此，这桩“捐赠门”事件彻底成为无头案。

⑤公益方向迷失

近年来，围绕何为公益，何为商业，公益与商业的关系讨论热烈，有的观点站在商业立场，质疑公益的有效性、可持续性，否定道德的合理性与正当性，否定人有利他的可能性；有人主张，公益不但要学习商业的运作技巧，还要放弃自己的基本价值，在“道”与“术”两个层面，商业都应该主宰公益。一些泛滥的“公益与商业结合”的挂羊头卖狗肉的欺诈行为频发，从前述诸多案例可略见一斑。

【案例E-5】杭州市经营2年的“大熊猫”旧衣物回收掐“大头”捐零头

2014年4月，杭州申奇废品回收连锁有限公司和杭州市城管委、杭州市商务委、杭州市民政局、环保社会团体“绿色浙江”等联合发起“大熊猫”旧衣物回收项目。在“大熊猫”回收项目的前期推广中，为引导民众积极参与，“大熊猫”项目执行企业杭州申奇废品回收连锁有限公司在宣传上放大了该项目的公益属性，刻意模糊回收和捐赠两者的边界，让公众误以为“大熊猫”是有关单位推广的慈善捐赠点。然而，市民捐的旧衣物，并非如项目启动时承诺的那样送到需要的困难群体手中，而是大多数流向下游企业，被高价倒卖，通过民政渠道捐赠的衣物仅占回收衣物的一成。[①] 但舆论出现后，参与项目的各家单位却无法给出答案，互相推诿。“绿色浙江”作为牵线搭桥的“中间人”认为自己无权过问；市城管委只管垃圾减量，只管经营行为；而民政部门只管捐赠行为。[②] 而公司内部的经营行为和捐赠行为如何分配却无人监管。

① 《掐“大头”捐零头“慈善”项目竟成企业敛财工具》，新华网，http://news.xinhuanet.com/gongyi/2016-04/13/c_128891067.htm。

② 《杭州大熊猫旧衣回收桶　慈善捐赠不足10%企业称已获利45万》，http://news.163.com/16/0331/23/BJH9FUU500014SEH.html。

五　遏制慈善欺诈猖狂蔓延

遏制慈善欺诈非一日之功！

从根本上说，各类慈善欺诈的出现大多是钻"法和规"的空子。

很多时候，对慈善欺诈事件的惩罚无法可依，欺诈者逍遥法外，可以说，巨大的监管漏洞、法律法规的缺失、惩罚和执行力度的不足为欺诈者带来了可乘之机。同时，我们看到，"法和规"很多时候是滞后产生的，往往慈善欺诈事件发生后，相关部门才进行严格规定。要想从根本上治理慈善欺诈，需要把一个个"法和规"的窟窿堵上。目前，新的《慈善法》已经出台，诸如个人不能发起公开募捐、开展慈善活动必须遵循非营利原则等规定，也很明确。

针对慈善领域的骗捐诈捐行为，2016 年 9 月 1 日开始实施的《中华人民共和国慈善法》作出了明确规定，"捐赠人通过广播、电视、报刊、互联网等方式公开承诺捐赠的，或者捐赠财产用于特定活动并签订书面捐赠协议的，捐赠人违反捐赠协议逾期未交付捐赠财产，慈善组织或者其他受赠人可以要求交付，捐赠人拒不交付的，慈善组织或者其他受赠人可以依法向人民法院申请支付令或者起诉。"也就是说，有《慈善法》的制约，在公益活动中对于捐赠人大额的捐款承诺，要签订捐赠协议，对捐款的数额、形式、时间等细节做出完整而清晰的约定，以方便政府监督部门和公众监督者及时地了解捐赠进度和行使监督职能，并能为诉讼留有充足、直接的证据以追究其法律责任。这让以前想借助慈善捐赠的方式免费宣传的企业没有了炒作的空间，也让真正为贫困地区做贡献的捐赠企业展现了实际价值。

随着一系列网络个人求助诈捐的出现，2016 年 8 月 30 日，民政部等四部委印发《公开募捐平台服务管理办法》，规定："个人为了解决自己或者家庭的困难，通过广播、电视、报刊以及网络服务提供者、电信运营商发布求助信息时，广播、电视、报刊以及网络服务提供者、电信运营商应当在显著位置向公众进行风险防范提示，告知其信息不属于慈善公开募捐信息，真实性由信息发布个人负责。"

有关山寨社团。由于大多数"离岸社团"注册地都在境外，形成了注册地管不了，活动地法律不适用的状态。2017 年 1 月 1 日正式实施的《中华人民共和国境外非政府组织境内活动管理法》对活跃在内地的“离岸社团”“山寨社团”进行严管严罚。其中，规定境外社团在内地举办活动需由公安机关监督管理。[①]民政等相关部门对“山寨社团”“离岸社团”的严管严罚，将提高其违规违法成本，压缩其生存空间，在避免社会公众上当受骗的同时，社会组织领域也得到了净化，有助于改善社会组织的公众形象。

2018 年 2 月 24 日，国家发改委、民政部、人民银行等 40 个部门和单位联合签署《关于对慈善捐赠领域相关主体实施守信联合激励和失信联合惩戒的合作备忘录》，共享慈善捐赠领域的红黑名单，将慈善捐赠纳入信用管理，对慈善捐赠领域相关主体实施守信联合激励和失信联合惩戒。

《备忘录》主要有三方面内容：一是建立慈善捐赠领域的信用信息共享。各部门各单位从全国信用信息共享平台中获取守信联合激励与失信联合惩戒信息，共享慈善捐赠领域的红黑名单。二是明确了两类激励对象和五类惩戒对象。激励对象包括民政部门在行政管理的评估工作中获得良好等级的慈善组织，还包括有良好捐赠记录的捐赠人，特别是在扶贫济困领域有突出贡献的自然人、法人和非法人组织。惩戒对象包括民政部门在日常管理中列入严重违法失信名单的慈善组织，还包括这些慈善组织的法定代表人和直接负责的主管人员，也包括在慈善捐赠相关活动中被人民法院依法判定承担责任的捐赠人、受益人，以及被公安机关依法查处的假借慈善名义或假冒慈善组织骗取财产的自然人、法人和非法人组织。三是明确了对慈善捐赠领域守信主体的 26 条激励措施和对失信主体的 24 条惩戒措施。这些措施由 40 个相关部门和单位联合实施，涉及民生、科教、国民经济的各个领域以及工商、税务、海关、质检、公安等各市场监督领域，既有对守信主体的各种优惠、诚信记录，以及优先或者便利获得相关资格和服务的激励，又有对失信主体限制准入、重点监管、取消待遇等方面的惩戒。

但我们仍能看到很多空白。在目前现有法律框架下，对公益促销的法律规范是整个缺失的，这是立法上的空白。

---

① 《新法严管严罚“山寨社团”》，http://news.takungpao.com/paper/q/2017/0101/3409023.html。

平台模式在共享空间捐赠中的现实运用

平台模式在商业领域的运用极为普遍，它构建多主体共享的商业生态系统，产生网络效应，实现多主体共赢，例如，我们熟知的电信业、银行卡、互联网站、购物中心、媒体。今天，平台模式的思维及做法也不断进入公益领域，构建多主体共享的可达成公益目的的生态系统，实现多主体共赢。这并不稀奇，如志愿信息平台、微信捐赠平台等，这些平台将一方拥有的诸如资金、物资、志愿时间、技能等社会资源汇聚起来，与另一端需求方进行对接，降低双方各自寻找对方的成本。因此，在公益领域，平台模式往往也是一种“价值逻辑”，即基于价值创造、价值传递与价值实现的逻辑。所谓价值创造具体指平台（拥有者/建构者/运营者）为平台的两端提供各种各样的服务和支持，这是平台模式价值创造的过程；所谓价值传递具体指平台将一端的资源传递给另一端，这是平台模式价值传递的过程，是平台模式的核心功能；所谓价值实现是指平台本身以及平台的两端分别可实现其自身目的，这一过程是价值实现过程。例如，“乐捐”是腾讯公益的公益项目自助平台，各利益相关方可以在该平台上实现发起、捐赠、互动及监督等功能。

虽然平台模式在公益领域的运用远不及商业领域那么广泛，但是平台模式及平台在公益领域的作用越来越显著。平台运营得越好，平台上一端的提供方越多，对另一端的需求方吸引力越大；同样，另一端的需求方在考虑是否使用该平台时，平台上的提供方越多，对其获得价值的吸引力也越大。因此，平台本身的经济功能实际上是提供实体或虚拟的交易、交换、互动的环境，从而降低需求方到处寻找提供方的成本。

随着时代和技术的变化，公益捐赠的概念、内涵及类型愈加丰富，除了极为常见的资金、物资、时间、技能外，积分、里程、步数、空间甚至“点赞”也成为公益捐赠的“新宠”，尽管公益领域仍然认为传统捐赠来得更实在、实惠，但是，因这些新型捐赠本身及其可带来的隐性收益不可小觑，它们同样具有极强的吸引力。例如，乐施会与航空公司合作，由航空公司游说其乘客捐赠出多余或闲置的里程；“点赞”人次、积分等可以转换或兑换为实质性捐赠额，并且可以吸引潜在的捐赠者，与潜在的捐赠者建立更为紧密的联系。当然，无论何种捐赠，仍适用于《中华人民共和国公益事业捐赠法》，尽管有些捐赠在具体操作时，该法未给出明确说明，毕竟1999年出台的法律难以涵盖今天互联网时代的巨大变化。例如，该法第二章第九条规定“捐赠的财产应当是其有权处分的合法财产”，第十二条规定“捐赠人可以与受赠人就捐赠财产的种类、质量、数量和用途等内容订立捐赠协议，捐赠人有权决定捐赠的数量、用途和方式”，而财产是指各类财富，具有金钱价值并受到法律保护的权利总称，包括有形和无形财产在内。

今天，共享经济的出现和发展又使捐赠内涵进了一步，以往将空间的长期或短期的全部使用权捐赠给公益组织较为普遍，而共享经济思维下的“共享空间”（space share）捐赠则不是这个概念，其某时段的全部使用权并不捐赠出来，而是其中或部分使用权有限地捐赠出来。基于此，平台模式又与空间捐赠“相遇”，产生了在公益捐赠领域的新型价值逻辑。例如，大陆的创Yi空间联盟、南方周末新意思联盟，以及台湾的空间资源分享平台。这些平台将属于私人财产的场地/空间提供方汇聚起来，与公益需求方进行有效对接，使空间成为具有价值的公益资源供给需求方，显著降低两端“交易”的成本，通过平台的服务，实现价值创造、价值传递和价值实现。可以说，共享空间平台的出现，使空间资源提供方迈出了“一小步”，却成就了公益领域的“一大步”。

一　共享空间捐赠的由来

1. 共享经济

共享经济又被称为“分享经济”“协同消费”，最早由1978年美国伊利诺伊大学香槟分校社会学教授马科斯·费尔逊（Marcus Felson）和琼·斯潘思（Joe L. Spaeth）在《美国行为科学家》杂志发表的论文《社群结构与协同消费》（Community Structure and Collaborative Comsumption：A Routine Activity Approach）中提出。具体指，拥有闲置资源的机构或个人有偿让渡资源使用权给他人，让渡者获取回报，分享者利用分享自己的闲置资源创造价值。其基本特征是，借助网络作为信息平台，以闲置资源使用权的暂时性转移为本质，以物品的重复交易和高效利用为表现形式。[①]因此，共享本身离不开平台。

探究“共享”本身的含义时，我们会发现，共享经济本身包含有一定的非营利性质，共享的初衷在于与陌生人交流和互相帮助所带来的新鲜体验。但随着协同消费行为越来越流行，共享行为被商业所渗透。Uber 就是一个典型的将汽车合用（car-pooling）这样一种非营利性行为变成成功的组织商业化模式，在这过程中，共享行为更多地被转换为一种租赁和买卖行为，其过程违背了共享的简单初衷。然而，尽管共享经济当前的发展有可能违背了共享的初衷，但我们却不可否认营利性共享在某些方面是会优于非营利性，非营利性共享的服务创新必然缺乏市场及资金的支持，其提供的服务也很难做到专业和有效；营利与否并不能否认共享本身所带来的正面影响，关键在于平台的所有权和治理的有效性。[②]

（1）共享经济的分类

2010 年 Botsman 和 Rogers 从产品和服务的消费角度来定义共享经济，认为共享经济一般可分为三个层次。第一个层次为“产品服务体系”（Product-service System），即人们将闲置的私有财产（主要是耐用品，如汽车、住房）拿出来和其他人分享，如滴滴、Uber、小猪短租、Airbnb 等就是实现这种体系的平台。第二个层次是“再分配市场”（Redistribution Market），这和传统的二手物品交易一致，但更多地强调了信息和互联网属性，如淘宝网、eBay 等交易平台则是这个层次的体现。第三个层次是“协作生活方式”（Collaborative Lifestyle），即有着相似偏好或者需求的人，以一种协作的方式分享、消费、交换资源，各种大型社交网络，如 Facebook 等，便为人们提

---

① “共享经济”，http://wiki.mbalib.com/wiki/%E5%85%B1%E4%BA%AB%E7%BB%8F%E6%B5%8E。

② 刘奕、夏杰长：《共享经济理论与政策研究动态》，《经济学动态》2016 年第 4 期，第 118～119 页。

供了以协作方式生活的可能。①

从社会生产的过程理论来看，可以将共享经济分为四类：第一类是基于网络平台的商品再分配模式（类似二手商品交易）；第二类是分享技术、时间、劳务等非有形资源的协同生活方式模式；第三类是分享高价值固定资产的产品服务模式，比如国外租车领域的 Uber 用车平台、Zipcar 汽车分享服务以及房屋租赁领域的 Airbnb；第四类是基于社交网络平台的分享经济模式，这种模式实际上是借助于用户交流和相互关注，依托个体在社交媒体的信息轨迹和人际关系链条，实现线下产品或者服务与社交网络的深度融合，从而实现信息呈几何等级传播的效益，比如国外以 Facebook 为代表、国内以微信为代表的社交平台，帮助用户与现实生活的朋友、同事以及网络好友分享生活体验，进而通过圈子营销衍生出圈子内部的协作消费等。②

根据目标市场定位和市场结构可以总结出共享经济的以下商业模式类型（见表 1）。③

表 1　共享经济的商业模式类型

<table>
<tr><td colspan="2" rowspan="2"></td><td colspan="8">市场结构</td></tr>
<tr><td colspan="6">P2P</td><td>B2P</td><td>B2B</td></tr>
<tr><td rowspan="5">目标市场定位</td><td rowspan="3">非营利</td><td colspan="4">有形资源分享</td><td colspan="2">无形资源分享</td><td>知识分享</td><td></td></tr>
<tr><td colspan="2">Napster
Food Swaps
Landsharing</td><td colspan="2">Tool Libraries
Seed Banks</td><td colspan="2">Time Banks</td><td>Makerspaces
Tripadvisor
大众点评
百度百科
维基百科</td><td>—</td></tr>
<tr><td colspan="4">有形资源分享</td><td colspan="2">无形资源分享</td><td>有形资源分享</td><td>空间分享</td></tr>
<tr><td rowspan="2">营利</td><td>交通</td><td colspan="2">餐饮</td><td>住房</td><td>服务</td><td>金融</td><td></td><td></td></tr>
<tr><td>Uber
滴滴打车</td><td colspan="2">Feastly
Witheat
爱大厨</td><td>Airbnb
小猪短租</td><td>Freelancer</td><td>LeadingClub</td><td>Zipcar
途家网
悟空租车</td><td>Wework
Liquid Space</td></tr>
</table>

① 庞嘉伟、陈骐：《分享经济——含义及其特点》，《现代管理科学》2017 第 3 期，第 36～37 页。

② 张传洲：《分享经济的现实演进及其发展逻辑》，《技术经济与管理研究》2016 第 6 期，第 99～100 页。

③ 王家宝：《分享经济：源起、模式与趋势》，《管理现代化》2016 第 4 期，第 128 页。

（2）共享经济的法律分析

产权是经济所有制关系的法律表现形式，它包括财产的所有权、占有权、支配权、使用权、收益权和处置权。在工业时代，物权的私有化是主流，人们追求的是“物的我用”，要的是所有权；随着循环经济、互联网以及大数据的发展，共享经济应运而生，此时人们追求的是“物的他用”。越是发达国家，越是强调在法治框架下实行“物的他用”，越要鼓励在尊重产权的前提下实行物的共享。

共享经济的核心实质是个人将自己所有的暂时闲置的资源进行共享，获得一定的收益，共享经济的本质是一种使用权的分享：对于供给方来说，通过在特定时间内让渡物品的使用权，来获得一定的金钱回报；对于需求方来说，不直接拥有物品的所有权，而是通过共享的方式来获得物品暂时的使用权。

以滴滴出行为例，在这个平台上的供需双方形成了一种新的契约，车主在这个平台上有限让渡了自己车辆的使用权，而在这个时间段上乘客是真正拥有了车的使用权的，而乘客在使用车辆时，车主是不能随意撤回的，也不能打扰，这是一种契约。谁是这个契约的见证者呢？平台是见证者，同时也是明确产权的监督者，正是因为有这个平台的见证和监督，供需双方才能明确共享过程中的产权转换和属性，车主才愿意分享自己的使用权。与买卖或租赁关系不同，例如铁路公司售卖火车票，消费者用金钱买了某个时间段的火车票，从而拥有了这个座位某个时间段的使用权，这是一种长期稳定的交易，而非一种闲置资源的共享。

目前商业领域共享空间最典型的案例便是 Airbnb。首先，Airbnb 的空间共享不同于传统酒店：从房源性质看，提供的空间共享房属于土地规划上的住宅区域而非酒店区域；从形式上看，Airbnb 本身是一个虚拟的线上平台，自身不像酒店一样提供房间，仅仅是提供一个房间供给双方交易的平台；从所有权来看，传统酒店拥有酒店的所有权，而 Airbnb 作为一个平台并不对自己平台上的空间享有所有权。其次，Airbnb 的空间共享不同于传统房屋租赁，法律规定下的房屋租赁指的是长期的、具有有力的法律效力的租赁关系，而 Airbnb 多是日租。

2. 共享空间捐赠

空间是可以进行共享的一类资源，而且共享这种资源的需求越来越大。

在公益领域内，空间又是一种十分紧俏的资源，因此在公益领域内实现空间共享就成为必然。自 2004 年房价开始上涨之后，空间变成了一个非常具有市场价值的商品。原来公益组织如果要使用空间的话会有很多机构或人直接拿出自己的场地让其使用，但现在这种情况开始发生转变。一方面，个体对私人物品的所有权意识越来越强；另一方面，在今天的中国，土地资源或空间资源变得越来越紧俏，同时，空间资源的运营者或所有者也在哄抬空间价格，一些公益组织，特别是小型公益组织越来越买不起、用不起昂贵的办公空间。因此，今天看来，空间共享的确是一件特别有意义的事情，它使得这些空间成为一种公益资源，既节省公益领域对此类社会资源的需求，又降低公益领域运营的成本。

然而，上文提及的 Airbnb 这种商业领域内的共享空间平台与本文着重探讨的进入公益领域的共享空间平台完全不同。从产权角度来分析的话，Airbnb 属于以营利为目的的有形资源分享平台，其中分享的有形资源是空间资源。在这个平台上，房东同样是把自己空间的有限使用权让渡给了空间需求者，从而换得了一定的金钱收入，这个过程可以称为交易过程。与 Airbnb 不同的是，共享空间捐赠平台是为空间供给者创造了一种“半捐赠半交易”或“全捐赠”的一个平台，在这个平台上空间供给者将自己的闲置空间资源的部分使用权让渡出来，或是低于市场价的公益价，或是全免费，供公益机构去使用，这个过程的全免或减免部分可以称为捐赠。实际上，这个平台也实现了场地供需双方的交易，只是这种交易直接转换为捐赠，或是部分捐赠。其间的区别，只是有的捐得多，有的捐得少。此时，空间供给者向空间需求者让渡了自己的有限使用权。

我们可以以创 Yi 空间联盟平台上的雕刻时光咖啡馆为例来说明雕刻时光咖啡馆如何将自己的场所使用权“分享”给公益组织的。雕刻时光咖啡馆会为公益组织提供某些时段的低价优惠使用权，为公益组织租用空间节省了部分费用，其间被减免的资金，一定程度上可视作对公益组织的捐赠，所捐赠的是咖啡馆有限时间内的使用权，而不是把整个使用权都捐赠出来。

二　两种平台模式下的共享空间捐赠

下文以大陆的创 Yi 空间联盟、台湾的空间资源分享平台为例探讨共享空间捐赠。之所以选择这两个案例，一方面因为它们是目前大陆和台湾较大规模的共享空间平台，另一方面因大陆与台湾存在不同的社会文化背景，这两个案例从缘起到运营存在差异。希望通过这两个案例的解析，深层了解平台模式对共享空间捐赠的意义和价值。

1. 创 Yi 空间联盟

(1) 缘起

创 Yi 空间联盟是创益融通（北京）文化咨询有限公司提供的一项空间共享服务。2015 年，创始人王志斌在国贸大厦的一个小会所里建立了“创 Yi 空间”场地，专为公益机构举办活动提供场地。之后，王志斌产生了寻找其他公益机构和商业组织共同合作提供场地的想法，这一想法逐渐发展为一个联盟。王志斌将联盟定位为：致力于推动全国公益机构办公场地和公益休闲场所的空间共享和资源对接，助力社会组织与商业机构间的跨界合作，面向公益慈善行业提供专业增值服务。“创 Yi 空间联盟”计划自 2015 年 8 月启动以来，截至 2017 年 10 月平台联盟机构 170 多家，遍布全国 31 个省市，主要为公益组织工作人员或个人提供免费临时办公、超高性价比的会议、活动、住宿等场地资源对接，服务需要帮助的公益朋友。

联盟自成立到 2016 年底，一直以纯公益项目的形式运作。联盟的主要功能是，把自己搜集到的公益机构的场地信息免费发布在网上，任何人均可获取该信息。2016 年底，王志斌等人开始筹划注册公司。2017 年初，联盟以创益融通（北京）文化咨询有限公司的名义进行商业化运作。此时，创益融通（北京）文化咨询有限公司仍然将自身定位为一家致力于为公益机构和公益人士提供共享资源及信息服务，促进公益事业发展的行业支持型机构。公司倡导“共享”理念，秉承“sharing，共享即公益，共享出一个公益中国”的愿景，通过激活各类闲置资源进行共享使用，实现空间共享/资源共享/智慧共享的三重共享模式，让各类可共享的资源使用率和利益最大化，并以此推动形成“共享公益”。公司目前提供的服务包括空间共享服务（创 Yi 空间联盟）、资源共享服务（运营配套服务）和智慧共享服务（公益体系建设及企业 CSR 咨询服务，如益思深度咨询工作室）。

为公益机构提供活动场地这个想法源于创 Yi 空间联盟对公益组织的刚性需求的判断。宣传和倡导是公益组织的主要职能之一，“这样的话，公益组织开会的频率会比较多，比如会议、沙龙、文化建设、发布会等”①，因此，活动场地是公益机构的刚性需求。但是，在满足自己对场地的迫切需求方面，公益机构又存在两个困惑或痛点：一是公益机构本身人员就比较紧张，因此没有设立专门的人或部门来负责寻找举办活动所需要的场地；二是公益机构每次举办的活动都是临时性的，与场地供应者去谈很难拿到比较低廉的价格，而租赁场地的高昂费用对于一些公益机构，尤其是小型公益机构来说是很大的负担。基于以上判断，王志斌希望创 Yi 空间联盟可以成为空间资源的一个汇聚平台，这样，这些公益机构就不用自己去找场地，而是在这个平台上对接场地供给者，并且能享受到一个既可节省时间和人力又比较优惠的价格。这个平台并没有直接帮助到公益组织的服务对象，但是，帮助了公益机构，从而间接可帮助到那些需要帮助的群体，这也是一种公益。

（2）运营

A 成员

创 Yi 空间联盟中的成员有哪些？也就是说，在这个平台上对接空间资源的供给者和需求者分别是谁？联盟伙伴，即加入联盟的机构大致分三类。第一类是纯公益机构，截至 2017 年 10 月 26 日加入平台的共有 161 家；第二类是服务性商业机构，截至 2017 年 10 月加入平台的共有 39 家；第三类是非服务性企业，截至 2017 年 10 月加入平台的共有 7 家。

其中，第一类纯公益机构又分两种，一是空间类公益机构，比如公益咖啡馆，二是通常意义下的公益机构，它们把自己的场地、会议室、工位在闲时分享出来，比如有公益人出差到了某个地方，临时需要用一下网络进行办公，或者对当地资源不熟临时想找一些当地的公益机构来对接一下资源，可以去找联盟的这些公益机构。

实际上，联盟伙伴中的第二类商业机构所提供的场所更可分享，因为纯公益机构能提供的场所特别有限，能分享的场地比较小，能分享使用的设备很多时候也不能满足活动需求。但是，很多服务性商业机构的空间空置率较高，例如，创业大街的雕刻时光咖啡馆和车库咖啡营业时间一般至晚上 10 点，但是有时晚上 6 点之后顾客就会特别少，如果需要空间的公益组织把活动时间放在晚上或周末，正好是咖啡馆比较闲置的时间，咖啡馆

① 笔者对创 Yi 空间联盟创始人王志斌的访谈。

可以给公益机构一个非常实惠的价格，这样的对接对双方均有利，咖啡馆能实现成本回收，公益组织能低成本开展活动。

第三类是非服务性企业伙伴，它们愿意将周末空闲的办公室提供给公益机构开会或组织活动。

B 服务

创 Yi 空间联盟为供给方及需求方提供哪些服务？联盟会根据情景不同，提供三块业务，包括会议/活动场地分享、办公场地分享、住宿分享。

第一块业务是创 Yi 空间，也就是举办活动的场地分享，这也是创 Yi 空间联盟成立之初所提供给公益机构的主要服务，创益融通（北京）文化咨询有限公司（以下简称“创益融通公司”）会与商业类咖啡馆、会所、餐厅、各类空间、公司（会议室）等达成合作，对闲时的场地进行复用，以低于市场的价格提供给公益机构或其他举办公益活动的机构举办公益活动，如沙龙、培训、讲座、会议等服务。

第二块业务是“益起 OFFICE”，它属于联合办公。2017 年 5 月 25 日创 Yi 空间联盟联合友成基金会、优客工场、商道纵横共同发起“益起 OFFICE”项目，通过为公益组织提供办公场地及相关服务，支持公益行业发展，实现企业社会责任。截至 2017 年 9 月 22 日有 4 个优客工场社区（阳光 100 社区、FESCO 社区、酒仙桥社区和住百家社区）、8 个无界空间（三元桥社区、朝阳大悦城社区、望京国际社区、百子湾社区、望京博泰社区、798 社区、太古里社区和华贸社区）、2 个氪空间（酒仙桥社区和慈云寺社区）加入到“益起 OFFICE”项目当中来。

第三块业务是公益青旅，联盟与品牌连锁酒店合作，通过连接全国范围内的连锁酒店资源，为全国的公益组织与公益从业人员提供价廉质优的住宿服务，“不过，到现在为止也很难接触到酒店的顶级管理层，所以这个项目目前还在努力推进中，目前只有杭州 REYI 江南驿国际青年旅社和重庆家心怡两家酒店加入，但这还不是理想伙伴”①，属于小规模的合作。

创 Yi 空间联盟通过建立这么一个平台希望实现一个理想状态，那就是“每一个公益机构都能够在 3 公里内找到其既能够开展活动的场地，又能够去办公的场地，出差的话理想状态就是在他们所要办事的周边能够找到一个可以提供公益价格的连锁酒店”。

① 笔者对创 Yi 空间联盟创始人王志斌的访谈。

C 对接模式

空间供给者和空间需求者如何在这个平台上对接资源？也就是平台是怎么把供给方和需求方联系起来的？这个平台主要通过三种方式来进行资源对接，均为虚拟在线形式。一是微信公众号。创 Yi 空间联盟有一个自己的微信公众号，会定期把汇总的场地信息通过公众号进行分享。二是益云网站。创 Yi 空间联盟在这个网站上有一个自己的地图，将所有能够提供场地服务的公益机构或商业机构在地图上标识出来，一目了然。三是微信小程序。“附近的 NGO”用地图的形式呈现周边的空间，既包括公益机构提供的空间，也包括商业机构提供的空间，前者直接留的是公益机构的联系方式，后者留的则是创意融通公司负责人的联系方式。不足的是，该程序可能正在开发当中，有些功能还没有完善，比如空间提供者的详细信息只有地址和电话，关于场地的介绍目前还没有放上去。

D 运营模式

创 Yi 空间联盟的运营模式如何？我们认为它是公益与商业并存。如前文所述，创 Yi 空间联盟成立于 2015 年 8 月，2016 年底注册公司，2017 年初开始商业化运作。在不同时期，创 Yi 空间联盟的运营模式并不相同。

2015 年 8 月至 2016 年底，联盟一直是纯公益的运营模式，联盟把搜集到的公益机构的场地信息免费发布在网上，供需双方可以直接进行联系，王志斌等人会与各个公益机构去沟通，问他们单位有没有闲置的会议室或工位，逐渐有了这些单位的名单，然后再将这些单位名称做在 excel 表中对外发布，谁愿意提供场地就自己填这个表，简要介绍一下自己的场地并写明它们能够提供什么服务。在这个过程中，也有一些机构依靠自己的途径在做空间分享这样的事情，而创 Yi 空间联盟则把这些一个一个的小组织整合在一起，对外发布它们的空间信息。这个阶段也是商业运营的筹备阶段。

2016 年底公司注册以后创 Yi 空间联盟便采取了商业化的运营模式，不同于前期纯公益模式下信息的免费分享，这个阶段的商业模式主要是提供服务从而收取服务费。收取服务费主要有两种方式，一种是场地报最终价然后提成给这个平台；另一种是场地报最低价而平台加服务费报出。准确地说，现阶段创 Yi 空间联盟是纯公益和商业模式并存。由于许多公益机构倾向于免费场地，平台便针对这些机构采用纯公益的运营模式，此时场地供给者多为公益机构或商业运营的公益场地；而有些机构希望能够使用好一点的场地，针对这些机构则采用商业化运营模式，但收费还是会低于市场价，也就是所谓的公益价，此时场地供给者多为商业机构。

（3）目前存在的问题与未来设想

访谈中，王志斌向我们传达了创 Yi 空间联盟目前存在的问题：一是场地匹配的问题，也就是场地供给者和需求者在空间资源对接上不太匹配，这对这个平台来说是个大问题。二是公益机构理念的问题，现在仍然有很多机构希望使用免费场地，对于“公益价使用闲置空间”这一观点接受度不高。三是创 Yi 空间联盟推广过程中所遇到的困难，例如，仍然没办法联系到酒店企业高层，公益青旅目前仍然没有实质性的进展。四是资金问题，由于资金的匮乏，联盟专职员工较少，也就没有足够多的人去“开疆拓土”，寻找更多愿意提供空间的公益机构或商业机构。长期来看，将该平台运营下去还是具有一定的难度。2017 年 5 月 26 日我们对王志斌访谈时，他谈到目前创 Yi 空间联盟还未实现盈利，目前“带来的更多是公益组织对我们的认可，主要是品牌效应”。

王志斌仍在坚持。在他看来，他们所倡导的不仅仅是场地的分享，而有更为远大的理想。在访谈中，王志斌说道：“我们倡导分享不仅仅是场地分享，我们认为这是最初级的，是一种实物的分享。第二级分享，我们认为是一种专业技术或技能的分享，比如法律专业、心理学专业的人想做公益，但他又没有渠道和途径，而我们把他们的信息挂在我们的平台上，让有需要的人和他们进行对接，相当于我们把一些专业人士的技能分享出来帮助到别的人。第三级分享，我们认为是一种智慧的分享，比如好的点子、策划、项目方案之类的。我们的理想状态是社会上的一切都是可以分享出来的，只不过我们把它垂直服务于公益这个领域，非常专业和垂直化。”①

2. 中国台湾的空间资源分享平台

（1）缘起

台北都会区，又名大台北地区、台北基隆都会区，是台湾地区三大都会区之一，为台湾第一大都会区。本区涵盖台北市、新北市及基隆市，故又被称为北新基。截至 2015 年 6 月，台北都会区的人口已达 7044869 人，总面积为 2457.1253 平方公里。台北都会区是世界第 44 大都会区，密集的人口形成群聚效应，一方面可促进社会、文化和经济的活力，但又同时放

① 笔者对创 Yi 空间联盟创始人王志斌的访谈。

大城乡发展差异、社会不公、阶级差异、生活环境品质低下等问题，为城市治理带来挑战。[①]台北都会地区中，存在许多空余的房屋资源，据统计，台北市每年至少有10万户以上的空屋资源；同时，城市内有许多刚起步的创意人才、社会企业单位、非营利组织、社区服务的工作单位需要有实际的空间。台湾空间资源分享平台于是将这些空余的空间资源适当引入平台中，协助空间资源需求者在城市中实现公共服务与文化创意事业，既活化了空间，也催生了城市里的非营利事业，满足了小区公共需求，增加了城市的公共利益。

空间资源分享平台（Space Share，Taipei）的建立源于对2009年以来台北都市再生行动计划的反思。台北市都市更新处在不同阶段运行了不同的都市再生行动计划，包括URS都市再生前进基地、台北好好看系列计划、Open Green等。2009年台北好好看系列用容积来奖励，是一种单一的方式，引起了很多公益机构的反弹；2011～2012年由台北市都市更新处发起了许多场关于城市更新的研讨会，进行跨领域的对谈；2013年正式建立了空间资源分享平台网站，实现了O2O的模式；2015年，空间资源分享平台举办国际论坛，邀请韩国、日本、台湾地区正从事分享空间的人们，互相交流，希望找出适合台北的空间分享形式；2016年该平台举办“城市共享，反造城市”系列座谈，寻找出台北正在做空间分享、活化、社会设计类似事情的人们，互相交流，启发更多空间分享的想象；2016年该平台持续搜集相关案例及更多空间故事，2017年公布了改版网站。

空间资源分享平台由台北市都市更新处主办，由经典工程顾问有限公司主要执行。空间资源分享平台目前对自身的定位更多是一个“倡议型媒体”或者说一个专案计划，而不是一个简单的机构。其实，从2011年开展研讨会开始这个平台对自身的定位也在不断变化：2012年开始试验中介模式，2013～2014年开始从点对点的中介模式转向平台模式（platform），2015年后转向面对面沟通的hub（节点）的概念。中介就是做媒介的工作，“纯粹是价钱的思维模式”，一开始创始人在思考空间分享的时候“尝试用媒介或是中介的概念去媒合创意的社群团体，使他们能够找到一个可以负担得起的房子来进行使用”，而这个平台的作用在于去协助房屋供给者和需求者两端。尝试了一年中介模式之后，空间资源分享平台发现其实自己做

① 空间资源分享平台官网，https://spaceshare-taipei.net/about。

的事情跟纯粹去租房子来做商业使用是完全不一样的，所以慢慢就转换为用“倡议型的平台”这样的概念去呈现平台的内容和理念，也就是第二阶段的 platform 模式，通过这种模式去影响更多的产权所有者并思考房子不一样的价值。在经营了一两年的 platform 模式之后空间资源分享平台开始尝试 hub 模式，讲到 hub 和 platform 的区别，平台执行单位负责人詹育芳小姐表示，“hub 有 input 和 output，它比较像是一个资讯汇流的节点，去让 input 和 output 之间有一个良好的对话机制或者说生产的模式；可是 platform 它会相对比较封闭，呈现在网站上的互动性不会那么高”①。空间资源分享平台转为 hub 模式之后就更加看重实体的行动，网站的功能逐渐转变为一个辅助性的媒介。

城市角落中有许多闲置的空间环境，借由空间所属单位分享给一些创意团队进驻、时段性地分享、举办社会公益性活动等，赋予空间新的生命，让单点的空间被打开，不仅空间活络了起来，也创造更多社群团体交流的机会，诱发城市社群网络的连接与蔓延。平台集结了台北市各种不同的空间分享故事，打开市民们对于空间的想象，鼓励更多伙伴加入空间分享的行列。空间分享与一般的空间活用又不一样。空间分享是指“在空间使用上，供给者与需求者，除了一般的租金逻辑之外，发展出多元且富有分享、共享理念的交流方式”，空间分享除了具备空间活用所具有的弹性（flexible）以外还具有情感上的分享含义，通过空间的分享促进不同群体之间的沟通，尤其是公益机构和其他群体的交流，从而建立一个“公益”社会，建构出非考量私利导向的共享社会。

（2）运营

A 成员

空间资源分享平台上有哪些角色和单位？第一类是想要找空间的团体，“原本锁定的是非营利团体这样一些单位，但是慢慢地就扩展为 NGO、倡议团体、设计师或个人工作者、社会创新或社会企业类型这些单位”；第二类是提供空间的团体，“主要是房地开发商、一般房屋产权所有者、有闲置空间的政府部门、有经营权的私人单位”②。空间资源分享平台计划专案经理施佩吟认为该分享平台主要是做两件事：“Space Share，第一件事是去思考，

① 笔者对空间资源分享平台执行单位负责人詹育芳的访谈。

② 笔者对空间资源分享平台执行单位负责人詹育芳的访谈。

城市当中无论是空间持有者或是空间使用者，应该都可以去思考如何透过更好的方式经营这些所拥有的空间。第二件事是刚刚提到的不同的空间单位角色，在公共领域中该如何沟通与对话，进而创造更多空间使用的合作可能性，这也是 Space Share 想要深入发展的部分。”①

B 服务

空间资源分享平台主要提供了哪些服务呢？空间资源分享平台的网站显示，其组成主要分为三大板块——Story（空间故事）、Place Making（地方创生）和 Social Networking（行动串联）。Story 主要是分享空间故事，空间资源供需双方的信息主要是发布在这个板块上，即空间需求者和空间物件，并辅以一些成功举办的空间分享案例。Place Making（地方创生）指的是在小区的公共空间中，鼓励居民们在这些空间上发有创意的提案，引入有创意的社群与小区居民共同实作，产生有趣的公共行动，如一些有活力的空间改造、交流会、活动、嘉年华等，凸显在地文化及串联小区网络；地方创生是借由单点空间的改造，进一步影响全面性的小区，营造出一个具有小区感，拥有绿生活的美好环境。Social Networking（行动串联）指的是城市闲置空间的活化，除了可借由与地方特色相关的创意提案展开活力外，也可借由行动计划串联各个社群团体，从单点的行动发展到整个城市的网络当中，诱发更多相同分享概念的伙伴加入串联行列，如工具分享、免费商店、小屋串联等，让每个空间活化的同时，也展开了城市系统的网络关系。

C 对接模式

空间资源分享平台是怎么运营的，也就是空间供给方和空间需求者是如何在这个平台上实现资源对接的？平台组成可简略分为两种——一是网络咨询交流的平台，也就是空间资源分享平台网站；二是实体团队的咨询与服务平台。供需双方直接联系平台，向平台提供自身的背景资料，该平台整理后在网站上公开这些资料；任何在网站上浏览到该资料的人都可以跟平台联系，然后由平台进一步协助寻找适当对象。实际操作流程主要有五个步骤：第一步，需求者与公益出租屋主通过网站联系到平台，并提供自身空间的背景资料；第二步，空间供需双方在网站上检索到适合的潜力对象，然后联系平台；第三步，平台协助屋主与进驻者提出“空间共享”

① 空间资源分享平台官网，https://spaceshare-taipei.net/news/20。

的营运企划；第四步，修缮改造资讯建议，并着手进行空间改造；第五步，正式进驻运营，增进城市公共利益。

D 运营模式

与创 Yi 空间联盟收费的商业模式不同，空间资源分享平台不是商业运作，它对空间供需双方都不收费，平台运营的主要资金来自政府提供给平台的服务费。不收费的原因之一是平台对自身的定位不是中介，而是“一个理念和价值的倡议者和行动者”，所以平台提供服务是出于公共性和公益性目的，平台只需要筛选出符合 space share 精神和理念的空间然后去媒合和协助。原因之二，詹育芳表示，“如果空间资源分享平台进行收费的话，会对市场形成直接的干扰，因为我们不把自己定义为中介，所以我们也不想跟房地产市场去‘抢生意’，去打坏行情”①。空间资源分享平台能够吸引到的团体肯定是认同 space share 这个理念而不是基于金钱价值加入的，平台希望能够通过免费来创造更大的社会价值。虽然平台不向空间使用者收取金钱价值的费用，但会收取非金钱价值的“费用”——鼓励这些空间使用者自发性地去认同空间共享这个理念，并把这个理念带给更多的单位，这种“收取”实际上是劝说性的或是倡导性的。

(3) 目前存在的问题与未来设想

空间资源分享平台在具体运营过程中主要遭遇到的困难有两个方面：一是私有产权所有人没有办法太快地转换他们的思维，去开放他们的产权，“去接受这些新的可能性的发生，这个需要我们通过不断说服去影响和改变的”；二是政府体系所带来的一些问题，虽然平台是跟台北市都市更新处合作，但实际上政府是一个很庞大的官僚体系，其实平台在政府部门的横向连接上或者法令和机制上的同步进行并没有那么快，会出现一定的滞后效应。所以政府部门同步加快和私有产权观念转换这两件事情是平台目前一直在努力的方向。实际上，空间资源分享平台的发展并不容易，好在陆陆续续有一些比较有理念的房地所有权人愿意响应空间资源分享这件事，愿意主动去跟平台接触。詹育芳表示，“甚至有一些创意团体会参与到这个计划里面，（平台接收到的）帮助实际上来自于这些进驻单位和房地所有权人在互动过程中提出的一些比较好的想法”，平台将这一过程称为“社会网络

① 笔者对空间资源分享平台执行单位负责人詹育芳的访谈。

的养成”[①]。

空间资源分享平台一直以来的重点就是他们在“翻转产权的观念”：越来越有创意的社会不应该只谈产权，而应该去谈谈使用权和经营权。过往有产权的人同时也有使用权和经营权，所以他会形成一种“一条龙”的模式，即产权、使用权、经营权都是自己独有的；可是面对多元的社会，其实这些事情是可以分开来谈的，产权所有人实际上可以让渡出他的使用权和经营权给有需要的人，甚至是给那些可以创造更多价值的人。基于对平台重点的认知，台湾空间资源分享平台未来希望能够协助台北市做一个“价值翻转的媒介”，将在台北市发生的人、事、物跟新的都市价值不断地在这个平台上传递出去。从具体发展来看，空间资源分享平台现在已经扮演了台北市很前端的一个领头羊和倡议者的角色，倡议作用的价值大于其直接带给供给方和需求方的价值。基于其领头羊的地位，平台希望能够依靠其累计的许多历史资料（document）为城市更新奉献出自己的一分力量。

3. 两种平台模式的差异

如上所述，我们不难发现，创Yi空间联盟与空间资源分享平台尽管都是共享空间捐赠的平台，但在一些方面存在差异。

首先，是发起缘由的差异。创Yi空间联盟最初主要受共享经济、团购等经济思维的影响而建立起来的，更多是创始人的一种“发现商机”的思维，基于此，创Yi空间联盟希望能够使公益机构享受到实惠，希望能在某些方面帮助到公益机构。而空间资源分享平台前期同样是在共享经济、礼物经济的启发下，但平台也逐渐发现共享经济的“缺陷”，即“共享经济的驱动力主要来自于以闲置的空间创造新的经济价值”，其逻辑思维依附在资本市场的逻辑下，这种思维逻辑带来的并不是真正的分享，“它其实只是另外一种新的经济模式，创造了另外一种房屋获利的模式”。因此，台湾空间资源分享平台后期会用社群共创、合作经济的理论去修正共享经济，强调城市的社群共创（co-create）而不是共享的经济（co-use）。

其次，是自身定位的差异。可以说，这一差异是这两个平台最显著的

① 笔者对空间资源分享平台执行单位负责人詹育芳的访谈。

差异所在。大陆的创 Yi 空间联盟后期注册为一家商业公司，其自身定位有待商榷。当然，有人称其为“社会企业”，它追求的是在为公益机构服务的前提下仍然能够有一定的盈利来坚持这个平台的运营。而台湾空间资源分享平台并不把自己定义为一个以盈利为目的的中介或是简单进行点与点的对接的平台（platform），而是一个注重面与面交流的实际活动的 hub，强调空间共享理念的传播；同时，詹育芳也表示，空间资源分享平台并不是一个“单一的专案计划”，“其实是跟整个台北市政府和民间共同推行的都市再生配套措施整体构成一环”并架构在这些都市再生行动计划当中的一个辅助性角色，“所以需要在整个台北市在推行的都市再生精神下去理解 space share，这样它的功能性和价值性会比较完整”。

最后，是平台内容与服务的差异。创 Yi 空间联盟在其平台上主要发布空间供需双方的背景信息，包括位置、空间基本情况、联系人信息等，且在供需对接中也更强调空间供给者的信息，缺少对需求方信息的搜集，平台提供的内容比较匮乏和单一。而空间资源分享平台自从由 platform 模式转换为 hub 模式之后就不再局限于对空间信息的发布，更多强调空间故事的分享，其中包括市民提供的城市分享案例和空间分享点子，并且会发布空间资源实现共享后所举办的公益活动，主要体现在网站上的 Social Networking 和 Place Making 这两个板块，并且在转换中从过往的单一“通过空间思维逻辑去带动地方发展”跳脱到“发现人才是经营和创造这些空间价值的核心”；Social Networking 是在谈如何通过单一的点去串联到第二、三、四个点，然后由单点去形成线和面的地方氛围的转换，这个是从空间思维的逻辑去研究一个地方怎么从单点去转变，发现地点不同的故事等；Place Making 则是跳脱出有形空间这件事，它看重的是空间里面的社会价值的系统怎么去传递和倡议他们的理念，它可能比较没有办法去找到一个具体的空间去了解他们正在进行的事情，它呈现出来的形式往往是一个理念或价值。总结来看，Place Making 是从空间区域的角度去切入，而 Social Networking 是从人的行动以及他们所倡议的价值观念这个角度去切入。因此，该平台已超越简单的共享空间捐赠平台的功能，如前所述，它是台北市很前端的一个领头羊和倡议者的角色，倡议作用的价值大于其直接带给供给方和需求方的价值；而“空间共享”也非单纯的空间共享，需要在整个台北市推行的都市再生精神下去理解 Space Share。

三 讨论：平台模式在公益领域中的运用

运营共享空间平台的主体无疑有三类：一是商业性机构，二是公益组织，三是政府。无论哪种运营主体，无论哪种运营模式，只要它们各自找到自己的利益所在，其建构的平台模式及运营机制具有独特的价值逻辑，平台模式便可运营下去。

对商业性机构来说，它们只要找到赚取利润的点获得足够的利润空间，平台就能运营下去。今天，我们看到南方周末推出了新意思联盟，其“场地共享”平台运营模式似乎对南方周末具有一定的吸引力。新意思联盟主要邀请加盟者将所拥有的场地空间的闲置时间贡献出来，或在淡季划出一个区域停业半天，为那些希望“节衣缩食”，把每一分钱用到公益项目中去的公益组织提供一个免费的场所，举办沙龙、研讨会、论坛、公益音乐会、公益画展或募集活动。新意思联盟强调，它能为提供场地的加盟者收获价值：好形象；将闲置空间与公益体验结合，打造场所的文化特色；人们会进行口碑传播；结交公益圈的朋友。新意思联盟为了吸引加盟者，为加盟者提供一篇独家新媒体报道，并在“新意思”公众号上进行传播。在这里，我们可以看到平台模式的一整套价值逻辑，而南方周末通过运营新意思联盟可以获得自身的利益。

对富有情怀，且受共享经济和共享思维影响、具有一定资源的公益组织来说，如果运营好共享空间平台，需找到持续的出资方来资助平台的运营，否则，难以为继。当然，公益组织也可以用商业运作方式、找到可平衡的收益，达成非营利目的。

政府机构也有可能主动建立共享空间平台，如空间资源分享平台就是政府机构——台北市都市更新处作为主办单位，商业公司经典工程顾问有限公司作为执行单位建立起来的。这种模式的前提是，政府看到其中的价值，并将其纳入政府购买范畴。其好处是，公共利益优先，而不会因资金及利润追求牺牲公共利益及公益目的。

三类主体之间或多或少地融合、合作，会对平台运营大有好处。只是需在“各取所需”、平台价值一致的基础上建立合作机制。例如，今天的创Yi空间联盟便是由商业公司——创益融通公司运营，联合其他 NGO（友成基金会等）运作。上述的空间资源分享平台则是政府机构与商业机构合作。当然，具体运营的商业机构需要看到其中足够的利润吸引力，否则其积极性也不高。

随着互联网技术的发展和普及，依托互联网平台的共享经济得到长足发展。2017 年 2 月 28 日，中国国家信息中心分享经济研究中心发布的《中国分享经济发展报告 2017》指出，2016 年中国分享经济市场交易额约 34520 亿元，比上年增长 103%，2016 年参与分享经济活动的人数超过 6 亿人，而提供服务者人数则约为 6000 万人。报告预言，未来几年分享经济仍将保持年均 40% 左右的高速增长速度，到 2020 年分享经济交易规模占 GDP 的比重将达到 10% 以上，到 2025 年占比将攀升到 20% 左右；未来 10 年中国分享经济领域有望出现 5 ~ 10 家巨无霸平台型企业。[①]十九大报告也强调坚持新发展理念，“必须坚定不移贯彻创新、协调、绿色、开放、共享的发展理念”，共享经济已转化为我国现实的经济发展诉求。

可以预见，平台模式将会在公益领域继续发展，仅就可共享的空间而言，其发展潜力还是很大的，发展的能量也没有释放出来。大量私人住所、度假胜地、私人会所，等等，均有可能成为公益领域可利用的资源。而其他可共享的资源之多令人难以想象。如腾讯研究院院长郭凯天所言，“尽管分享经济在中国发展得如火如荼，但分享经济在中国还没有完全发挥出价值”[②]，在公益领域更是如此。

① 《中国分享经济发展报告 2017》，国家信息中心，http://www.sic.gov.cn/News/250/7737.htm。

② 马化腾、孙怡、蔡雄山：《分享经济：供给侧改革的新经济方案》，中信出版社，2016，第 13 页。

一路走红的轻松筹大病救助平台

求助的字面含义是“请求帮助”，这在人类生活中极为普遍，个人之间、集体之间甚至国家之间随时都会有这样那样的求助。个人求助就是个人遇到难以解决的问题和困难时，通过某一种或者某几种方式发出求助信息，请求他人和社会帮助。

在法律层面，个人求助可以视作施助者对求助者的赠与。更高一级层面来说，个人求助是宪法赋予公民的基本权利。我国《宪法》第45条规定：“中华人民共和国公民在老年、疾病或者丧失劳动能力的情况下，有从国家和社会获得物质帮助的权利。”也就是说，深陷老年、疾病或丧失劳动能力的困境之人都有向他人和社会求（得物质帮）助的权利。不过，具体何谓“个人求助”，法律没有给予明确规定。2016年9月1日正式实施的《慈善法》未对“个人求助”的概念进行直接、明确的界定。民政部、立法工作者、法律研究者分别对“个人求助”作出释义。2016年8月25日，民政部官方微博“民政微语”发布题为“个人求助与慈善募捐是一回事吗?”的微博认为，个人求助是指某个自然人为了解决自己或者家庭的困难，请求社会公众给予帮助。全国人大常委会法制工作委员会编著的《中华人民共和国慈善法释义》指出，“个人求助是指为本人、为自己的家庭成员或者近亲属，向他人或社会求助的行为。”参与《慈善法》起草的北京大学法学院副教授、北京大学非营利组织法研究中心主任金锦萍认为，当个体遭遇困境时，向社会请求帮助的叫“求助”，强调求助者既可以是遇困者本人，也可以是其亲友，甚至是陌生人。①

① 《个人不得公开募捐？这说法常混淆概念》，http://wm.jschina.com.cn/9657/201610/t3051084.shtml。

考虑到中国文化传统，以及长久以来的习惯说法，本文所说的个人求助相对宽泛，是指个人因自身、自己的家庭成员或者近亲属或者好友遇到难以解决的问题和困难时，通过各种渠道、各种方式发出求助信息，请求他人和社会帮助的行为。根据有无求助“中介”，个人求助可分为两类：一类是没有“中介”的求助模式，即求助者→求助对象，比如街头行乞，或面对面向亲朋好友或陌生人直接求助；一类是有“中介”的求助模式，即求助者→中介→求助对象，中介充当了个人求助的渠道，如群团组织，慈善组织，电视、广播、报刊等新闻媒体，以及基于网络的贴吧、微博、微信、QQ、筹款 APP 等个人求助信息发布平台都是个人求助的中介。

事实上，2016 年 9 月 1 日正式实施的《慈善法》并非没有对“个人求助”进行规范，而是仅对以慈善组织为中介的个人求助（转化为慈善募捐）做了规范，无中介的个人求助和以非慈善组织为中介的个人求助未纳入《慈善法》的范畴。然而，这些类的个人求助，特别是有中介的个人求助随着技术的进步、求助中介渠道的日益丰富，求助需求越来越大，求助的对象范围也不断扩大，个人求助的内容变得更为多元。以往，个人求助中介有个人、群团组织、媒体、企业等，求助相对零散，今天我们看到日益规模化且成为常规求助中介的平台大量出现，以轻松筹“大病救助”平台为例，这类商业公司建立的个人求助平台利用互联网的优势为求助人和广泛的施助者之间打造了更为便捷、有效甚至透明的通道。

2014 年 9 月正式上线的轻松筹是国内较具代表性的网络个人筹款（众筹）平台，2015 年初开通大病救助（个人求助）业务。截至 2017 年 7 月，轻松筹已为 147 万个患病家庭解决了医疗费等问题，平台总筹款金额为 70 亿元左右。[①]轻松筹几乎成了个人大病网络求助的代名词，它满足了很多人救急、救难的需求。与此同时，技术带来的可能性也反过来持续激发着个人求助需求，并生发出新的需求。

本文将以轻松筹大病救助平台为例，分析一家商业公司是如何满足并激发个人求助需求的，同时，也会对围绕这类商业公司提供的个人求助平台的相关争议进行分析。

---

① 笔者对轻松筹联合创始人、副总裁于亮的邮件访谈。

一　三大平台之一

“轻松筹”是北京轻松筹网络科技有限公司推出的一款基于微信的社交众筹平台。2014 年 8 月 12 日，“轻松筹”以针对商业市场的众筹平台为名，正式上线。[①]经过几年的发展，轻松筹业务板块不断调整。2018 年 1 月 1 日，轻松筹官方网站上显示的业务板块包括“轻松互助”“求助登记”“地道甄选”“尝鲜预售”“轻松筹梦想”；轻松筹 APP 和轻松筹微信公众号“轻松筹微爱”首页上显示的业务板块包括“发起救助”“轻松公益”“轻松互助”“地道甄选”“梦想清单”“尝鲜预售”。轻松筹的业务板块按照板块性质可分为三类：一是针对商业市场的众筹平台，包括“梦想清单”“尝鲜预售”“轻松互助”“地道甄选”；二是个人求助板块，即为个人求助者提供个人求助信息发布平台的“大病救助”；三是为慈善组织提供互联网募捐信息发布平台的“轻松公益”。

1. 商业市场的众筹平台

2014 年 8 月 12 日，“轻松筹”是以针对商业市场的众筹平台为名正式上线的。最初的业务板块包括“尝鲜预售”“梦想清单”，是轻松筹主要的盈利来源。

“尝鲜预售”是轻松筹推出的一种农产品众筹平台，分为推荐项目和未推荐项目，针对不同的项目，轻松筹收取不同的服务费。推荐项目收取的服务费用为已筹金额的 10%，其中包括 8% 的首页推荐广告费，而未推荐项目则需支付已筹金额 5% 的服务费。“梦想清单”是轻松筹推出的帮助人实现梦想的众筹平台。梦想清单板块下的项目大多是发起人自己无法实现的小心愿或者想做一件人生中从来没有的大事，一个人却根本办不到需要寻求社会支持的事，如电影、音乐、旅行、家居等方面。“梦想清单”板块下的项目，轻松筹收取已筹金额 5% 的服务费。

2016 年 4 月，轻松筹推出了“轻松互助”业务，其目的在于抱团抵抗大病风险，一人患病，众人均摊救助金。个人在健康时加入，首次仅需预

① 《“轻松筹”不为人知的真相》，http://blog.sina.com.cn/s/blog_a7668d8e0102woys.html。

存10元即可成为会员，这些钱放在一起，以后如有会员不幸患了规定中的30种大病，用于治疗的费用就从大家预存的钱里进行均摊。“患病会员”最高可获30万元互助金，“普通会员”每次需均摊金额低至4分钱。若会员账户金额不足5元，则需要立即充值，只有在账户余额相对充足的状态下，才能保证享有最高30万元互助金的权益。截至2017年底，已有超过2000万会员加入轻松互助体系。①

2. 大病救助平台

2015年初，轻松筹正式开设个人求助板块——“微爱通道”，后称“大病救助”，也就是轻松筹官方网站上显示的“求助登记”，轻松筹APP和轻松筹微信公众号“轻松筹微爱”首页上显示的“发起救助”。

该板块的开设灵感源于轻松筹团队看到了庞大的个人求助需求。2014年底，“轻松筹”一个名为“拯救创业攻城狮!”的个人求助项目产生。一名29岁的工程师突患急性肝衰竭，他的同事通过轻松筹发起众筹5万元，这则消息迅速在技术圈和创业圈传开，根据项目发起人公布的动态，共筹得款项1399笔，计390493元（其中包括2.3比特币）。遗憾的是，工程师最后没能抢救过来，筹款人将钱转交给了家属。这个项目让轻松筹团队第一次意识到原来轻松筹不只可以用来圆梦，还可以用来救人。“后来，随着黑桥画家卖画给弟弟治疗白血病，山西女教师癌症筹款之类的项目多了起来，我们发现，原来有这么多人需要人们的帮助。”②

3. 慈善组织互联网募捐信息平台

2016年8月31日，民政部门户网站发布《民政部关于指定首批慈善组织互联网募捐信息平台的公告》，轻松筹成为首批慈善组织互联网募捐信息平台之一。2016年9月1日《慈善法》正式实施后，轻松筹根据民政部门的要求，搭建了专属的慈善组织互联网募捐信息平台——“轻松公益”，为取得公开募捐资格的慈善组织提供公平、公正的募捐信息服务。对于“轻松公益”这一业务板块的性质定位，轻松筹方面没有发表相关说明。但是，

① 《轻松筹杨胤：怎样从全民众筹做到全民健康互助第一平台》，https://m.sohu.com/a/213150927_114778/?pvid=000115_3w_a。

② 笔者对轻松筹联合创始人、副总裁于亮的邮件访谈。

同轻松筹一样，入选首批慈善组织互联网募捐信息平台的浙江淘宝网络有限公司的“淘宝公益”、浙江蚂蚁小微金融服务集团有限公司的“蚂蚁金服公益平台”等，都明确将平台性质定位为“公益”。实际上，民政部公示的13家首批慈善组织互联网募捐信息平台都做了“不代为接受慈善捐赠财产”的承诺。也就是说，平台必须保证将募集到的钱直接打入慈善组织的账户，一分钟也不在平台截留。[①]因此，可以认为这些平台自己负担运营成本，为慈善组织提供了互联网募捐信息发布平台，此做法视同为公益行为。

二 平台功能

轻松筹建立的大病救助平台并不直接为求助者提供其求助最终所需的资金，而是为求助者、支持者（包括捐赠者、转发者和证明人，这三类支持者，可以互相转化）提供为实现求助者最终所需而经由的路径——中介平台，平台将求助者、支持者以及其他利益相关方连接起来。为了撮合更多的求助者和支持者通过这一中介建立联系并进行互动，轻松筹大病救助平台一方面为求助者提供信息发布服务，吸引求助者到平台上发布项目；另一方面，构建求助者与潜在支持者之间的信任关系，达成“求助者”和“支持者”之间的信息交流的对称性。详见轻松筹“大病救助”运营模式（见图1）。

1. 为求助者提供信息发布服务

轻松筹大病救助平台上的求助者大多是与真正的受助者有直系亲属关系或其他亲密关系的人，如父母亲、子女、兄弟姐妹、同学、朋友，少数是受助者本人。轻松筹大病救助平台为求助者提供的信息发布服务涉及以下几个方面。

（1）建立简单的项目发起流程

发起“大病救助”项目的操作流程十分简单。发起人可以在轻松筹微信公众号“轻松微爱”或轻松筹APP上随时随地发起项目，打开首页→点

① 《民政部指定13家平台为首批“互联网募捐信息平台”》，http://news.sohu.com/20160901/n467110264.shtml。

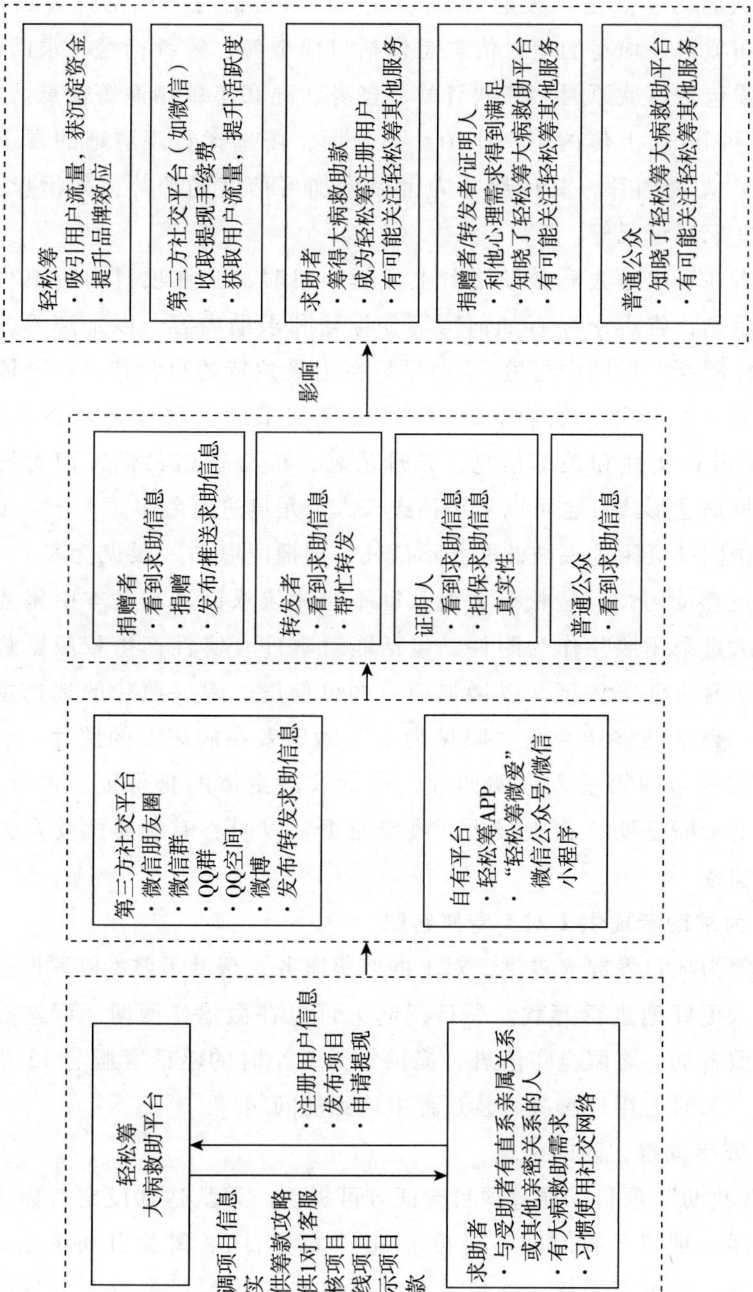

图1 轻松筹"大病救助"运营模式

击“发起救助”→点击“发起筹款”→填写项目信息→点击“发布”，即可成功发布项目。填写的项目信息需包括目标金额、筹款标题、求助内容。求助内容需包括筹款原因、筹款目的、自身状况和筹款用途等信息。此外，需上传项目图片，上传的第一张图片为封面，需选择直观清晰的真正受助者（患者）人物图片，其他照片为可以增加可信度的照片，如治疗过程、医疗证明、家庭情况等。

求助者在轻松筹大病救助平台上发起项目时，会在项目内容填写页面看到参考示例，告诉求助者如何写筹款标题和求助内容，以加速筹款。比如，筹款标题参考示例中写道：“请尽量突出最独特的自身特点，并体会帮助者的心情。好标题，加快筹款 30%”。又如求助内容参考示例中写道：“详情要突出真实性和关键信息，条理清晰，语言通俗易懂，切勿长篇大论；除常规描述形式，也可以从小孩或亲人等角度进行叙事。”

基于中国社会陌生人彼此间并不信任的传播语境和“眼见为实”“有图有真相”的接受习惯，轻松筹大病救助平台建议求助者在文本中阐述求助内容后，大量采用照片作为附件，包括能对事件真实性产生权威影响力的他人电话、身份证等佐证，以增加项目的可信度。附件照片的选择主要分为两类，一类是能够让受众“眼见为实”的患者在病床上的照片，二是带有浓厚官方色彩的第三方证明照片，包括求助主体的身份证、银行卡号、各个医院的诊断证明、检查报告、收费收据，以便心有疑惑的受众去求证事件的真实性。①

（2）为求助者提供 1 对 1 专属客服

轻松筹为项目发起人提供 1 对 1 的客服服务，帮助不熟悉互联网操作的项目发起人更好地进行筹款。项目发起人可以在微信、微博、网站等任意端口向客服咨询。客服全年值班，提供每天 9 小时的电话客服与 13 小时的在线客服，及时为用户解决筹款过程中遇到的问题。

（3）零手续费，随时提现

“大病救助”项目，通过项目验证方可提现。筹款达到设定目标或设定的筹款时间（项目筹款时间不得长于 30 个自然日），筹款自动终止，用户可申请提现。若急需用钱，项目发起人可以在未达到目标金额或目标时间

① 李京丽：《网络求助文本的话语研究——对“轻松筹”和“微爱通道”的三个案例分析》，《新兴媒体》2016 年第 11 期。

时申请提前结束。发起人提交提现申请，轻松筹项目审核团队审核通过后24小时内到账。自2017年5月12日之后，轻松筹全额补贴提现手续费，已筹金额100%给付患者。

2. 借助第三方社交平台、自有平台传播项目信息

为了让求助者和更多的潜在支持者建立连接，必须有效地扩大项目传播范围。求助者在轻松筹大病救助平台上发布的项目信息，通过两种渠道对外传播。一是微信朋友圈、微信群、QQ群、QQ空间、微博等第三方社交平台；二是轻松筹自有传播平台，包括轻松筹APP和轻松筹微信公众号“轻松筹微爱”。

（1）借助第三方社交平台传播项目信息

轻松筹与微信等社交平台建立了合作关系，大病救助项目信息可以被转发到微信朋友圈、微信群、QQ群、QQ空间、微博等网络社交平台。信息技术的虚拟性、多元化等特点突破时间、空间的限制最大限度地拓展人们的交往空间，使得不能直接打交道的人也成为可触达的求助对象。[①]比如，A和B认识，B和C认识，A和C不认识，当A将求助信息转发到微信群或朋友圈，B看到后转发了，被C看到，C也转发了A的求助信息，由此实现支持者的无限延伸。每一个项目都会有几百位甚至几千位支持者。

虽然项目信息可以被转发到微信朋友圈、微信群、QQ群、QQ空间、微博等多个网络社交平台，但轻松筹大病救助项目主打的传播渠道是微信朋友圈，分享到微信朋友圈中的个人求助信息往往会被多次转发。一方面是因为微信的点击率较高，腾讯公司2014年6月对全国31个省（自治区、直辖市）微信用户做抽样数据调查，得出的微信数据报告认为，“微信逐渐成为人们生活的一部分，平均每天打开微信10次以上的用户达到55.2%。”[②]另一方面，转发个人求助信息会建立一种“热心”“有爱心”“有同情心”的形象，这种形象被认为是有助于自己在现实生活中获得益处的。朋友圈中发表的状态和分享的内容成为一个人在自己朋友眼中性格、品行的标签，影响着朋友对他的印象。根据戈夫曼的戏剧理论，人生如同

① 潘广芝：《熟人社会的隐喻与延伸——对微信朋友圈功能的考察》，硕士学位论文，辽宁大学，2015。

② 《解密微信：首份微信数据报告》，http://tech.qq.com/a/20150127/018482.htm#p=1。

一出戏，社会就是舞台，社会成员每天需要扮演不同的角色，并渴望得到观众的认可。微信群、微信朋友圈、QQ 空间、QQ 群、微博等社交网络是一个技术组建的虚拟舞台，使用者如同自己在生活中一样，希望能够在自己的“好友”面前塑造能够被接受的形象。特别是微信朋友圈中的好友主要来自通信录和 QQ 好友，或者在现实生活中添加的好友，这决定了在微信朋友圈中的大多数沟通发生在“熟人”之间。因此用户在其中建立的“形象”将更直接地影响现实生活中别人对自己的看法。这种虚拟空间与现实生活的“高融合度”使得人们格外重视自己在朋友圈中的形象。①

此外，支持者在转发求助信息时大多添加了转发说明来证明信息的真实性，例如，“大学同学，真人真事，希望各位朋友帮忙证实”。笔者认为，支持者在转发求助信息时添加的转发说明对于构建求助者与潜在支持者之间的信任关系是非常重要的。Facebook 的数据团队做过的研究结果显示，“我们的转发行为是相当亲疏有别的，我们更乐意转发‘强联系’分享给我们的信息。如果强联系发给我们一条信息，我们转发它的概率大约是弱联系发过来的信息的两倍左右。”②朋友圈是熟人社交，因而基于信任和熟悉等因素的考虑，信息或许更加可信，被传递的可能性就会增加。

（2）借助轻松筹自有平台传播项目信息

轻松筹大病救助平台为通过验证的项目提供首页推荐服务，即在轻松筹 APP、轻松筹微信公众号“轻松筹微爱”首页上向公众展示大病救助项目。求助者自身在第三方社交平台上的人脉推广之外，帮助扩大项目的传播范围。

3. 促进支持者之间建立信任

支持者包括转发项目信息者、为求助者证实者和捐赠者。求助者在把个人求助项目转发到微信群、微信朋友圈等社交平台后，可触达的项目支持者分为两类，一类是与求助者有血缘、地缘、业缘、趣缘等关系的熟人、半熟人；另一类是有别于与求助者有血缘、地缘、业缘、趣缘等关系的陌生人，他们是在个人求助项目的转发和传递过程中，伴随着项目传播范围的扩大，自然而然地出现的。

① 《微信朋友圈的社会学分析》，http://mp.weixin.qq.com/s/AwRxfSwjrjMcP1Bem4dCUg。

② 《太熟没用：弱关系的力量》，http://mp.weixin.qq.com/s/EBIHuIwVW1opvgxwoX_TeA。

当“求助”和“支持”在技术层面触手可及，个人求助实践更多取决于“求助者”和“支持者”之间的信息交流的对称性，只有当潜在的项目支持者认为项目信息真实可信时，才会做出支持的行动。轻松筹大病救助平台构建求助者与潜在支持者之间信任关系的措施主要包括以下几点。

（1）验证项目信息

“大病救助”项目，必须通过项目验证。在项目发布成功时，页面会弹出“请尽快提交项目验证信息”的提示。可以选择“立即提交”，也可以选择“暂不提交”。若跳过验证，后续也需要进入“项目管理”－“项目验证”完成项目验证的提交。轻松筹也会提醒发起人“第一时间通过项目验证，筹款将获得更多的转发和分享，支持金额比不经过验证高20%”，以鼓励发起人尽快提交项目验证。项目验证信息包括“收款人信息”和“受助人信息”。

收款人信息包括真实姓名、身份证号、联系电话以及上传收款人手持身份证照片。根据收款人和受助人的关系填写对应的身份验证。当受助人和收款人在同一个户口本上，是父母/子女/亲兄弟姐妹关系时，选择“户口本”验证，上传收款人户口页照片、受助人户口页照片。当受助人和收款人为夫妻关系选择“结婚证”验证，上传结婚证照片。

受助人信息包括个人身份信息和受助人就诊信息。个人身份信息包括真实姓名、证件类型（受助人是成年人，证件类型选择身份证；受助人是儿童，证件类型选择出生证明）、身份证号以及受助人（患者）手持身份证/出生证明照片。就诊信息包括所患疾病、医院所在省份、医院所在城市、诊断医院名称、是否按时缴纳医保、医疗诊断证明（带有医院公章的诊断结果）。

轻松筹大病救助平台通过两个主要途径验证上述项目信息。一是对各类证明的核实，即患者基本的身份信息审核、病例审核以及发起人关联银行账户审核。轻松筹大病救助平台有着专门的项目审核团队。根据媒体发布的信息，早在2016年9月，轻松筹负责审核的服务团队有100余人，其中审核人员近40名，电话客服人员70余人。而审核人员大都具有医学方面的背景，可以初步审核求助者发布病历和诊断证明的真实性。[①]二是平台开

① 《“轻松筹”平台资质引争议》，http://www.legaldaily.com.cn/IT/content/2016-06/24/content_6687503.htm? node=69472。

通了“我要证实”功能，号召了解求助者状况的人作为第三方，为求助者证实。例如，“这是我故乡亲发小、亲闺蜜的同事的亲身遭遇。信息真实有效，恳请大家帮助……”之类的说明。

（2）开设项目举报通道

轻松筹在每个个人求助筹款页面中增加了“举报”功能。当支持者对某个项目存疑时，可以通过举报按钮将情况反馈给轻松筹。一旦接到实名举报，轻松筹的工作人员就会展开调查，对情况进行核实。筹集到的钱会被暂时冻结，只有等到举报内容处理完毕、澄清之后才能把钱取走。调查家庭收入情况的一般做法是联系项目发起人提供工资证明，联系就职单位提供证明，还会有匿名志愿者去居委会调查。①对确实存在问题的项目，会关闭筹款，将所有款项按原路径退还给支持者。对于已经提现的项目，会追回善款。

（3）筹款过程公开透明

每个大病救助筹款页面会显示已筹金额、筹款动态，整个众筹进程阳光化，提高项目的透明度。2017 年 7 月 24 日，轻松筹阳光公益联盟链正式上线。据轻松筹联合创始人、副总裁于亮说，“开放阳光链功能以后，如果病人作为一个节点，可以证明是否将钱打给了医院；如果医院也加入阳光链，则可以证明病人打过来的钱多少用在了药费、手术费、化验费上，形成超级完整的大链条。”②

（4）添加个人求助标签，向公众进行风险防范提示

每个大病救助筹款页面有“个人求助”标签。同时，有风险防范提示：“该项目不属于慈善公开募捐信息，真实性由信息发布个人负责。轻松筹提示您了解项目后再帮助 Ta。”

（5）达到目标金额筹款自动停止

平台不会出现超募情况，一般都是达到目标金额的时候项目筹款自动停止，但是不排除最后延迟几秒的金额残余。“但是，这个额度一般不会太大，就是最后一名捐助者的钱。”③

---

① 《轻松筹：一场有关信任的突围》，http://view. inews. qq. com/a/20170213A02NAC00。

② 《实地走访轻松筹，见证区块链带来的公益变革》，http://www. cb. com. cn/gundongbobao/2017_0807/1193623. html。

③ 笔者对轻松筹联合创始人、副总裁于亮的邮件访谈。

（6）捐赠者可申请退款

在项目结束前一个工作日，捐赠者可以致电客服转人工服务申请退款，并发送邮件至轻松筹邮箱，说明退款原因，备注付款时收取验证码的手机号。项目发起时设定的时间结束后7个工作日内，退款金额完成到账。

4. 各方获益

美国西北大学史普博教授对中介组织企业进行研究并提出的企业中介理论，认为在经由中介交易获取的收益比直接进行交易获取的收益更大的情况下会催生中介企业，也就是说中介企业要存在，它应该为买卖双方创造较双方直接交易更大的价值。[①]轻松筹大病救助平台的实质就是在项目发起人与项目支持者之间充当中介。若没有轻松筹提供的平台，两方用户只有两种选择：一是回到传统求助方式直接互动，二是双方不能相遇因此无法互动。因此，轻松筹“大病救助”平台的核心就在于撮合双方用户——求助者和支持者（施助者/捐赠者、转发者、证明人）进行互动，以使用户获得比直接互动更大的价值。

企业的任何战略都必须以持续盈利为目标。轻松筹作为营利性的商业公司，设立大病救助平台自然有其获利目的，即吸引用户流量，培养用户黏性，塑造品牌，获取沉淀资金的额外收益，其用户包括支持者、求助者，以及因看到项目信息成为潜在用户的普通公众。在实现求助－施助的过程中，求助者筹得大病救助款，支持者的利他需求得到满足，平台获得上述利益，而第三方支付服务商微信也能从中收取提现手续费和用户的好感及黏性。

作为商业公司，轻松筹一切从满足用户的需求和用户的感受出发，以用户为中心设计产品，能够迅速匹配求助者的求助需求与支持者的利他需求，表现出了其他求助渠道无法企及的优势。而且，自2017年5月12日之后，轻松筹大病救助平台对大病求助类筹款实行0手续费，为求助者和助人者建立了一个免费连接的平台。

对求助人来说，其一，求助不设限，零门槛，最大化便利于求助人。如，工会、妇联、共青团这类群团组织的救助对象是困难职工、妇女、青少年。公募基金会一般对目标受益群体（个体求助者）有着明确的限定。

---

① 李鑫：《众筹平台商业模式研究》，硕士学位论文，暨南大学，2016，第27页。

例如，北京新阳光慈善基金会的大病资助板块的资助对象为0～18岁的病患，超过年龄的患者会被拒之门外。而轻松筹则打破了对救助对象的限制，只要求助项目被审核是真实的就可以发起筹款、提现。当然，这种零门槛也会带来一些风险，如借个人求助之名，行诈骗之实。其二，宣传跨度广，筹资速度快。与直接面对面向亲朋好友、本人工作单位、社区求助相比，轻松筹“大病救助”突破了地域范围和时间的限制。轻松筹的这种模式一般能带来至少三层关系的传播，即筹款信息转发到第三方社交平台如朋友圈后，可以得到朋友以及朋友的朋友再度转发，筹款速度和筹款成功的可能性大大增加。如果求助人通过公募基金会的网络募款平台求助，一般要经历个人发布筹款项目、公募基金会认领、核实情况、签订协议、发布到公众平台、善款由基金会监管发布、开具捐赠票据、公布后续进展等流程。如果一个求助者急需救命钱，与找公募基金会求助平台相比，轻松筹有可能更为便捷。轻松筹的程序相对简单：个人发布筹款项目、提交材料、轻松筹审核上线、拨付筹款。①

对支持者和公众来说，轻松筹大病救助平台为公众提供了一个能够进行对身处困境的朋友进行赠与，或者对其他陌生的身处困境的人施以援手的机会，实现了社会资源对于求助人群的帮助，也满足了支持者们帮助他人的心理需求，使整个社会的慈善氛围得以提升。

对轻松筹本身来说，轻松筹大病救助平台上线之后的短短一年就吸引了3800万人参与，让刚刚成立不久的轻松筹迅速成名。② 2017年5月12日之前，针对“大病救助”项目，轻松筹收取2%的平台服务费，即便不收费之后，轻松筹也获取了求助资金的沉淀资金所能获得的额外利润，这只是轻松筹得到的好处之一；更大的好处是这项业务吸引来的巨大的用户流量，这些用户包括求助者、支持者以及因为看到大病救助项目信息而成为潜在用户的人。在互联网时代，“流量为王”，用户流量能产生一系列的效益，包括广告效益、品牌效应等，为轻松筹“尝鲜预售”“梦想清单”“轻松互助”等针对商业市场的众筹平台带来更多的用户，从中赚取平台服务费和首页推广收入。

---

① 《众筹平台审核流程及法律风险》，https://weibo.com/p/230418621583480102wwnk。

② 《若真有诈捐，轻松筹该不该担责》，http://www.gyzx.org/news/fznews/2016-06-29/8098.html。

三 争议

1. 是公益行为还是商业行为?

在任何一种社会环境下,每个家庭甚至每个人,都可能会遇到某些突发性的困难需要向他人、向社会求助。不管是出于纯粹的公益目的,还是以公益之名进行营销,或谋取利益,商业公司建立个人求助平台的确满足了求助-救助的功能。我们无法判断轻松筹发起“大病救助”平台背后的动机是纯公益,或企业社会责任,或是商业推广的辅助手段,或是为吸引用户、增加用户黏性而打的“前站”。轻松筹大病救助平台不仅拓宽了个人求助的渠道,扩大了求助对象的范围,增加了求助者解决问题的可能性、便捷性和速度,也为人们提供了利他的机会,增加了人们利他的可能性,使整个社会看到了“有求必应”的美好现实。

轻松筹因大病救助平台迅速走红,在移动互联时代的“医疗健康细分领域”占据了一席之地,其商业愿景也改为“为两亿用户信任的全民健康保障平台”。

因为商业的趋利性,商业力量介入个人求助领域不可避免地存在一些风险和由此引发的质疑。如报道所言,“因为涉及个人求助业务,刚刚成立不久的轻松筹迅速成名,一次次因与公益相关的事件出现在公众视线中,又一次次因公益事件遭受质疑被推上风口浪尖。”①

(1) 使轻松筹再度崛起

轻松筹公司刚成立时,轻松筹的农业农产品众筹和梦想众筹项目发展迅猛,“微爱通道”的大病救助部分并非轻松筹众筹平台上的主要业务,其主要业务是“尝鲜预售”和“梦想众筹”。

在轻松筹上,农业农产品众筹曾是非常重要的部分,帮助农民朋友把优质的农产品销售出去,带动农村经济发展,早期也出现了相当一批成功的案例。陕北佳县是全国红枣五大产区之一,全县农民人均红枣收入1200余元,是当地农民最大的收入来源。随着生产管理水平的提升,加上天公

---

① 《于亮:个人求助也应该有准入门槛》,http://www.gongyishibao.com/html/renwuzishu/10608.html。

作美，2016 年佳县红枣迎来大丰收，产量史无前例地达到 6 亿斤，同期增幅超 20%。然而，受各地红枣丰收影响，前来佳县的客商数量却远远低于往年，红枣滞销现象极为严重。在轻松筹的帮助下，该问题在 2017 年初得到了极大的缓解，一方面，轻松筹针对陕北红枣推出了众筹项目，并依托其他互联网资源来进行广泛宣传，另一方面，由于突然的塌方与大雪，轻松筹还临时派了工作人员去当地指导发货等事宜，并加入到了枣农分拣的队伍。通过线上线下双管齐下的模式，一周内成功消化红枣 8 万多斤，有效促进了农民增收。

梦想众筹主要是为年轻人提供一个平台，帮助年轻人实现梦想，提高人生价值。众所周知，现在的年轻人具备创新精神和拼搏精神，唯独缺乏机遇，缺乏资金。而轻松筹推梦想众筹的目的，就是为了扫清其中的障碍，让年轻人离自己想做的事情更进一步。如，几年前，厦门理工学院数字创意学院的大四学生“酸酸”与其余 8 个同学一起成立了碳元素工作室，前不久，该工作室计划拍摄一部时长 25 分钟的《危机连线》“大片”，电影以电台男主播昊天与特殊听众的三次电台连线为主线，关注大学生心理健康这一公益话题作为出发点，采用多线叙述的展现方式，紧紧围绕大学生极度自尊、恋爱受挫、社交障碍以及心理过度防卫的心理问题展开故事情节。为了尽快开展拍摄工作，他们在轻松筹平台上开展众筹项目，成功超额众筹，众筹资金主要用于器材、道具、服装的租借，线上线下活动经费，衍生产品开发及影片宣传。①

在众筹市场大获成功后，轻松筹成为资本聚焦的宠儿。2016 年 6 月，轻松筹获得腾讯、IDG、德同资本、同道资本的共同投资，完成近 2000 万美元 B + 轮融资，市场估值 3.5 亿美元。资本加持，以商业角度做大病众筹市场，在平台的顶层设计中，有了巨大的平台保障，而初始阶段将大病众筹以商业化（收取 2% 的手续费）而非公益平台的角度运营，也让轻松筹的大病众筹在市场层面更具竞争力，成为长久发展的动力引擎之一。

但是，作为移动互联网的大国，中国在庞大的人口基数规模、成熟的在线支付系统的双引擎推动之下，在线众筹业务不可避免地进入高度竞争中。相关数据显示，截至 2016 年 6 月，全国共有正常运营众筹平台 370 家，

---

① 《从轻松筹两大模式看众筹如何才能更接地气?》，http://business.sohu.com/20160614/n454270897.shtml。

其中上半年新增平台163家；在筹集资金层面，全国众筹行业历史累计成功筹资金额超218亿元。[①]并且，移动互联时代的风口竞争是残酷的，在线众筹在移动互联时代的爆发，诞生出来的众筹平台分类有债权众筹、股权众筹、回报众筹、捐赠众筹等。而随着众多在线众筹平台的出现，众筹冰火两重天，强者愈强，而弱者将出局。截至2017年6月底，全国共上线过众筹平台808家，其中正常运营的为439家，下线或转型的为369家，运营中的平台类型分布为：物权型平台135家，权益型平台120家，股权型平台113家，综合型平台61家，公益型平台10家。[②]轻松筹作为众筹平台的优势面临挑战。

无论是从众筹的核心还是从众筹的商业模式看，轻松筹虽占据优势地位，但在激烈的市场竞争中，轻松筹作为一个综合性众筹平台的优势不再强劲。然而，其大病救助平台却帮了大忙。轻松筹借助自身在"大病救助"方面的品牌影响力，由综合性众筹平台转型到健康与医疗保障细分领域，将产品线聚焦至健康与医疗层面，重新建立起竞争壁垒。

2017年5月12日后，轻松筹宣布大病救助众筹免手续费，轻松筹的形象进行再造，大病救助平台以公益的身份出现。此时，轻松筹的众筹业务更为多元和精准，轻松筹平台"轻松互助"板块内项目形式多样，轻松互助（大病互助）、健康商城（售卖健康相关智能设备）、在线问诊等构建出来了轻松筹整体的医疗健康类产品生态，"地道甄选""尝鲜预售"等农产品为主的众筹项目已不在网站醒目位置出现。轻松筹不期望"大病救助"平台本身实现盈利，但该平台成为轻松筹的获客渠道，这也是轻松筹将大病众筹业务板块做得游刃有余的关键所在。

众筹平台的成功依赖于巨大的社群力量，高度的社群认同感，以及目标客户强有力的忠诚度。轻松筹的大病救助项目为轻松筹众筹平台的成功奠定了近乎完美的基础。

轻松筹在大病救助众筹市场，一骑绝尘取得了骄人的成绩。这与轻松筹不断地从用户角度完善产品、探索一套独特的审核制度，以及在市场策略、营销、技术创新层面的深耕与脚踏实地而水到渠成分不开。这一成就

① 网贷之家、盈灿咨询：《2016年全国众筹行业半年报》，http://www.sohu.com/a/106836925_235859。

② 《中国众筹行业发展报告2017（上）》，http://www.zhongchoujia.com/data/29029.html。

也推进了轻松筹整体战略目标的转移。

可以说，轻松筹作为创新者获得市场和用户的肯定，同时，用资本、技术、产品、体验、机制推动市场前进，进而改变市场，创造社会价值、商业价值。若轻松筹能进一步引领市场发展，形成良性循环，对患者、求助者、支持者，以及潜在客户来说，应该是欣慰的。

（2）从商业行为走向公益营销

有关“大病救助”板块的性质定位，轻松筹公司的对外声明显得有些模糊。轻松筹联合创始人、副总裁于亮2016年6月接受《南方周末》采访时说，“我们本来就不是做公益，只是提供一个个人救助平台。”但同时又表示公司是在“做好事”。①而2017年3月，轻松筹CEO杨胤在接受《湖南日报》记者采访时表示，“公益成为轻松筹的基因，源于一个‘拯救工程师’的求助项目。”

笔者以为，轻松筹“大病救助”板块的性质定位可分两个时段来看。

①纯商业行为

2017年5月12日之前，轻松筹“大病救助”业务板块属于轻松筹公司的商业行为，对“大病救助”平台上的项目筹款额，轻松筹收取2%的平台服务费。轻松筹称，在轻松筹平台上开展的所有项目，平台都会收取其筹集资金的2%。其中，1%的费用是直接由第三方支付平台扣除的手续费用；剩余的1%将作为轻松筹平台运营成本，由平台收取。对此，我们认为，轻松筹作为一家追求股东利益最大化为目的的企业，其收取2%的服务费，无论是用于维持运营成本，还是用于股东分红，都是与股东利益直接关联的。另外，引发争议的是，普通用户在捐赠时，并不知道自己捐的善款要被抽取2%的费用，整个操作过程中并没有这方面的提示。而且，微信早在2016年就将轻松筹的支付接口费用下调至0.6%，并非轻松筹一直所说的1%，这就意味着另有0.4%也归入了轻松筹。

②公益营销

2017年5月12日之后，可以说，轻松筹“大病救助”平台为求助者和助人者建立了一个免费连接的平台，此时，可认为这一行为是企业的公益营销行为。即，企业借助公益活动与消费者进行沟通，在产生公益效果的

---

① 《若真有诈捐，轻松筹该不该担责》，http://www.gyzx.org/news/fznews/2016-06-29/8098.html。

同时，使消费者对企业的产品或服务产生偏好，并由此提高品牌知名度和美誉度的营销行为。

2017年5月12日，轻松筹官方发布声明，“免除个人求助类项目2%的提现手续费，筹款提现所需手续费由轻松筹进行补贴，所筹金额全部拨付给患者用于救治。”当然，轻松筹在日常的资金流入流出过程中，账户中留有的一定数量的资金是比较稳定的“沉淀资金”，起码能为轻松筹带来一定的银行存款利息，而如果轻松筹拿这笔款项去投资，则能够为轻松筹带来多少额外收益就无从得知了。

为什么是这个时间节点实行免费？有评论指出，除了舆论压力，可能也源于竞争压力。“恐怕和今年（2017年）以来这些大病筹款的平台越来越多有关，尤其是和爱心筹、为民筹、水滴筹、we救助、帮帮爱心筹的竞争下，轻松筹自身的增速，并不是特别理想。为了求证这些内容是否准确，我们找内部关系联系到了微信支付的内部员工和前轻松筹员工。微信内部人士告诉我们，从后台支付数据上来看，轻松筹确实从去年（2016年）下半年增速就在放缓。尤其在今年（2017年）1月到4月增速基本为零，甚至有下滑的态势，行业其他的参与者增速却要高很多。据行业内人士说，看抓取的数据，轻松筹抛开卖水果和牛肉干等农产品的交易额，在4月大病筹款的交易额即将被爱心筹、水滴筹追平。同时，轻松筹前员工的一些话，也印证了这些问题：他们（竞争对手）今年（2017年）以来势头很猛，份额也增长挺快，高管们比较担心，也一直在犹豫是不是要免费。看到这些情况，我们基本上可以推断出：面对同类平台的咄咄逼人，轻松筹无奈之下只能选择免费。”①

2. 是求助平台还是诈骗温床？

轻松筹建立的大病救助平台始终裹挟着与诈骗有关的风险。自轻松筹个人求助板块上线之日起，外界对它的质疑从未停止。《轻松筹？轻松骗?》《轻松筹？另类发家致富手段》《轻松筹：轻松的到底是谁?》《救命平台or骗捐温床？网络筹款灰色地带谁来监管》等文章接踵而至。根据公开数据，2015年，轻松筹医疗救助项目遭到用户举报1150起左右，相当于每天有3

① 《业内人士分析轻松筹为什么突然0手续费》，http://news.ifeng.com/a/20170515/51096558_0.shtml。

起用户举报。2.3万个项目的用户举报率约为5%。至于这些被举报的项目，有多少被证实确实存在问题，我们无从考证。

事实上，轻松筹大病救助平台，类似民法上的居间人，其作用是促成（委托人）求助人与（第三人）捐赠者达成赠与协议，本身不参与求助人与捐赠者之间的法律行为，只起到一个撮合的作用，因而承担的法律上的义务为如实告知的义务和必要的风险防控义务，即《合同法》第452条规定的“居间人应当就有关订立合同的事项向委托人如实报告。居间人故意隐瞒与订立合同有关的重要事实或者提供虚假情况，损害委托人利益的，不得要求支付报酬并应当承担损害赔偿责任”。目前一般认为居间人对委托人提供的材料没有实质审查义务，仅作形式审查，居间人承担责任的前提是主观故意。另外，轻松筹大病救助平台作为通过互联网向上网用户提供信息的服务平台受《互联网信息服务管理办法》约束，该法第15条规定了互联网信息服务平台应当承担风险防控责任，即“互联网信息服务提供者发现其网站传输的信息明显属于本办法第十五条所列内容之一的，应当立即停止传输，保存有关记录，并向国家有关机关报告”。

简言之，就轻松筹大病救助平台承担法律责任而言，具体包括：其一，对发起的项目进行形式审查。平台审核个人求助用户所提交材料的真实性。其二，对所涉及的信息进行如实披露。平台应对筹款涉及的所有相关信息均予以及时、充分、全面的披露。其三，必要的风险防控。也就是说，如果平台发现明显违法信息（如诈捐等投诉举报），应立即停止信息发布并向主管机关（如公安部门）报告，且由主管机关予以行政或刑事处罚（如诈骗），否则应就扩大的损失承担赔偿责任。从这些描述来讲，轻松筹无须对项目真实性的实质审查承担责任，若无主观故意，也无须承担求助人实施违法行为（如诈骗）所造成的损失责任。

就上述各类诈骗性质的恶性事件而言，轻松筹虽然进行了其能力和责任范围的防范，也难以完全避免“诈骗”风险的产生，并且，难以要求轻松筹大病求助平台承担其责任之外的责任，以及由此带来的后果。

因平台承担法律责任的有限性，诈骗风险难免存在。这并不是说，轻松筹可以无所作为，毕竟它具有尽可能防范风险的责任。而且，这种风险带来的后果十分恶劣。轻松筹公司副总裁于亮在接受笔者的邮件访谈中称，“自轻松筹设立个人求助业务以来，我们通过不断地完善与提升，并没有发生过一起真正的恶性事件，而有些遭到举报的项目，大多均源于所知信息不对等所造成的。由于发展至今，平台项目数据已相当庞大，所以未对具体数目进行相关统计。”

这种风险带来的后果主要是对社会利他精神的破坏，以及真正求助者得不到帮助。这种破坏更多地体现为一种连锁效应：某位网友对个人求助平台上带有“欺诈”嫌疑的个人求助信息和个人求助行为的质疑——质疑被证实或部分被证实——引发网友参与舆论讨论/给出证明/人肉搜索——引发媒体报道——更广泛的网友参与讨论——很多网友对“大病救助”平台及“个人求助”整体上产生了抵触心理——社会利他精神和利他行为受到损坏而“收缩”——真正的求助者得不到应有的帮助，从而产生了一种“劣币驱逐良币”的效应，使得原本温情的社会渐生冷漠，让真正需要救助的人得不到帮助。例如，微博网友“有花于野”看到“苏州癌症患者家属称花光积蓄想众筹30万元，医院称仅自费6000元”的消息后发表评论称，“轻松筹让人也不可信任了，很遗憾。我参与过两次，为他人，以后不再参与。”①

（1）个人求助信息审核把关不严

轻松筹大病救助平台要求项目发起人提交严格的项目信息，包括身份信息、收款人与受助人关系证明，就诊医院和诊断证明。但这些只是最基本的信息，通过对这些信息的验证保证患者身份、病情信息的真实性。于亮坦承，考虑到时间、人力和财力成本都比较高，所以一般不会去当地调查，而是通过公安部信息开放接口，来验证姓名和身份证号是否匹配，作出初步信息审核。然后就是医院的病例审核，机打病例报告，审核人员，审核身份，再通过技术判断是否存在PS的可能。“目前轻松筹主要通过线上审核，因为有合作关系的医疗机构并不太多，和医生电话沟通一次也存在难度，所以实地调查和电话回访方面确实并未完全展开。”

于亮坦陈，病情审核是轻松筹最棘手的部分。2016年上半年，轻松筹平均每天发起的个人求助项目达200多个。而轻松筹接近150人的客服团队中，只有35人专门负责项目审核，检查病历、诊断书是否与描述相符，患者信息是否匹配。但更为困难的是专业的病情判断。于亮说，审核人员很难判断求助者是否虚构或夸大了病情。遇到用户举报，他们会联络医院进行核实。国内医疗系统没有联网，只能人工打电话过去核实，然而也不是

① https://weibo.com/1803513233/EeWKCsRXI#!/1803513233/EeWKCsRXI?type=comment.

所有医院都会配合。①

对于求助信息中至关重要的“求助者家庭的总体资产情况”等信息并不当作必然的条件来进行验证。也就是说，轻松筹没有审核求助者家庭是否足够贫穷。于亮说，平台之所以不要求筹款人必须有贫困证明，是因为很多家庭是“因病致贫”，如果限制了必须是低保人员才能申请求助，那么会有一大部分需要帮助的人被拒之门外。②

此外，由于医疗救助的特殊性，无法准确估算某一种病需要固定的治疗资金，因此轻松筹无法对项目发起时的目标资金进行限定。而且，目标金额可以随意调整。也就是说，轻松筹并不会过问筹款者治病到底需要多少钱。这就造成了求助项目中存在善款募集虚高、金额过于随意的问题。例如，2016 年 2 月 10 日，一位在德国留学的学生谢某自称患白血病并在“轻松筹”筹款，目标金额 500 万元，后不知何故修改为 50 万元，并筹款成功。公众质疑点首先是从 500 万元到 50 万元这一巨大的筹款金额改动，其次是该名学生若持有德国留学签证可以享受到德国医保，治病和药费大部分可报销，为何还在众筹平台大额募捐。又如，2016 年 3 月 12 日，由于救女心切，中山大学团委的教师何金鹏在微信平台上发了《你若安好，便是晴天》，希望在朋友圈向自己的亲戚好友求助因宫内感染早产而危重的女儿。他原计划募捐 10 万元，但截至 3 月 19 日 0 时，共收到善款 945095.70 元。该事件随即在网上引起争议。对于公众质疑的目标金额可以随意更改的问题，于亮承认，“在这点上确实考虑不周，起初自己制定这个规则的想法是，有些病人可能担心筹不到钱，一开始写的目标金额会很少，筹款可能不够用。这时候如果再发起一个项目，可能不如第一次的传播效果好。因此，发起人可以在页面上自己更改目标金额，更改过程会以动态的形式显示在页面上，所有人都可以看到目标金额的变化。”③

2016 年 9 月 1 日起施行的《公开募捐平台服务管理办法》对于轻松筹这类个人求助信息发布平台的义务和责任予以明确，即“个人为了解决自

① 《“轻松筹”等大病众筹遇“诈捐”难题，审核程序被指简单》，http://finance.ifeng.com/a/20161031/14973337_0.shtml。

② 《网络筹款灰色地带谁来监管》，http://news.xinhuanet.com/gongyi/2016-05/30/c_129026771.htm。

③ 《救命平台 or 骗捐温床？网络筹款灰色地带谁来监管》，http://news.xinhuanet.com/finance/2016-05/30/c_129026018.htm。

己或者家庭的困难，通过广播、电视、报刊以及网络服务提供者、电信运营商发布求助信息时，广播、电视、报刊以及网络服务提供者、电信运营商应当在显著位置向公众进行风险防范提示，告知其信息不属于慈善公开募捐信息，真实性由信息发布个人负责”。2017 年 2 月 16 日，民政部社会组织管理局因轻松筹个人求助信息审核把关不严、对信息真实客观和完整性甄别不够等问题约谈该平台相关人员，要求其立即整改，做好信息审核和风险防范工作；对于个人求助信息加强审核甄别及责任追溯，切实做好风险防范提示，避免公众将个人求助误认为慈善募捐。轻松筹表示，将高度重视存在的问题，采取有效措施自查整改，强化公开募捐平台主体义务，加强审核把关，强化日常监管，严格依法运营，更好地服务公益慈善事业发展。[①]但是，国家并没有强制要求网络平台对个人求助信息的真实性进行审核，更没有要求平台对资金进行监管。

事实上，轻松筹作为一家商业机构也不具备对项目真实性进行实质审查的能力。首先，它不具备专业医学知识，无法判定某病种治疗所需的精确费用。其次，轻松筹并不具有调查事实真相的刑侦能力。如果要核实一个筹款项目是否实质真实，轻松筹至少要核实以下几个方面的真实性：求助人的基本情况、家庭财务状况、疾病信息、治疗信息、资金缺口、资金用途。一家商业机构没有能力对成千上万的求助人做个人资产的尽职调查，以确定其是否真正贫穷。[②]

（2）善款用途监管空白

上文提到的轻松筹应当承担的法律责任非常有限，因此，并不能遏制求助者利用大病救助平台进行诈骗的问题，且目前法律规定仍属模糊地带，需要政府的立法及监管。就目前法律规定来看，个人求助的受益对象是个人，根据《合同法》和《民法通则》规定，此种“捐赠”应视作是赠与行为，即求助人与捐赠人达成了捐赠协议。赠与协议生效后，根据合同相对性原理，合同项下的权利义务只能赋予当事人或加在当事人身上，合同只能对合同当事人产生约束力，而非合同当事人不能诉请强制执行合同。因此，社会公众并非合同当事人，无法要求对善款使用情况进行公布，《慈善

① 《民政部社会组织管理局约谈轻松筹平台》，民政部门户网站，www. mca. gov. cn/article/zwgk/gzdt/201702/20170200003294. shtml。

② 刘洁：《众筹平台审核流程及法律风险》，http://blog. sina. com. cn/s/blog_621583480102wwnk. html。

法》对此也不进行规定。

而就赠予款项的用途，作为合同当事人的捐赠者是否能够进行监控，并要求求助人承担法律责任来看，目前存在两种看法。一种看法认为，轻松筹大病救助平台上的求助人与捐赠人之间形成的是"附义务的赠与关系"，即求助人发布信息实际上是在向全社会宣示，如"我愿意接受捐赠并妥善管理善款，将善款用于给女儿治病，并将善款用途进行公开"。这个承诺对所有潜在的捐款者都有效。好心人相信了这份隐形的承诺，才将钱捐到他的账号上，这显然不是给其个人的，而是为他给女儿治病。双方存在着彼此默契、不言而喻的约定。可见，如果求助人不能证明自己将钱给孩子治病，不能证明自己履行了约定，捐赠人就能主张将钱要回。另一种看法则认为，求助人与捐赠人之间形成的是无条件的"普通赠与关系"。北京京都事务所刘哲和清华大学公共管理学院副教授贾西津此前接受《公益时报》采访时分别表示，从捐赠者的角度而言，捐款行为本身就是自愿的，在对募捐者及相关募捐信息没有异议的情况下进行捐款，就是许可或默认了受赠人对款项的处置；募捐者拿到钱后如何使用是不受法律约束的，捐赠者也没有权利要求受赠人对资金使用情况进行公开。因此，以帮助自己或自己直系亲属为目的的个人求助，其所得资金全部用于求助者本人，所得善款使用明细，并不需要对外进行公布。[①]

而从自身法律权利和义务出发，轻松筹大病救助平台无权强制项目发起者公布其善款使用情况，更无从谈及筹款结束后，对资金后期使用的监管。发起人在接受善款后，究竟将善款用于何种用途、患者此后是否有医保报销、对于善款余款如何处理，轻松筹平台都无法控制，只能从道德上对当事人进行反复劝说。轻松筹会提倡筹款人时常更新动态，包括善款到手后，保持更新患者病情、治疗情况等。"但这些只能提倡，并不能强制"[②]。

早在2015年12月，广东卢某在轻松筹上为其患"噬血细胞综合征"的女儿洛洛筹集到了14万元治疗费用。不幸的是，洛洛最终因医治无效去世。根据医院的开支单据，善款最终还剩6万元没用掉。随后，卢某使用了

---

① 《轻松筹？轻松骗？你要 Get 的知识点还很多》，http://www.ngocn.net/column/2016-05-27-d80bfb1a24f21cf5.html。

② 《救命平台 or 骗捐温床？善款使用监管空白待解决》，http://finance.sina.com.cn/sf/news/2016-05-30/104831629.html。

其中1.3万元，和妻子一起去西藏为女儿做“法事”，引发捐款人质疑，称做“法事”不属于捐款的使用目的之一。春节期间，卢某在朋友圈晒出“出国游”照片，再度引发捐款人质疑。虽然卢某声称旅游并非动用善款，并删除了照片，但不少捐款人还是感觉受到了欺骗，“卢某的行为让人感觉他并不缺钱。”①

轻松筹大病救助平台自觉也很委屈，对上述两种争议莫衷一是。也许，在互联网发展过于迅速，而求助-施助互动需求也异常巨大的今天，这样的问题是难免的。公众均希望政府能及时、时时监管，或提前进行预防，但适用法律上存在争议，政府监管则往往滞后；公众同样希望对不法行为进行惩治，但执法情况也往往令人遗憾。对于如何监管资金流向、如何处理剩余赠款以及相关责任的承担等问题，仍需进一步出台政策加以解决。比如，要求求助人或网络平台对捐款资金流向进行公示，同时，未花费完的捐款如何处理，法律也要作出强制性规定。江苏省2017年12月8日出台的地方性法规《江苏省慈善条例》中对个人求助规定专门提到“求助人应当对求助信息的真实性负责，不得虚构事实、夸大困难骗取他人捐赠”，可以说，这是对求助人在赠与法律关系中所应承担法律责任的强调说明，已是一个好的开始。

① 《“轻松筹”等大病众筹遇“诈捐”难题审核程序被指简单》，http://www.sohu.com/a/117702529_114967。

第三部分

典型案例

“十方缘”纪实：用公益缔造生命工程

中国面临着人口老龄化的严重挑战，与此同时，失能化、高龄化的趋势不断加剧。国家老龄办发布的2015年“第四次中国城乡老年人生活状况调查”的统计结果显示，中国失能、半失能老人约有4063万人，占老年人口的18.3%。据预测，随着中国社会人口老龄化的进程，中国失能老年人将持续增长，到2020年将增至4200万，2030年增至6168万，2050年增至9750万。[①]在中国，失能、半失能的临终老人常常面临两种境地，或是治疗不足，生病了没钱看病，只能苦苦等死；或是过度治疗，直到生命最后一刻仍在接受创伤性治疗。

《世界人权宣言》指出，“鉴于对人类家庭所有成员的固有尊严及其平等的和不移的权利的承认，乃是世界自由、正义与和平的基础……”这一表述宣示了人权的基本依据即是人的尊严。人的尊严感作为人所具有的一种类似本能的需求和渴望，伴随着人类的产生而产生。任何一个人，无论其地位高低、财富多少、资质优劣、年龄几何，都不仅需要活着，还需要爱，需要有尊严。社会有义务保证每一个人有尊严地活着。然而，我们经常忽略生命将尽时，人应该怎样有尊严、有希望地活着与离去。临终老人需要的不仅是医疗护理和生活护理，同样需要心灵慰藉，需要有尊严地走向人生终点。

近年来，营利性机构和非营利性机构都已开始重视并着力回应临终老人的需求，它们以不同的方式提供临终关怀服务。以提高临终者在临终期

---

① 《社科院研究员：4000万失能老人必须细分》，http://www.ql18.com.cn/News/Stock/gncj/20161122/6654666.html。

的生命质量，尽量减少其临终痛苦，使其舒适、安详、理智、尊严地走向人生终点为宗旨的临终关怀逐渐兴起。[①]一般来说，临终关怀服务包括医疗护理（姑息治疗）、生活护理（生活舒适照护）、社会支持系统（提供社会关系的支持）、心灵呵护（精神慰藉）四个方面。实践中，我们看到临终关怀服务呈现出高度的个性化和社会化，体现出一定的社会人文关怀。

2011 年 2 月 28 日，方树功等 10 名发起人创办“十方缘”[②]，组织义工专门为临终老人提供心灵呵护服务。截至 2017 年 8 月，全国 21 个省级行政区 45 个市县有 55 家十方缘老人心灵呵护组织，义工们走进养老院、临终关怀医院、社区，免费服务临终老人，并开展各种文化活动传播爱与陪伴。根据十方缘临终关怀义工官方网站统计数据，2016 年，十方缘共有 23096 人次义工服务老人 18603 人次，线下培训义工 1228 场，共培训义工 14549 人次。十方缘发源于人心，服务于生命，用纯公益方式持久、稳定地为临终老人提供心灵呵护服务。这家创办 7 年的公益组织，用人性之中最美好、最温暖、最光辉的利他性缔造生命工程，也正是利他精神成为十方缘快速成长的动力和源泉，成为公益性生命关怀的组织发展的根基。

一　汇聚十方缘分

1. 一次生命的连接

2011 年初，一次偶然的机缘，方树功有了第一次陪伴生命的经历。

那天，方树功去养老院看望在那里工作的院长朋友，正巧那位朋友不在办公室。当时，养老院里有一位 94 岁的重症老人得知最小的儿子去世的消息后（前几个儿子都去世了），想要绝食离开这个世界。管理人员和护理人员都在劝老人吃饭，劝了半天都没用。方树功一直默默地站在老人的房门口，看见老人梳理得特别干净，坐在沙发上，很安详地看着夕阳。过了半个小时，老人突然对他说，“小伙子，要不你进来陪我坐会儿吧。”方树功就坐在老人对面，过了一会儿，老人突然对他说；“你有《渔光曲》吗?”方树功从手机里把《渔光曲》搜索出来，放给老人听。没想到，放了几遍

① 李义庭等：《临终关怀学》，2000，中国科学技术出版社，第 22 页。

② 十方缘是全国各地十方缘老人心灵呵护中心和十方缘老人心灵呵护小组的简称。

后，老人就开始唱了。唱着唱着，老人突然哭了。老人对方树功说，“年轻的时候追寻革命，家人不理解，离家追寻革命，走投无路，感到非常绝望的时候，无意中听到远处传来一首《渔光曲》，‘爷爷留下的破渔网，小心再靠它过一冬’，我又有了新的力量，继续踏上追寻革命的道路。”老人说：“其实我现在有退休金，也有大家的关心。我有自己最后的渔网，我可以过好自己的冬天。”过了一会儿，老人对方树功说，“帮我要碗粥吧。”方树功当时特别激动，因为四天里大家都在轮流劝老人进食，老人不听，可他什么都没做，只是陪着老人听了首音乐，老人就释然了，超越了对死亡和失去亲人的痛苦。这件事对方树功有很大的触动。他感觉自己在无意中完成了一次“生命的连接”。

2. 专职做自己想做的事

这次陪伴生命的经历让方树功思考，重症、临终的老人是需要陪伴的。他把这个想法告诉了朋友，朋友告诉他，“咱们全国这样重症、临终的老人有4000多万。民政系统想管，没有那么多人，我们养老院想管，但没有这样专门的人。这些重症、临终老人除了需要生活的照顾，需要医院的姑息治疗，需要社会系统的支持，也需要心理的慰藉。”方树功反复地想，如何才能满足这些老人的需要呢？

方树功想的第一个方法是去找当时很热门的心理咨询师。但是，心理咨询师告诉他，心理咨询师是要收费的，而且临终关怀、超越生命的咨询服务属于心理咨询中比较高难度的服务，心理咨询师的费用最低1小时1000元钱，如果上门服务，来回至少1个小时，所以至少是2个钟点的工作，每次服务最低需支付2000元钱的费用。方树功一调查，不是所有老人都付得起这个钱，也不是所有老人都愿意付这个钱。走这条路行不通。

后来，方树功又去找宗教组织。宗教组织说，你这个想法很好，但是佛渡有缘人，有宗教信仰才能提供支持。但是，这些老人中90%没有宗教信仰。“这也不成啊，90%没有宗教信仰的这些老人，宗教团体管不了，政府想做没人做。商业机构想做，需要考虑运营成本，通过商业的手段实现收支平衡，但是为心灵呵护服务付费很多老人不是很好接受。”[①]朋友们说，“别人做不了，咱们就用业余时间来做这件事吧，反正星期六、星期天也空

---

① 笔者对北京十方缘老人心灵呵护中心发起人方树功的访谈。

着，去陪这些老人。一年照顾 100 个这样的老人就好。”

一拍即合！2011 年 2 月 28 日，王桂芹、方树功、刘莲玉、谢慧淦、刘丰、秦立等 10 名伙伴自发筹建北京市十方缘老人心灵呵护中心，启动临终老人心灵呵护项目。中心取名“十方缘”，意指汇聚十方的缘分。他们利用业余时间去养老院为临终老人提供心灵陪伴服务。没想到，3 个月陪伴了 100 位老人。后来，计划再陪伴 100 位老人。结果，一个半月完成了计划。

2011 年冬天，对方树功来说，发生了一件印象深刻又有转折意义的事。用方树功自己的话说，“我以前一直把陪伴老人作为义务活动，但是，发生一件事以后，我想把陪伴老人当成一项事业来做。”

2011 年初春，方树功在朋友的介绍下去看望朱大姐。朱大姐得了绝症，全身都不能动了，只有头部能动，第一次见面，方树功觉得她依然特别漂亮。方树功对她说，“您的朋友让我来看看您。”结果，朱大姐瞪了他半天，然后问，“你叫什么名字？你的身份证号是多少？电话是多少？你的简历怎么样？”方树功当时想，她再有 10 个月就要离开这个世界了，还要对我这么细致地审核，审就审吧。方树功花了 1 个小时，把他的思想，所有的历史，全都向朱大姐汇报了一遍。汇报完了以后，朱大姐说，“谢谢你来看我”，这件事就结束了。

再过了半年，方树功的朋友对他说，“朱大姐快不行了，你再去看看她吧。”结果，“朱大姐再次见到我时，居然把我的名字、电话号码、身份证号码全都说了出来。我当时特惊讶，一个临终的人半年前同我聊了一次天，我的电话号码、身份证号码，她一下子全能说出来，我自己都要费好大劲才能记住这些。我当时一脸惊讶，太不可思议了。朱大姐乐了，说，自己的智商是 147，外号‘爱因斯坦的表妹’，当时考清华只复习了一个月，每次考试复习一个礼拜就是全年级第一。大学毕业分配时，政府机构需要她，科学院也需要她，后来听了家人的意见从政。从政以后，她精通六门外语，老公也是外交部的一位负责人，孩子也在外交部工作。每个人都觉得她特别完美，婚姻非常好，丈夫、孩子也非常好。她的职业、婚姻、生活各方面都特别完美。她跟我说，‘小方，任何人都觉得我这一生特值，特完美，但是，如果让我重新再来过，我一定会从事自然科学，我相信我会为人类做出更大的贡献。年轻人最关键的是要选择自己一辈子最喜欢做的事。’”①

① 笔者对北京十方缘老人心灵呵护中心发起人方树功的访谈。

听了朱大姐的话，方树功全身像触了电，"我这一辈子，什么是我最喜欢做的事？"朱大姐的声音一直在他的脑海里回荡。"从小到大我就在追求，可是我在追求什么，我活着到底是为什么，我到底做什么事在临终的时候会不后悔？年轻时候追寻搞科研带来的喜悦，追寻管理带来的喜悦，追这追那，但是扪心自问，当我离开这个世界的时候，我会说我不后悔吗？"他突然觉得在他这40多年的生命里，让他最喜悦的事，是陪伴老人，陪伴生命。那种喜悦无以言表。人生有得到物质享受的喜悦，有情感上的喜悦，有自我价值实现的喜悦，社会尊重的喜悦，在这些喜悦之上，还有自我超越的那份喜悦。当超越了自己的肉体和思想的时候，那种喜悦是无以言表的。方树功觉得他在陪伴生命的时候，感受到了那种喜悦。"为了让自己临终的时候不后悔，我应该去做我最喜欢做的事。"①

3. 成立北京十方缘老人心灵呵护中心

2011年底，十方缘汇聚了300多名义工为老人提供心灵呵护服务，他们经常在一块学习、交流。如果30个人在一起学习、交流没问题，但几百个人经常聚在一起就是聚众了，这个时候就需要成立组织。"因为十方缘做的事要合情、合理、合法。"②

民政局考察组到养老院考察十方缘做的这件事后，考察组的人说，"家家有老人，人人都会老，我们也会老到这种状态，我们的父母也在进入这种状态。进入这种状态以后，不管是几十亿的富翁，国家领导人，还是一个乞丐、平民、农民，那时每天吃饭的费用都一样，也就十几块钱，吃不了太多大鱼大肉的东西。医疗保障这一块，如果真到生命不可治愈的时候，药物只能起到缓解作用，再好的药也没用。他们面临的最大问题是对死亡的那种恐惧，恐惧的背后是孤独，孤独的背后是对爱的渴望，他们需要的是一份陪伴，十方缘做的事是每个老百姓都需要的，也是他们自己需要的，也是生命需要的。"③

2012年1月10日，北京十方缘老人心灵呵护中心获得北京市民政局批准，正式成立，注册性质为民办非企业单位。北京十方缘老人心灵呵护中

---

① 笔者对北京十方缘老人心灵呵护中心发起人方树功的访谈。

② 笔者对北京十方缘老人心灵呵护中心发起人方树功的访谈。

③ 笔者对北京十方缘老人心灵呵护中心发起人方树功的访谈。

心的组织架构是理事会（监事会和顾问委员会作为辅助机构）下设中心总部，中心总部下设办公室、人力资源部、培训部、文化推广部、财务部和义工服务部。自此，十方缘走上了正规化、专业化的发展之路。

二 十方缘的心灵呵护模式

十方缘的心灵呵护模式是一个有机闭环（见图1），十方缘充分调动义工，培训义工成为临终老人心灵呵护师（十方缘义工），为老人提供免费服务。同时义工从老人身上也得到生命的教育，通过呵护生命，获得生命成长的喜悦。十方缘倡导，义工成长的每一步都是十方缘分铸就的，十方缘分来自临终老人以及家属，十方缘员工，养老院、医院、社区、社团、政府、基金会、企业、媒体、有志之士等这些社会资源。

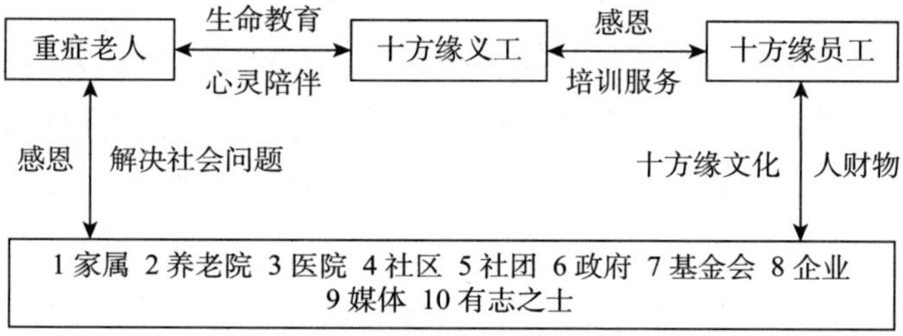

图1 十方缘的心灵呵护模式

1. 临终老人是十方缘的首要客户

十方缘服务的临终老人是那些放弃主动治疗的失智失能老人，他们一般还有10个月到3年或者更长的生命期，主要是养老机构、临终关怀医院和社区里的临终老人。根据国家老龄办发布的2015年“第四次中国城乡老年人生活状况调查”的统计结果，在中国，这样的老人约为4063万人。

内心的孤独，以及老年和临终阶段承受的物理意义上的痛苦让临终老人惧怕死亡，害怕孤独地走进那个未知的世界。孤独的背后是一份对爱的渴望。对有宗教信仰的老人来说，他们有精神上的寄托，可以用宗教抚慰内心的抑郁、孤寂，以及对于死亡的恐惧和焦虑。但是在中国大部分老人是没有宗教信仰的，死后将何去何从，他们没有答案，也得不到来自社会的支持。对死亡的恐惧是医院无法治疗的。老人一般也不可能去找心理咨询师。话说回来，单纯的心理咨询也无法帮助老人穿越对死亡的恐惧。大多数老人是靠自己在硬生生地“挨”过人生最后的一段旅程。

“北京十方缘老人心灵呵护中心”微信公众号推出一个视频，视频拍摄自长沙市第一社会福利院，记录了在那里生活的临终老人的生命状态。

> 罗爷爷，91 岁，至今已卧床 1 个多月，无法饮食。护工每天把食物打成清水一样的稀粥，用针管吸起来，打到胃管里。
>
> 聂爷爷，82 岁，每天除了吃饭外，就一直安静地坐着，三餐需喂食，不吵不闹、不说话，经常大小便失禁。
>
> 许爷爷，72 岁，植物人，至今已躺在床上一年多，无儿无女；每天由妹妹一家照顾。妹妹家住井湾子，每天下午来福利院照顾哥哥，经常待到天黑后，再坐 1 个多小时的公交车回家，一年来，天天如此，风雨无阻。
>
> 洪奶奶，84 岁，躺在床上至今已 6 年，口齿不清、无法正常言语交流，体重不足60斤。
>
> 陈爷爷，94 岁，4 年前来到长沙市第一社会福利院，能与人交流，每天绝大部分时间都是在躺椅上看报。听说要给他照相，他很努力地笑着，那个表情保持了很久，看得出来他想留个最好的样子给大家。
>
> 徐爷爷，75 岁，脑出血后遗症，至今已躺在床上 8 个月，家住砂子塘，喜欢唱歌，护工们说他是福利院的“开心果”。当我们年轻人去看望他们的时候，他居然完整地唱完了《挑担茶叶上北京》，大家夸他记性好，他却总是说自己记性比以前差多了。
>
> 周奶奶，88 岁，慢性心力衰竭，多年卧病在床，口齿不清、无法正常言语交流，她喜欢睡觉时把头面向窗子，记忆力很差。她每天最大的希望，就是努力记住那些照顾她的人。
>
> 肖奶奶，82 岁，至今已卧床两年多，口齿不清，生活无法自理。当我们要离开的时候，她紧紧握住志愿者们的手，眼里流露出不舍的神情。①

卧床、生活无法自理、大小便失禁、无法正常言语交流、看不见、听

---

① 根据微信公众号“北京十方缘老人心灵呵护中心”推出的视频进行的文字整理。

不清、记忆力很差、植物人……这些是临终老人生命行至最后一程的状态。无论是将军还是普通百姓，无论是住一个月1万多元的特护房间，还是很便宜的集体宿舍，老人在临终、植物人、痴呆的状况下，已经没有什么差别，“无助”“无望”“孤独”和他们紧紧地纠结在一起。

居住在社区家庭中的临终老人并没有比养老院的老人好多少，他们最多的状态也是孤独。笔者曾报名参加十方缘2017年7月22日的“一星义工”培训活动，培训讲师王丽萍在培训中分享了她在社区中服务的几位临终老人的生活状态。

> 状态1：你们要是不来啊，我们一天天就这么一人一个沙发光躺着，你们一来啊，说说话挺好，有空就常来啊！
>
> 状态2：李佩兰，83岁。知识分子，有文化。一个人住在这个房子里，儿女们有时候周末回来，如果忙了，周末也来不了。周一到周五一个人生活。她表达很好，口齿伶俐，思维敏捷。我们去了之后给我们讲每个穴位。每个月提前在日历上画好，17日十方缘会来，25日十方缘会来，那一天就会等在那里。刚开始，她有戒备心，不太喜欢我们去。因为社区里的义工平时跟她有联络，她就让我们进去了。但一次服务之后，她就热切地盼望我们再去陪伴她。
>
> 状态3：这位老人86岁，没儿没女。我们去了以后，她说，“你们什么也不用干，我就跟你们说说话，痛快痛快。”哪怕家里有只蟑螂，家里头有个什么动物，她就给你讲半天。
>
> 状态4：这位老人是退休妇产科医生，有一个儿子在国外，有一个儿子在国内，也不太经常回来。现在北京的父母，孩子在国外的特别多，老人老伴去世后，她跟我们说，回到家以后，家里一个活气都没有，家里没有喘气的。回到家以后，她就想在地上躺着。她觉得自己这样子是有病，去医院看病，医生说你没有器质性病变，是心病。其实，她心里都明白，回到家以后没有人陪伴她，她特别孤独寂寞，她一年住了9次院。我们去陪伴她的时候，社区居委会跟我们一起呵护她。她说，“我去医院，医院治不好我的病，居委会能治好我的病，如果你们早点来，我可能一年就不会住9次院了”。[1]

① 笔者参与十方缘义工培训课程中培训讲师王丽萍的分享内容。

临终老人不仅需要医护的姑息治疗、舒适的生活护理和社会关系的支持，更需要精神慰藉。为此，十方缘的主要工作就是组织义工为养老机构、临终关怀医院和社区里的临终老人提供专业的心灵呵护服务。通过陪伴老人，让老人感受到爱，感受到生命呵护生命的温暖，在死亡之前，让每一个生命都带着满满的爱和希望，在喜乐宁静中有尊严地走完生命最后的旅程。

2. 义工是十方缘的支持客户

十方缘义工为老人提供的服务是心灵呵护。十方缘总结了与老人沟通的十大技术，包括祥和注视、用心倾听、同频呼吸、经典诵读、抚触沟通、音乐沟通、动态沟通、“三不”技术、零极限技术、同频共振。十方缘义工遵照“十方缘老人心灵呵护十大技术”和“义工服务行为规范”进行服务，每一天的服务都有一套标准的服务仪轨，其中，有几个关键的环节。第一，合一静心。在服务老人之前，义工们都会有一个静心的过程，保证心态是祥和的，喜悦的，没有任何杂念。服务之前，义工们都要去洗手。如果冬天手凉，就把手放在自己的腋窝下面把它暖热。充分体现对老人的关爱，对生命的那份细心和尊重。第二，进入老人房间服务老人时，按照《十方缘义工服务行为规范》，运用十方缘总结的十大技术与老人建立连接，与老人沟通。第三，分享服务感悟。每位义工要多分享陪伴中的感受及通过这样的陪伴觉察自己的生命和生活中的点滴，进而回馈到自己的生活和工作中，提升自我，感受生命的本质——爱。

义工在为老人服务时，自身也得到生命的教育。在陪伴老人的过程中，义工不仅仅是付出爱，同时也获得了爱，陪伴老人也是陪伴自己。

几乎所有的义工都会有这样的感受，“老人真的是一本教科书，他们用生命最后的一种形式呈现在我们面前，告诉活着的人应该去选择怎样的生活。当义工走进养老院或社区的时候，老人呈现在他们面前的状态千差万别。有的老人50多岁或60多岁就已在病床上躺了10多年，脾气很糟；有的老人80多岁或90多岁，生活能够自理，性格很温和，义工来，他觉得好；不来，他也觉得挺好。义工在陪伴不同生命状态的老人时，他会对自己有个思考。他会想，我到底是要像那个50多岁或60多岁中风了，脾气很怪很坏，谁来了我都反对，都不接纳，脾气暴躁，对自己的配偶、家人，对所有身边的人都骂，用暴脾气对待他们？还是，像那个80多岁或90多岁的、近百岁的老人，每天都很喜悦，活在自己美妙的世界里，很开心地去生活呢？其实，当义工们看到这些时，大家愿意选择怎样的生活，已不言自明。所以，这些老人对义工来说是人生的教科书，他们会告诉我们怎样去选择自己的人生道路，怎么过好自己的人生，怎么跟周围的人相处，怎么让自己变成一个有益的‘资产’，让我们每个人在离开这个世界的时候，比自己来到这个世界的时候，灵魂能够高贵一点点，内心都能更纯净一点点”。[①]

（1）受十方缘核心价值观感召

十方缘的义工，或是通过口口相传，或是通过其他传播渠道的“缘分”，来到十方缘的，他们利用业余时间免费为临终老人提供专业的心灵呵护服务。义工中，有13岁的初中生，也有70岁的老人，其中，主要是30~40岁的中年人，他们来自各行各业，出于各种目的，抱着各种诉求来到十方缘。初来时，他们可能是想来推销产品的，可能是情绪不好想去寻求救赎的，可能是夫妻关系破裂而想找解决办法的，可能是自己闲着没事儿只想找个事做的……但是，做了义工之后，他们变了。

> 是社区里的歌声吸引我来的。
>
> 我是去找社区问有没有义工活动，找来的。
>
> 我时不时就会听到身边人说“十方缘”，终于找到时间来参加了。
>
> 我在以前的公益活动中接触老人，对一些重症的老人我不知道怎么陪伴，陷入了困惑。我再寻找方法，找着找着就找到了十方缘。[②]

“每一个生命都是需要被呵护的，所以我们不分析、不评判、不下定义，就是爱与陪伴”，这是十方缘的价值观和核心文化，也是向报名参加十方缘“一星义工”培训的有缘人传递的最关键的内容之一。很多义工加入十方缘后留下来的原因就是被这句话所打动。十方缘四星义工王丽萍说，

---

① 引自十方缘长沙市爱与陪伴老人心灵呵护中心理事长、十方缘终生义工李赞采访视频，http://mp.weixin.qq.com/s/ZiTfm7Hkzd6q9N9ZGhxuEw。

② 《我是这样加入老人心灵呵护公益团队的》，http://mp.weixin.qq.com/s/sI2hqVPCeDVvhI4L3qlj1Q。

“这是咱们的价值观，我特别认同。开始我也不是特别理解，那会儿只是觉得这句话很好，非常实用。”

“不分析、不评判、不下定义”是说生命和生命在一起陪伴的时候，老人不是被教育的，也不是给他下命令的，而是义工要把自己全然放下，把自己的头脑全然放下，全心全意和这个老人在一起，陪伴他。①“每一个生命都是需要被呵护的”，这体现的是对所有生命的尊重。

> 我们在陪伴的过程中，陪伴对象的状态，陪伴的场所，陪伴的条件都是不一样的，有的条件可能比较一般，有的可能比较高大上，我们对外在的这些东西都不会去在意。比如，老人全身插满了管子，不能和你交流，这种情况下，是要完全接纳这种状态的。有的老人活蹦乱跳的，自理能力特别强，你去了以后，她唱歌跳舞表演给你看，带着你去参加一些活动，（和）这样的老人（在一起），我们也非常开心。我们的服务对象，无论他们是什么样的状态，我们都要接纳。所有的生命都是平等的，不管是什么人，包括我们自己。因此，我觉得对生命的尊重，是十方缘吸引义工的最重要的一点。②

> 不管他以什么样的目的进来，通过一次或几次的陪伴服务，在老人的智慧，在生命的最真实表现面前，他会把自己原来那些想法击得粉碎。不分析、不评判、不下定义就是去打碎我们内心那么多形形色色的该有的和不该有的诉求。我就是当下跟这个生命完全地在一起，就是爱与陪伴，就是全然的爱。这样就很好。所以，当经历了很多次这样的陪伴之后，很多的诉求可能就没有了，只是觉得这件事情需要我去做，是我生命当中需要的，那就是那份对爱的追求。③

十方缘义工也把这种“不分析、不评判、不下定义”的价值观带回到自己的家庭中，整个家庭关系发生了翻天覆地的变化。65岁的王德珍是十方缘二星义工，她是2016年8月加入十方缘的。她说，“一星义工培训主要

---

① 《十方缘方树功：汇集大爱用爱与陪伴为生命服务》（上），http://mp.weixin.qq.com/s/QW-z-VJ_aAki6qWFhWVTjw。

② 笔者对北京十方缘老人心灵呵护中心义工潘璐的访谈。

③ 《十方缘李赞：用爱与陪伴唤醒生命》，http://mp.weixin.qq.com/s/ZiTfm7Hkzd6q9N9ZGhxuEw。

说的是不分析、不评判、不下定义，所以，在我们家什么也不说了，咱们几个人坐在一块沟通，就什么问题都没有了。原来我是点火就着，把家庭弄得天天烟熏火燎。自从参加了十方缘，我们家好了。原先在我们小区里，没跟多少人接触，天天上楼下楼，6层楼的居民我都不认识，我想我搭理你干吗啊，各人过各人的生活。可是，参加十方缘后我就不这样了，上下楼街坊都不认得，还谈什么陪伴呢。我参加十方缘以后，最大的收获是我们现在邻里关系、家庭关系特别好。”

(2) 在活动中获得生命的成长

十方缘倡导义工在活动中获得生命的成长。

十方缘义工参与的活动主要包括为养老机构、临终关怀医院和社区里的临终老人提供专业的心灵呵护服务；参加十方缘提供的心灵呵护培训以及义工呵护日。十方缘通过组织养老机构、临终关怀医院及社区服务为义工提供践行平台，服务老人，呵护心灵，最后成就自我；通过提供各星级义工培训支持义工成长；通过义工呵护日及各种文化活动增进义工彼此之间的连接，共同感悟生命，彼此唤醒。

方树功说，“在我们核心的管理系统里，真正的核心是什么呢？是每个义工来到十方缘以后，每个人都有一份档案。在这份档案里，有他第一次来十方缘的图片，他每一次服务老人的图片，每一次培训的图片，他自己生命成长的感悟，每年几月几日去哪个养老院哪个社区，几月几日参加的每次培训的记录，还有他每一次陪伴老人生命的成长，他的感悟，他每一次培训后得到的生命感悟，这些东西是真正的核心。所有参与的人，每天，每次服务一个生命时，他自己会感到那份喜悦和成长。他到年关的时候，看自己一年走过的路，知道自己一年在心灵层面如何成长起来，这是最核心的”。[①]

> 我们不去做广告。比如说，璐璐觉得在这里做得特别好，感悟特别多，希望身边的人都能得到成长，就会主动向别人介绍，就有人来到我们课堂了，说我是璐璐介绍来的。我们的人越来越多。我也是这样，来了之后，就拼命在网上去说，我们有一个老人心灵呵护……你

① 笔者对北京十方缘老人心灵呵护中心发起人方树功的访谈。

们谁希望去养老院跟我联系。我特别想传播出去，纯属自发，因为在这里感觉到有这么一片净土，有家的温暖。在这里还能成长，特别喜悦。[1]

①在服务中获得生命的成长

十方缘服务工作流程特别强调义工每次服务后要进行分享，还要在"十方缘义工服务记录"里写下来。从第一次陪伴开始，十方缘义工就认真地进行服务后分享，当时虽然没有现在获得ISO9001认证的服务记录表，但是大家回家后会记录下来，发在博客上。如今，每一次服务结束之后，义工们不仅要开服务分享会分享自己的陪伴感悟以及通过这样的陪伴觉察到自己的生命和生活中的点滴变化，还要把对生命的感悟全部记录下来，由服务助理拍照备份，上传到网络系统。十方缘希望义工在陪伴每一个生命的时候，能够用心去感受通过陪伴自己得到了什么，感受到自己生命的成长，进而回馈到自己的生活和工作中。因为只有义工得到了生命成长，才会真正愿意来做这件事。

陪伴也是被陪伴，陪伴就是一面镜子。义工匡胜利说，"在那些积极、健康有丰富生命故事的老人那里，可以获得生命经验、感动和激励；面对那些看上去孤独、压抑、无法正常沟通的老人时，可以体会到他们对爱的渴望。在义工服务中，让我学会真正去接纳别人，也更加理解什么是无常，要珍惜当下。"义工潘璐说，"在十方缘，我们说是去陪伴老人，但实际上在每次陪伴中我们得到了太多爱的滋养，爱与陪伴，我们成了最大的受益者。"[2]

"在陪伴老人的时候，去说话、去舞蹈、去唱歌，你是永远被老人点赞的那个人，无论唱得五音不全还是歌词不准，你都会被点赞。它像吃了蜜一样的甜。"

"我们去陪伴老人，它会给你带来一种非常舒适愉悦的感觉。我觉得这种感觉是我们很多人在追求的目标，只是达到的途径不一样。有的人他可能忽然被加薪几十万，有人可能是买了豪车或者是买了房子，

---

① 笔者对北京十方缘老人心灵呵护中心义工王丽萍的访谈。

② 《爱与陪伴，我们是最大的受益者》，http://mp.weixin.qq.com/s/pTLQgiKm4GOyq_stzWE20w。

但我们去陪伴老人，不需要有这些东西同样也能达到这样的一种感觉。”

“经由陪伴，我们感受到这一过程中自己的起心动念，学会独处，感恩生命，敬畏生命。”

“或许生命本来的样子，就是这样简单、平静而舒服的。”

“与老人合一、同频，感受彼此，以爱相伴。”

“原来爱如此简单，生命的回归也是如此的美。出生即回归，回归即出生。”

“老人虽然全程没有说一句话，但她会用手和我们互动，她知道我们来了。”

“虽然在病魔面前我们无能为力，但是生命本身显现出来的坚强无所不在。当这种坚强触碰到心灵柔软处时，生命就会得以成长。”①

②在每一次培训中获得生命的成长

十方缘十分重视对义工的培训。培训义工，不只是为了让义工掌握十方缘文化和陪伴老人的技术，保证服务的质量，更是让义工在每一次培训中，与所有参与人员彼此生命连接，共同成长。所有的有缘人可以参加一星义工培训；一星义工可以参加二星义工培训和沙龙；二星义工可以参加三星义工培训和沙龙；三星义工可以参加四星义工培训和沙龙；四星义工可以参加五星义工培训和沙龙。义工可以选择就近的十方缘老人心灵呵护中心和十方缘老人心灵呵护小组，参加课堂授课形式的培训。

十方缘有一套涵盖30门培训课程及10次沙龙的完整培训课程体系，培训体系对应着清晰的义工成长路径，不同星级的义工对应不同的培训课程，课程形式主要包括课下自学、实践、课堂授课。

十方缘义工在培训之外可自行下载线上学习资料，进行课下自学。十方缘线上共有1400条微资料。线上学习渠道包括十方缘老人心灵呵护资料库和网络社群。十方缘老人心灵呵护网站是十方缘最大最全的资料库，存有十方缘过去和现在的信息，每天更新。北京十方缘微信订阅号为读者推送最新精品信息，并且可以便捷地查询活动信息和报名活动。此外，还可

① 2017年7月3~5日“陪伴，让生命在爱中回家——十方缘临终心灵呵护服务（医疗机构）交流会”上的义工感悟发言。

以通过喜马拉雅十方缘爱与陪伴电台，优酷视频搜索十方缘学习线上资料。网络社群是一个 QQ 群，只要想通过十方缘爱与陪伴技术去陪伴自己家人和老人的人均可以进入各地的爱与陪伴群，在群里接受网上培训及分享照顾自己家人和老人的感悟。

在实践中学习是十方缘义工接受培训的一种重要方式。义工在养老机构完成全天服务的过程中，午间培训是必不可少的环节，当天的服务领队或讲师会带领义工分享、学习十大技术。当天服务结束后有分享会环节，还有服务领队组织义工分享、督导义工成长。

> 我们服务的流程是，每次服务结束之后，大家要一起分享感受，还要写下来，沉淀下来，领队进行进一步督导。在这里用了哪些技术，有些老人是怎么陪伴的，传递给大家。每个人都可以学习，有一些困惑，领队会做督导。在现场分享的过程中，义工会不断提高。①

十方缘把课堂授课形式的培训分为几个级别，配套不同的讲师和场地资源。一个是基础培训，比如一星义工培训课程和二星义工培训中十大技术的培训课程，直接由各地的十方缘老人心灵呵护中心和十方缘老人心灵呵护小组定期来组织。二星义工培训课程中的精品培训，当地有能力组织的，比如有讲师资源、有场地资源，可以自己组织；没有能力组织的，由中国生命关怀协会心灵呵护工作委员会在全国范围内调配讲师资源开展。三星义工培训、四星义工及五星义工培训全部属于精品培训，由中国生命关怀协会心灵呵护工作委员会在全国调配讲师资源、场地资源来组织培训。2017 年初，中国生命关怀协会心灵呵护工作委员会向老人心灵呵护服务网络的成员发出承办十方缘义工培训精品课程的邀请，想要承办哪个月的培训就申请在哪个月陪伴。比如，武汉市爱与陪伴老人心灵呵护中心想在 9 月承办一个四星义工的培训，中国生命关怀协会心灵呵护工作委员会在全国调配四星讲师资源，协调讲师时间，牵线搭桥，武汉市爱与陪伴老人心灵呵护中心就会发出这样的活动预告，邀请相关的义工去报名、去参与。

培训讲师一般由十方缘三星义工及以上愿意担当讲师的人来完成。讲师既是十方缘爱与陪伴文化的践行者、受益者、分享者；同时，通过担任

---

① 笔者对北京十方缘老人心灵呵护中心义工王丽萍的访谈记录。

讲师看到自己更多的成长空间，实现自我生命的成长。

为了保证每一次培训的质量，十方缘有一套标准的培训工作流程。其中，有两个关键的环节。第一，十方缘规定培训讲师讲课前一定要提前核课，如果一场培训是两位讲师，核课时需要两人都在场。核课形式上由培训负责人安排相关人员帮助梳理讲师讲课的流程，本质上是一次共同成长和彼此陪伴。第二，每一次培训结束后，除了对当天培训流程进行评估外，还要对需要改进和创新的地方提出相应措施，在下次培训中进行改进。每次培训后还会组织核心人员针对讲师培训给予评估，填写《十方缘培训讲师反馈表》，反馈表中需分别针对培训前核课部分及培训后反馈部分，填写本次课程成功的地方、本次课程不足的地方、本次课程改进和创新的地方。这些工作既可以保证每次培训的质量，又有利于讲师的成长。

> 前几天我去中关村给潘璐老师核课。潘璐老师现在是三星义工，必须掌握一系列的事情才能当讲师。她现在是实习讲师，得通过几个人核课，我们几个人听她讲，哪儿有缺点，哪儿有优点给她提出来，回头再给大家讲。①

除了在为老人提供心灵呵护服务和培训中获得生命的成长外，十方缘义工还在"义工呵护日"活动中彼此陪伴、学习、成长。义工呵护日是十方缘义工自发创建的义工彼此呵护的节日，比如，从2014年6月起，每月第三周的周日，北京十方缘义工呵护小组都会组织策划主题活动，增进义工彼此的交流，让参加的义工伙伴能在活动中感受彼此陪伴，学习、成长。

③清晰的成长路径

成为十方缘义工十分简单。只需在就近的城市参与十方缘一星义工培训，能够准确表述十方缘价值观，再报名观摩一次养老机构或社区服务，之后就可以带上象征一星义工的蓝色手环，成为十方缘一星义工。

义工加入组织后，本人对个人成长发展的要求往往会越来越强烈。如果组织对义工缺乏合适的岗位及个人发展设计，很大程度上会使义工的满意度降低，进而导致义工离开。②十方缘充分考虑到了这一点。

---

① 笔者对北京十方缘老人心灵呵护中心义工王德珍的访谈。

② 孙金旭：《非营利组织的志愿者管理》，硕士学位论文，山东大学，2006。

十方缘作为义工为老人服务的平台，同时也是义工自我生命成长的学校，它为义工提供了清晰的一至五星级的成长路径，让义工愿意留下来持续践行用爱与陪伴为生命服务。

十方缘义工成长路径分为五个星级，每个星级有相应的考核标准、责任和权益。简单来说，一星义工要全面了解十方缘的思想理念和技术；二星义工要学习十方缘心灵呵护十大技术；三星义工要服务过 24 个老人以后，经过三星义工认证才能真正上岗，成为主沟通义工；四星义工要带领一批人来做这件事，叫领队；五星义工要自己成立一个组织做这件事。

每个星级有相应的义工文化，且以不同颜色的手环加以呈现。比如，一星义工的星级文化是“不分析、不评判、不下定义”，被授予蓝色手环，寓意“包容”，意思是要有一颗包容的心，用爱去召唤、去呼唤，把自己内心的爱激发出来，把被陪伴对象的爱也激发出来；二星义工的星级文化是“做就好，在就好，爱就好”，被授予绿色手环，寓意“自然、活力、生机”，意思是在自己的心田种下了一颗颗爱的种子，要想做你就去做，在做的过程中，你说哪儿做得不对，哪儿做得不完善，没有关系，持续改善，喜悦成长；三星义工的星级文化是“爱与陪伴”，被授予红色手环，寓意“血液、爱”，意思是义工把爱与陪伴已经植入到自己的内心，融入血液里；四星义工的手环是黄色的，五星义工的手环是透明的。每个星级的手环代表的含义是不一样的。十方缘义工对手环特别敬重，义工潘璐说，“我们能戴上这个手环，我们感到非常自豪，我们作为十方缘人陪伴老人是很自豪的一件事情。”①

当服务次数达到考核标准后，无须申请便可成为一星义工、二星义工。也就是说，一星义工、二星义工是在某一次服务中产生的。每次服务领队和服务助理会提前了解报名参与当天服务的义工个人情况，确认有无义工达到升星的阶段，如有，在当天服务结束后组织庆祝义工晋级的仪式，仪式主持由当天领队组织完成，服务助理协助。晋级仪式庄重而又意义重大，充分体现对义工的尊重。以二星义工晋级仪式为例，晋级仪式前期与晋级义工沟通，了解义工个人情况，介绍一至五星级义工成长路径，向晋级义工介绍二星义工协议内容、目的，强调协议是一份保障，一份承诺。晋级仪式的程序包括介绍一至五星级义工成长路径及核心文化、宣读二星义工

① 笔者对北京十方缘老人心灵呵护中心义工潘璐的访谈。

协议、签订协议和庆祝四个环节。在庆祝这一环节，邀请三星以上义工传递绿色手环，在大家的见证下，把手环亲自戴到义工伙伴的手腕上面，彼此拥抱、感恩、祝福。通过宣读成长誓词，强化义工对十方缘核心文化的认知。事实上，晋级仪式不仅仅是针对晋级的义工的，同时也是在强化所有参与义工对十方缘核心文化的理解，营造一种浓浓的一家人的氛围，让彼此的心在爱和感恩中相拥。

三星义工、四星义工、五星义工的晋级需通过十方缘星级义工评定。每个星级评定按照对应的星级义工评定流程来完成。星级义工评定当天有培训讲师，评委，参与评定义工三个重要角色参与，每场评定评委不得少于 3 人，其中评委为十方缘四星及以上义工或心灵呵护工作委员会认证工作组成员，评定结果于 7 日内以书面形式和电话反馈给当期每位参与评定的义工。通过认证的义工，会在某一次服务中，在很多义工伙伴的见证下，在庆祝晋级的仪式中被授予相应颜色的手环和证书。

充满仪式感的义工晋级仪式对义工来说是一种重要的激励手段。十方缘义工潘璐说，“每次仪式特别能让义工本人受到激励。这是很重要的，义工的成长得到了认可，得到了激励，对个人来说，是需要的，十方缘也做到了这一点”。

需要说明的是，十方缘星级义工认证本身就是十方缘义工培训中的一个课程。十方缘义工均可报名参加十方缘义工认证观摩学习，认证内容同时也是课程内容。以十方缘三星义工认证为例，三星义工评定是三星义工培训中的一门课程，二星义工可以参加。自我成长、介绍十方缘、义工服务行为规范解读、案例模拟及案例解析是十方缘三星义工认证内容，同时也是课程内容。观摩义工会在参评义工的分享中，通过觉察、分析他人来觉察自己。十方缘星级义工评定形式上是义工分享一段时间内的生命成长参与评定，本质上是一次所有参与人员的彼此生命连接，共同唤醒。

截至 2017 年 12 月 31 日，十方缘服务老人 53371 人次，参与义工 74053 人次。

3. 员工为义工提供支持和服务

在十方缘，员工为义工提供支持和服务。截至 2017 年 12 月，北京十方缘有全职员工 12 位。其中，7 位负责北京地区重症、临终老人呵护服务的支持管理工作；3 位负责北京十方缘公益基金会的工作；2 位负责老人心灵呵护服务网络。

同其他机构的招聘一样，十方缘的员工通过规范的人事招聘程序产生。不同的是，十方缘全职员工首先是十方缘的义工。比如，目前北京十方缘老人心灵呵护中心要求应聘全职员工者必须是十方缘三星及以上义工（参加过十方缘一星义工培训、参加至少12次以上养老机构服务，通过十方缘三星义工评定，签订十方缘三星义工协议书），因为作为十方缘员工必须高度认同十方缘文化（义工五大文化、员工五大文化、十方缘核心价值观）。需要说明的是，全国各地的十方缘老人心灵呵护中心和十方缘老人心灵呵护小组对员工任职条件的要求不一样，各地会根据自己的需要来制定相应的标准。

> 第一次接触这个团队的时候觉得他们做的这件事情特别好，在养老院里面跟老人聊天，是都市生活的一个很好的补充，很好的放松。在这里认识到一群很有爱心、很善良的人，至少他们都是有这样品质的人，大家的交流会给你很多启示，更多的是生命方面的启示。慢慢地觉得这个环境很舒服，做的事情也很好，越来越被这样的氛围所打动。那段时间我也在做我的职业规划，在十方缘里我觉得挺轻松的，也挺符合我自己的一些特点，所以，他们有招聘的时候，我就很果断地来应聘了。①

十方缘员工的主要工作是组织义工为养老机构、临终关怀医院和社区里的临终老人提供专业的心灵呵护服务；为义工提供心灵呵护培训。十方缘员工待人接物，任何时间都面带微笑、言语柔和，双手接送物品。迎来送往用十方缘感恩手势并鞠躬。十方缘员工给人的感觉总是那么喜乐、祥和。很多义工就是被十方缘员工的这种状态吸引而来。十方缘义工匡胜利这样描述他第一次参加十方缘一星义工培训时的印象：“参加培训的人不多，其实已经不太记得培训的细节了，但是那种温暖、舒适、被呵护的感觉还很强烈。尤其是每个工作人员的那种状态，非常吸引人。”被陪伴老人家属吴岩说，“感觉他们就像天使一样。”因此，义工对员工充满感恩。

除了服务义工，十方缘员工还要向每一个有缘了解十方缘的人或组织

① 笔者对北京十方缘老人心灵呵护中心员工杜婉灵的访谈。

传播十方缘文化。文化传播是十方缘员工星级定义及考核标准之一，该指标的考核标准是能否胜任某些课程的讲师。比如，要求二星员工讲过二星义工培训（十大技术）中的每一个技术并有完整教案；要求三星员工通过评定成为ISO9001课程、5S管理课程、项目管理PMP课程、PDCA课程的讲师；要求四星员工通过评定成为每一个部门管理课程的讲师；要求五星员工通过评定成为组织运营和管理课程的讲师。

员工是十方缘重要的资源，十方缘的人力资源管理无处不渗透着核心文化。[①]追求全体员工精神和物质两方面幸福的同时，使每个员工都感受到生命成长的喜悦是十方缘的主要工作之一。十方缘对员工的精神激励体现在员工培训、员工成长激励以及员工呵护日活动等方面。十方缘员工培训依托十方缘大学项目进行，整个课程体系包括40门课程，对应清晰的成长路径。培训课程内容涵盖十方缘文化、管理方法、管理技术三个方面。员工成长激励体现在员工每月从“做、在、爱、创新”四点进行自评和互评，以提升员工的觉察能力，更好地为义工服务。同时，定期开展标兵评选，互相学习。除此之外，还有坦诚交流的民主生活会，从工作、个人家庭方面说说自我成长和持续改善点，大家给予回馈。[②]员工呵护日是北京十方缘老人心灵呵护中心员工自发创建的员工彼此呵护的节日，从2014年7月起，每月一期员工呵护日活动。每一期员工呵护日活动由员工呵护小组成员（三人组成）来组织策划，让员工彼此之间能够更加了解、融合，更好地激发潜能。[③]

> 在这里，不仅仅是做工作，自己还会有生命的成长。生命成长对我来说，就是一份特别好的获得。在这个过程中，有了更多的对自己生命的感悟，和自己生命的互动。在十方缘，悟到的东西可能关于生死，关于怎么去陪伴自己的家人和自己。在这一点上，我有了很大的提升，这是工作带给我的一种无形的力量。我们大家经常在一起分享感悟，收获了一群志同道合的朋友，这是挺重要的。现在我们北京中心有6个小伙伴，我们6个小伙伴一起支持了50多个团队，我们6个

---

① 北京十方缘老人心灵呵护中心：《北京十方缘年度报告（2015）》（内部资料），第14页。

② 北京十方缘老人心灵呵护中心：《北京十方缘年度报告（2015）》（内部资料），第18页。

③ 《心的旅程——践行生命呵护生命》，http://mp.weixin.qq.com/s/L6pMJEp9pAb4qspJtMxp3A。

人就是一个关系特别紧密的团队，无论是私人感情，还是工作的配合度。这份情对我来说是很重要的，这不是个人之间的私情，而是我们共同达成一件事情的情。①

4. 各类社会资源是合作者和支持者

为了保障老人心灵呵护的服务品质，十方缘积极通过政府采购、基金会项目合作、企业和爱心人士捐赠等方式获取各种社会资源的支持，以期实现承诺并做到"双免"：免费培训义工、免费服务老人。十方缘的社会资源包括家属、养老院、医院、社区、社团、政府、基金会、企业、媒体、有志之士。

老人家属是有缘了解十方缘的人，是十方缘文化的传递对象。很多老人家属在了解到十方缘后，自发地成为十方缘义工。

> 吴老师的丈夫70多岁，是一位清华大学毕业的学者。四年前突然患脑出血，失去了语言和走路等功能，生活不能自理。在帮助丈夫康复的过程中，因为太急于盼望丈夫尽快好起来，她经常会情绪失控，有时候和丈夫发脾气。十方缘义工来到她家里，陪伴患病的丈夫，她在旁边看着，感受到了十方缘的爱与陪伴的文化，看到丈夫一天天好起来，她决定自己也要成为一名专业的心灵呵护义工。经过学习培训，她每天带着喜悦的心情，用专业的陪伴技术，陪伴患病的丈夫。她自己改变了，丈夫身体也越来越好了，自理能力越来越强了。②

养老院、医院、社区是十方缘的主要服务地点。能否长期、稳定地在这些地方提供服务，首先取决于十方缘能否让其负责人很清晰地了解十方缘所做的事情和十方缘的文化。通常，合作之初，十方缘会与所服务的养老机构、临终关怀医院及社区签订服务协议，明确说明十方缘能做什么，不做什么。签订协议实质上是双方的一份承诺，也是对十方缘爱与陪伴文化的传播。

高校社团是十方缘在高校传播十方缘文化的对接渠道。十方缘在当地

---

① 笔者对北京十方缘老人心灵呵护中心员工杜婉灵的访谈。

② 《"爱与陪伴一堂课"在行动》，http://mp.weixin.qq.com/s/HTunjHQWn5o9xMpmCBx3Gw。

的高校开展公开演讲时，往往与高校社团进行对接。

政府、基金会、企业是十方缘的主要资金来源或筹资渠道。目前，政府购买服务项目、基金会的资助、企业捐赠是十方缘主要的经费来源。2016年度，北京十方缘老人心灵呵护中心获得北京市社团办、大兴社工委等政府购买服务项目款490414.59元；获得民政部拨项目款300000元。① 2016年上半年，北京十方缘老人心灵呵护中心通过在线申请、初审、初步调查、专家评审等环节，成为南都基金会2016年度第一期景行伙伴。自2011年至今，北京春光集团免费支持北京十方缘老人心灵呵护中心办公、培训、活动场地及场地基础维修。向政府、基金会、企业筹资的过程，也是向它们传播十方缘文化的机会。

> 募款的时候，是（传播十方缘文化）特别好的机会。为什么呢？比如，我说您给捐100万元吧，他说我凭什么啊，这就给了我跟他分享生命这份喜悦的机会。分享完以后，他觉得我在家也可以这样照顾父母啊，这方法挺好，我教育孩子也可以用到啊，我觉得这就足够了，他捐不捐款对我来说就是副产品了。我的目的达到了，就是和人们分享生命中这份喜悦，他如果改变了，会影响更大的群体。我觉得募款这件事特开心，因为给了我和任何生命建立爱的连接的机会。②

媒体一方面是十方缘用来传播文化的渠道，另一方面也是十方缘文化的传播对象。媒体资源想要报道和采访十方缘时，为了节省资源及更全面地了解十方缘，十方缘必定先邀请其参加十方缘的一星义工培训。

十方缘十分注重表达对每一位支持者的感恩。比如，2016年“99公益日”，北京十方缘老人心灵呵护中心发起“制作十个微视频让需要的人学到十个临终老人心灵呵护技术”的筹款项目，获得3766人捐赠，筹款301087元。为了表达对每一位捐赠人的感恩，北京十方缘老人心灵呵护中心把能从项目后台查到的名字都写在最后的字幕里，这3766位捐赠人是这些视频的联合出品人。

① 《北京十方缘2016年度财务审计报告》，http://www.shifangyuan.org/?m=info&id=1524。

② 笔者对北京十方缘老人心灵呵护中心发起人方树功的访谈。

三 严格把控每次服务品质

十方缘有三个战略目标，第一个战略目标是希望4000万临终老人都能得到心灵呵护服务；第二个战略目标是希望临终心灵呵护成为一种职业；第三个战略目标是每一个人都能成为生命呵护的引擎，使爱与陪伴成为一种生活方式。十方缘认为这三个战略目标最根本的是要解决4000万临终老人的心灵呵护问题。在战略目标的指引下，十方缘在保证每次服务老人的服务品质的同时，扩大临终老人心灵呵护服务的规模。

对义工来说，也许在服务中偶然出现一些小失误不算什么，但对所服务的老人来说，也许这是他生命中最后一次陪伴，分量很重。因此，确保每一次心灵呵护服务的品质至关重要。

1. 标准化服务流程

实施标准化是在保证服务质量的同时扩大服务规模的重要手段。北京十方缘老人心灵呵护中心理事会早在2012年便提出要通过ISO9001：2008质量认证，并总结出《十方缘服务工作流程》《十方缘服务仪轨》《十方缘服务领队工作流程》，保证每次服务老人的质量，经过两年的拟制、审核，2014年10月29日，北京市十方缘老人心灵呵护中心临终老人的心灵呵护服务质量管理体系通过了ISO9001：2008的质量认证。

在商业上，ISO9001质量保证体系用来监控所有的工作流程，从而确保每个产品的质量。在十方缘，ISO9001用来监控所有的服务流程，服务每一位老人都要走完这个流程的所有环节，确保每一个环节都是万无一失的，以此确保服务老人的品质。对每一天每一次服务按独立的项目进行数量、质量、成本管理。

按照十方缘标准化的服务流程，从进入养老院前一天，就开始做准备工作，当天要做什么事，当天的照片，当天所有的费用全部结算清楚。当天评估，当天服务义工签名。然后，每服务完一个老人后，所有的义工参加服务分享会，还要把对生命的感悟全部记录下来。当天服务结束后开服务后评估会，评估整个服务流程中做得好的地方，不足的地方，改进和创新的地方。对于需要改进和创新的地方提出预防措施，在下次服务中进行改进。

2. 精细化义工配备

十方缘通过精细化的义工配备保证服务的质量，体现对生命的敬畏、谨慎、尊重、负责。服务中的角色有服务领队、服务助理、主沟通义工、辅沟通义工、观摩义工。他们分工合作，彼此呵护。领队安排全天服务并在分享环节进行督导，助理负责与养老院所有事务的沟通。主沟通义工负责与老人沟通，辅助沟通义工做好辅助和护场。

领队和助理是服务当天的支持者。服务领队一般由通过十方缘领队认证的领队、十方缘三星及以上义工或愿意担当领队的人来完成。服务领队主要是在服务当天按照《十方缘服务领队工作流程》带领义工按照《十方缘义工服务行为规范》在养老机构完成全天的服务，并用心呵护每一位义工，在分享环节进行督导，当天服务结束后组织参与服务的义工开服务后评估会。服务助理由十方缘工作人员或核心义工担任，主要是服务前与养老机构、临终关怀医院及社区确认服务老人的情况和与参与服务的义工确认服务地点，按照《十方缘服务助理工作流程》协助领队完成服务。

十方缘一般会采取二对一（两位义工服务一位老人）的服务模式。这两位义工分为主沟通义工和辅助沟通义工。老人呵护服务的团队成员只有分工的不同，而非上下级的关系。不是职位的分配，只是相互配合对老人和相关方的呵护。

主沟通义工一般是十方缘三星及以上义工担任，具有独立服务能力和较强的觉察力，能较熟练运用基本的老人心灵呵护服务理念和技能。三星义工才能成为主沟通义工，体现了十方缘对生命的敬畏、谨慎。在老人心灵呵护服务中，主沟通义工主要承担与老人沟通的工作，并在整个服务流程和全场环境营造中有一个基本的掌控，如熟练使用呵护老人的交流节奏，根据情况临时调整角色分工。同时也负有指导其他义工提升服务技能的责任。

参加过服务的义工可以担任辅助沟通义工。辅助沟通义工起到辅助沟通和护场的工作。比如，呵护护工和老人家属，为主沟通义工提供辅助服务，营造服务场所的宁静祥和。

参加过十方缘组织的一星义工培训，但是第一次参加服务的义工是观摩义工。观摩义工主要的职责是保持自己的宁静祥和，观摩学习主沟通义工的服务。未经主沟通义工许可，观摩义工不便单独与老人沟通。十方缘规定，参与养老机构、临终关怀医院及社区服务的义工必须参加过十方缘组织的一星义工培训，这是对生命的尊重和负责。

四　扩大服务规模

要解决4000万重症临终老人的心灵呵护问题，并非易事。不仅仅通过北京十方缘老人心灵呵护中心组织义工为老人提供服务，同时通过以下措施扩大服务规模。

1. 支持义工自建老人心灵呵护组织

十方缘认为每一个义工都是生命关怀系统的引擎，到哪里都可以播撒爱与陪伴的种子。十方缘支持义工自己建立老人心灵呵护组织，由一个三星义工发起，可以在任何地方组建十方缘小组，组织当地的义工为临终老人提供义务的心灵呵护服务。

2. 成立北京十方缘公益基金会，为行业组织提供资金支持

义工在组建老人心灵呵护组织的初期，因为没有正式注册的社会组织身份，很难获得政府购买服务的资金支持或者企业、基金会的捐赠。这个时候最需要资金支持。2015年，十方缘决定成立基金会，解决这些组织在初创期面临的资金难题。

2015年6月，全国212位创始人50天众筹到基金会注册资金200万元，共同创建了北京十方缘公益基金会。基金会通过“爱与陪伴”项目支持全国各地社区为老服务事业，让更多人参与到为重症、临终老人提供心灵呵护服务中来。该项目在全国范围内支持50个老人心灵呵护组织（或项目），资助资金每年5万元。老人心灵呵护组织（或项目）持续动员本社区的义工为老人提供心灵呵护服务，根据每年完成情况可以连续支持3年。资金可以用在项目执行、行政办公、培训服务和人员工资等方面。

3. 组建老人心灵呵护服务网络，推动老人心灵呵护行业的标准化

方树功说，目前老人心灵呵护服务行业刚刚起步，全国这类机构仅有

几家。只有培养更多的人做这件事，才能解决这个社会问题，光靠十方缘是不够的。2017 年，十方缘参照行业协会的方法组建了中国生命关怀协会心灵呵护工作委员会老人心灵呵护服务网络，这是一个线上线下互动的全国性学习网络，由全国各地为临终、重症老人提供专业心灵呵护服务的个人和组织组成。至 2017 年 8 月，全国 21 个省级行政区 45 个市县有 55 家老人心灵呵护组织加入了老人心灵呵护服务网络。

组建老人心灵呵护服务网络的目的是培养更多的人为临终老人提供心灵呵护服务。为了方便网络成员获得技术培训，十方缘把所有的技术、方法、120 门功课、1400 个微视频和微资料，全部放在网络端和手机端。每个月，都有一次大型的全国线下培训活动。此外，老人心灵呵护服务网络中的个人和组织的核心团队成员要定期开展线下活动或会议，以应对现阶段面临的机遇及挑战。

为了保障老人心灵呵护的服务品质，实现老人心灵呵护行业的规范化、标准化、科学化、系统化，十方缘根据过去几年摸索出来的经验，制定了十方缘老人心灵呵护服务标准，体现在《十方缘老人心灵呵护工作指导手册》和《十方缘老人心灵呵护组织运营管理手册》中。老人心灵呵护服务网络中的个人和组织必须按照十方缘老人心灵呵护服务标准为老人服务。

> 我们所有的服务流程和标准是一样的。北京是这样服务的，其他地方也是这样服务的，这才能保证陪伴老人的服务是高质量的，义工在服务过程中的收获是高质量的，我们所有人都是按照这样一个统一的标准去做事情。①

4. 协助有需求的社区组建十方缘小组，探索社区服务模式

2013 年，十方缘依据目前 90% 的临终老人仍在社区中居住的现实，进入社区开展工作并探索社区临终关怀服务模式。

十方缘主要通过四种模式进入社区：（1）通过政府购买项目与街道或社区建立联系，进而组织义工进入社区入户为老人提供心灵呵护服务；（2）通

① 笔者对北京十方缘老人心灵呵护中心发起人方树功的访谈记录。

过党建系统与街道或社区建立联系，进而组织义工进入社区入户为老人提供心灵呵护服务；（3）通过街道或社区内的其他公益组织，一起联合组织义工进入社区入户为老人提供心灵呵护服务；（4）直接进入有需求的社区，组织义工入户为老人提供心灵呵护服务。[①]

进入社区后，通常首先通过社区宣讲和培训，吸引本社区低龄老人参加，组建社区自组织义工团队。然后从团队中挖掘带头人，参与服务召集和管理。例如，2017 年 3 月，65 岁的王德珍老人被推举为丰台区滨河西里小区蒲公英小组的组长，组织本社区十方缘义工每周为社区临终老人提供心灵呵护服务。

5. 启动“爱与陪伴一堂课”项目，向社会大众宣传爱与陪伴文化

方树功说，想要真正解决 4000 万临终老人的心灵呵护问题，就要把十方缘的爱与陪伴文化变成家庭的一种生活方式，这是解决社会问题最根本的东西。2017 年，北京十方缘公益基金会启动“爱与陪伴一堂课”项目，走进社区、企业、学校、社会团体，向社会大众广泛宣传爱与陪伴的文化，传授老人心灵呵护的技术。

2017 年 7 月 31 日，来自北京大兴区清源街道的三个社区 40 多位居民，参加了“爱与陪伴一堂课”。课上邀请社区十方缘义工以及义工家属分享了自己在家庭里的爱与陪伴故事。培训结束，有几位社区的大姐主动报名，参加十方缘的专业义工培训，成为十方缘的义工。更多的人表示，回到家里好好陪伴自己家里的老人和身边的老人。

> 因为专注所以专业，全国各地与十方缘建立价值观连锁的社会服务机构或民非组织工作重点是一个中心两个基本点（以服务老人为组织工作中心，确保组织每次服务老人的品质和每次服务义工生命的成长），追求小而美。但在老人心灵呵护服务网络这个行业协会里追求规模化，凡是愿意为临终老人提供心灵呵护服务的组织和个人都可以申请加入，按照十方缘老人心灵呵护服务标准为老人服务。十方缘通过免费分享技术、方法及管理系统，创建生态系统，让重症、临终老人

---

① 北京十方缘老人心灵呵护中心主编《十方缘老人心灵呵护组织运营管理手册》（内部资料），第 21 页。

心灵呵护行业有更多的从业人员和组织，同时通过北京十方缘公益基金会支持老人心灵呵护事业发展。十方缘把小而美（各地服务机构）及规模化（行业协会）这两套系统有机结合起来，形成小而美的规模化。希望十方缘汇聚十方缘智慧，圆满解决社会问题。①

五　纯粹地走公益的路

十方缘的运作模式是公益的，承诺“双免”，即免费培训义工，免费服务老人。

对十方缘来说，保证每次服务老人的服务品质和每次培训义工的生命成长是第一要务。坚持免费为老人服务和免费为义工培训，是保证服务质量的基础。这不是道德绑架，也不是以道德高尚做幌子，而是由这个行业的技术所决定的。为临终老人提供心灵呵护陪伴服务，从根上来说，是和老人建立爱的连接，爱的连接要靠自己全然地放下。就像初恋一样，没有任何杂质，纯粹因为爱。要让每个人陪伴每一位老人时都达到这种纯度，并不容易。相对来说，没名、没利可图的义工模式是比较容易达到这种境界的路径。“因为，当面对一个老人，没有名和利的时候，本能地就和生命连接在一起了。”②

今天，十方缘仍然坚持“双免”，为老人服务是免费的，培训义工是免费的。方树功说，“为老人服务免费是因为如果去外面上心灵成长类的课，最少一天几千块钱，但是，我们服务的同时也是接受老人教育的过程，没有一个老人收过我们一分钱。所以，我们对老人充满感恩之心。对义工培训免费是为什么呢？因为凡是走进十方缘义工培训系统的人，他能走进来肯定是有所求，他自己的家庭或者亲属，生命中需要这方面的东西。他有求，他能呵护好自己或者自己的家庭，对整个社会就是做贡献。所以，他们来接受培训，我们要感恩他，因为他们是来为社会做贡献的人。以前，有人说培训要收费，后来我们决定都免费。免费不是因为我们高尚，是因

① 笔者对北京十方缘老人心灵呵护中心发起人方树功的访谈。

② 笔者对北京十方缘老人心灵呵护中心发起人方树功的访谈。

为能来的人都是为这个系统做贡献的人，都是义工，他会用不同的方式来做”。[①]

义工是我们对利他服务者的一种尊称，指的是在不为任何物质报酬的情况下，为改进社会而提供服务、贡献个人的时间及精力的人。和众多义工一样，十方缘义工为临终老人提供心灵呵护服务是在不为任何物质报酬的情况下，贡献出个人的时间及精力。他们是不受私人利益的驱使、不受法律或政府的强制，完全是基于道义、信念、良知、同情心和责任感的。

人性中有利他的一面，一些人就是愿意不求回报地帮助他人，唯一的期待就是他人因此更加幸福，而他们自己也从自己的贡献中获得幸福。正是由于人的利他性，由于文明进程带来的更加充沛的利他性，慈善资源源源不断，而且越来越丰富，以志愿服务精神来做公益事业是可持续的。

截至2017年12月底，十方缘义工人数已超过5万人，经由各种传播渠道、义工间的口口相传，义工被源源不断吸引而来，并且自发地告诉身边的人十方缘是做什么的，动员其他人成为十方缘义工，形成了良好的循环机制，也避免了通常情况下义工流失的问题。在这里，义工们乐此不疲，因为他们在十方缘获得了生命的成长，改善了家庭关系。在帮助别人的过程中成就了自己，让自己的生命、境界不断提升。人性中潜在的利他性能够得到充分的释放、成长、弘扬。志愿服务精神不仅仅是责任，同时也是权利。义工为临终老人提供心灵呵护服务，既是做公益活动，同时也是和这些老人之间彼此陪伴，本质也是提升自己。义工自己对生命有全新的认识，知道生命的本质是感恩，当学会感恩的时候，生活就发生了很多的变化，自己也会活得很幸福。

从我们对十方缘义工的访谈来看，“感受到了喜悦”“感受到了生命的成长”是他们愿意来到十方缘的共同原因，这也是他们感觉到最自豪、最动心的地方。此外，清晰的个人成长路径以及十方缘人带给他们的那种“家人”的感觉也是他们愿意留下来成为义工的原因。

义工是社会服务中不可或缺的资源，也是社会工作服务可持续、稳定推进的重要资源和力量。但义工资源并非“不值钱”，义工们需要的反馈和奖励不在经济物质，而在精神和情感。如果公益机构只注重义工资源的招募，将义工当成“不值钱”的应急之用，轻视对义工资源长期的呵护，注

---

① 笔者对北京十方缘老人心灵呵护中心发起人方树功的访谈。

定不会持久。十方缘生命关怀逻辑本身，星级义工体系的建设，以及强调义工获得生命的成长，公开表彰仪式等方面注重义工权益保护机制和激励机制的完善，激发了义工的社会责任意识、志愿服务精神、使命感和获得感，而非片面强调义工的奉献精神，这有利于调动人性潜质，激发其服务的积极性和主动性，也有利于促进整个义工制度的长效性和持久性。

我们讲述了十方缘的故事，也描述了十方缘红红火火的状态，围绕十方缘，业界也有其他建议路径，如商业运营，认为十方缘完全可以走向商业领域，以纯商业的方式经营此项服务。但是，经过七年的服务，方树功深深地感悟道："解决各类社会问题有政府模式、企业化模式、公益模式，采取哪种模式关键在于当下用什么模式其社会效益最大。目前，十方缘用公益的模式为临终老人提供心灵呵护服务，十方缘认为这种模式社会效益最好，其他模式还需要摸索。"①

有关公益组织在心灵呵护领域的优势，不必再赘述，特别是在提供"信仰""精神""心灵"等"虚"的方面，在可以有效地获得捐赠和志愿服务，充分利用人类利他性方面的优势，十方缘证明了这一点。

① 笔者对北京十方缘老人心灵呵护中心发起人方树功的访谈。

第三部分

典型案例

典型机构

►典型项目

典型人物

“大爱无国界”国际义卖：公益外交从边缘走向中心

改变世界的力量有很多种，但公益慈善事业是其中最美好的一种。因为它只有一个目标，就是实现全人类的共同幸福。慈善超越国界、意识形态、语言和种族，是人性最真挚、最鲜明的体现，是人类文明进步的助推器。它能够有力促进国与国之间的合作、发展、交流和互惠。这既是世界视野，也是软性外交。近年来，在政治性、经济性极强的政府间外交之外，以社会性、文化性为主的公益外交[①]作为公共外交的重要组成部分，越来越普遍并从边缘走向中心。在这个过程中，公益外交逐步由纯民间走向政府与民间合作；由不定期转为长期；由非专业性转为专业性；由国家层面走向国际社会。“大爱无国界”国际义卖是公益外交走向中心的实例。

一　每年一场的公益外交盛宴

近年来，公共外交在外交领域越来越被重视，并产生了日益深远的影响。公共外交是指一国政府出面组织或者幕后支持，按照政府的意志，向本国和外国公众、非政府组织提供消息，组织交流，间接影响公众支持本国的外交政策和外国政府的外交政策制定。公共外交包含对内和对外两个

① 公益不仅仅是扶危济困的慈善活动，同时也包括一切对人类美好生活福祉有促进作用的活动。广义的公益可以将饮食文化交流活动、教育、体育交流活动、音乐绘画等艺术交流活动、科学技术交流活动等所有有利于社会公共利益的活动都囊括在内。

维度。在现代通信和交通技术迅速发展、各国间相互依存日益密切、国内公众参与外交的意愿和能力日益增强的背景下，国内事务与外交事务的界限越来越模糊，全球化的形势要求外交政策制定者和执行者必须具有“国内国外两个大局”的意识，必须从国内国外两个角度交叉看问题，必须给国内民众关心和参与外交打开方便之门。这既是外交本身所需，也是民间意愿所致。

在中国的历史和当代外交实践中，公共外交并不罕见。经典意义上的公共外交，新中国从成立时就已经开始进行，如中美建交前著名的“乒乓外交”就是典型的以体育为话题的公共外交。当中美关系处于僵局无法打破之时，一场由中国方面安排的乒乓球交流起到了破冰的作用，为中美关系打开了新的局面。早期，美国华盛顿大学还开设了一门新的课程“美食外交”，教师是美国国际冲突问题专家 Johanna Mendelson Forman。他认为，“美食应当作为一种工具，来促进国家间文化的理解和认同”①。“公共外交”概念真正进入中国决策层理念是近 10 年的事情。从 2004 年开始，外交部每年发表的《中国外交》白皮书均专设章节总结前一年的公共外交工作。在当代，习近平主席在对外出访活动中展露对足球的喜爱，也是增进中欧外交关系，拉近中欧人民距离的一种手段。足球作为一项更加国际化的运动被运用在外交中，成为新的体育外交手段。从上述事实中可以清楚地看出：在开展公共外交工作时，政府除了一如既往地重视与外国民众的沟通与交流外，开始更加重视与国内民众的交流，把增进本国民众对国家外交政策的理解纳入公共外交的范畴，内外并重成为新时期中国公共外交的重要特色。公益外交因其特殊优势成为公共外交的重要组成部分，这是因为与一般外交中时常关注政治经济等重大热点、敏感性话题不同，公益外交常常具有较低的政治敏感性，选取一些各国都关心但不涉及国家间政治冲突的议题，如体育、教育、文化、妇女儿童权益。这些议题贴近公民的生活需要，亲切自然，且公益外交跨越意识形态，基于共同的价值观，实行切实有效的善举，将温暖与感动传递给所需人群，可以增进世界各国人民之间的美好情谊，也让世界变得更加温馨、和睦。在外交工作中，“公益同行”乃至“公益先行”的战略意义越来越大，跨越国界的公益外交是作为

---

① 《从美国大学开设“美食外交”课说起》，http://gongyi.sina.com.cn/gyzx/2014-04-10/103248700.html。

一个大国承担全球治理责任必不可少的环节，也是公益慈善发展成熟的重要标志之一。[①]“大爱无国界”国际义卖活动便是外交部自2009年以来在公共外交，尤其是公益外交方面的积极行动和优秀成果，成为公益与外交结合的典范。

“大爱无国界”国际义卖活动始于2009年，最早是由时任外交部部长杨洁篪题名，由杨洁篪夫人发起，由驻华使节夫人参与的小规模公益性义卖活动。从一开始在大使夫人群体内小范围的响应到后来成为各国驻华使馆、各国际组织驻华机构、驻华企业、国内企事业单位、留学生、社会各界人士广泛参与的大规模公益义卖活动，每年举办，至今已举办九届。

“大爱无国界”国际义卖活动举办以来，外交部的多个部门、北京市人民政府外事办公室和朝阳区人民政府、北京市总工会一直给予鼎力协助。近几年，每次义卖活动都有近百家驻华使馆和国际组织代表机构以及多个国内外企业和组织踊跃参与，展售来自世界各国别具特色的风味食品和工艺品，并将义卖所得、门票收入和捐款捐助给国内的扶贫项目。每年“大爱无国界”国际义卖活动的现场都可谓盛况空前，吸引了众多北京市民甚至是全国各地的游客前来参加，气氛热烈，场面感人。例如，2015年的活动，上午10点开始，不到8点就排起了长长的队等待购票。2017年的活动，在外等待检票的人排成长队，像一条绕了几个弯的长龙一样，站满了北京工人体育场前面的广场。而义卖现场人山人海，展位通道几乎没有逆向行走的空间，场地里不断循环播放着由于场地有限，请买完东西的群众理解，可提前离开现场的信息。前来参加活动的人，稍微晚到，就几乎看不到什么东西了，不少摊位上的宝贝很快出售一空，提前闭市。

“大爱无国界”国际义卖活动跨越国别，各国使馆、国际组织、驻华企业、留学生与中国外交部、国内企事业单位、社会团体纷纷参与活动，各国美食、艺术、民俗、语言在一起交流、融汇和传播，增进各国之间的沟通与理解，不同国别与不同文化在爱与人性面前融合。历届“大爱无国界”国际义卖的参展使馆和企业数量均接近上百个，2017年共有77家驻华使馆和国际组织驻华机构及20家种子企事业单位参展，累计1.5万名民众通过网络和现场购票参与活动。历届活动现场都热闹非凡，展卖的有各国本土

① 曲星：《公共外交的经典含义与中国特色》，《国际问题研究》2010年第6期。

的风味美食，如德国烤肠、啤酒，俄罗斯面包，马来西亚榴梿，朝鲜泡菜，挪威三文鱼，智利葡萄酒，葡萄牙橄榄油，日本寿司……有些是大使馆私厨现场制作，有些是特别从各自的国家运过来义卖。另外，还有各国制作精美的手工艺品和种类丰富的日用品，如尼泊尔手工绣品、保加利亚玫瑰精油、泰国手工伞、埃及手工制品、文莱长鼻猴。现场还能切身体验到异国风情，这里汇集了许多国外民俗表演艺术家进行富有特色的文艺表演，有来自哥伦比亚、哈萨克斯坦等国家的表演者身着自己国家或民族的特色服饰、表演富有韵味且绝对地道的节目，还有异国服饰拍照留念版、人体彩绘等。

每年的“大爱无国界”国际义卖都是一场跨界、跨国的公益盛宴。在这里，人们忘却了国别、国界，如同一个群体的大联欢；在这里，人们欢声笑语，感受其中的美好；在这里，人们体验公益带来的快乐和满足。

二　意义及影响力远比筹款重要

“大爱无国界”国际义卖活动至今已连续举办九届，共筹集善款2000余万元，资助了云南省、河北省、甘肃省、河南省、贵州省等贫困地区的百姓及社会公益项目，所得款项主要投向云南省金平县、麻栗坡县两个外交部定点帮扶的贫困县。2009年第一届“大爱无国界——资助云南贫困地区儿童教育”国际义卖活动筹集善款180万元，为金平县和麻栗坡县各修建了1座教学楼。2010年第二届“大爱无国界——资助残疾人”国际义卖活动筹集善款151万元，为河北省西柏坡和甘肃省舟曲各修建了1所残疾人康复站。2011年第三届“大爱无国界——资助云南贫困山寨改造”国际义卖活动筹集善款300余万元，用于金平县和麻栗坡县各开展1个村寨改造项目，改造项目包括修建房屋、硬化路面、治理环境和产业支持等。2012年第四届“大爱无国界——资助健康快车光明行”国际义卖活动所筹善款488万元，资助中华健康快车光明行项目，为河南新乡贫困地区白内障患者免费实施复明手术。2013年第五届“大爱无国界：水——生命之源，为云南贫困山区捐建水窖”国际义卖活动所筹款项300余万元用于在云南省金平县、麻栗坡县建设饮水项目，解决了两县2450余名村民和560余头牲畜的饮水困难问题。2014年第六届“大爱无国界——为贫困山区孩子送去‘心’

希望”国际义卖活动共筹集善款 330 余万元，用于帮助救治贫困山区罹患先天性心脏病的儿童。2015 年第七届“大爱无国界——向云南乡村教师致敬”国际义卖活动，义卖所筹得善款用于奖励云南省金平县和麻栗坡县的特殊岗位中小学教师，以减轻边远山区以及特困教师生活压力，鼓励他们更好地为教育事业贡献力量。2016 年第八届“大爱无国界——同心共筑便民桥”国际义卖活动筹集善款 220 余万元，为云南省凌云县和田林县修建便民桥，改善末端交通条件，改变村民出行难、孩童上学难的困境。2017 年第九届“大爱无国界——共筑云南健康家园”国际义卖活动筹集善款约 400 万元，重点资助金平县和麻栗坡县修建村镇卫生室，提高当地医疗卫生水平。

“大爱无国界”国际义卖活动本身具有筹款功能，所筹款项具有明确的资助对象，展卖品的定价有时远高于市场价格，以筹集更多的公益资金。资金落实在云南省的贫困地区，产生了积极的作用，对于改善被资助地区的基础设施和生计产生了积极效果。然而，活动投入的人力、物力、时间、机会成本也很大，包括各个使馆、企事业单位、公益组织、志愿者投入的时间、精力，安保成本，场地成本，公关宣传成本等，如果仅从筹款额度及活动投入的成本来看，它实现的筹款额并不理想。

然而，这不仅仅是一场筹款活动！其意义及影响力远比筹款重要。确切地说，“大爱无国界”国际义卖作为公益外交的手段，是在推动慈善与公益理念，造就一个稳定、和谐、良性发展的世界的一种努力，是推进各国相互理解，建立友谊，提升中国国家软实力的行动！如约瑟夫·奈在《软实力》（*Soft Power*）一书中所言，北欧国家由于政府和人民在国际事务中都非常乐善好施，因此具有了远超出与其国家实力相匹配的软实力。当然，约瑟夫·奈同时也分析了中国开发软实力的不足之处，认为中国过度强调文化的重要性，忽略了公民社会的价值。约瑟夫·奈评价道：“假如别人敬佩你的价值观，他们就会效仿你的做法，这也代表你能够发挥你的影响力，而且不需要动用任何强制力就能够发挥你的影响力，这就是软实力最可贵的地方。”他进一步强调：“更重要的是非政府组织，它们可以为一个国家创造很可观的软实力。”非政府组织所引领的公民理念与公益活动，也将有助于造就一个稳定、和谐、良性发展的社会。[①]

---

① 《NGO 可以创造很可观的软实力》，http://www.gongyishibao.com/html/renwuzishu/5872.html。

"大爱无国界"国际义卖为各界搭建了一个意义非凡的平台，吸引驻华使馆、国际组织、企事业单位、国内公益组织、民众参与，同时吸引数以万计的网民关注相关信息，传播范围广，教育意义强，在公益倡导方面产生了广泛而深远的影响力。例如，2017年的活动宣传力度适当放开，中国扶贫基金会和外交部的微信公众号都推送相关的活动信息，并将购票链接一并附上，收到了很好的宣传效果，绝大多数参与活动的公众都是从微信公众号或者微信朋友圈得知活动信息，根据宣传页面对往届活动和本届活动的介绍而被吸引过来。

1. 增进外交部与各个使馆及国内民众之间的感情

活动增进了中国政府与各国使馆的感情。传统外交中，外交双方的态度通常是冷静、严肃、理性的，风格趋于硬朗，即使是合作和信任，与对方也会保持一定的距离。而公益外交中的气氛则显得更为轻松活泼，参与者的态度比较柔和、友好，活动内容富于人情味，能够有效拉近彼此的距离，增进彼此的感情。之所以存在这样的差异，是因为公益外交的前提是基于美好人性的。无论是体育、教育、文化还是卫生议题，它们都是以人为本的公共议题，追求的都是人性中美好和感性的一面，能够唤起人类利他的同情心、激发情感上的共鸣，甚至可以暂时搁置争议。例如，英国驻华大使吴百纳代表驻华使团在2017年第九届"大爱无国界"国际义卖活动开幕式上致辞："义卖活动致力于团结各方力量帮助中国贫困地区人群，各国驻华使团和机构愿继续积极参与并支持中国公益扶贫事业，为国际减贫事业作出贡献。"

在国内影响方面，中国政府能够让民众更为理解我国外交环境和政策。首先，活动涉及国家的范围之广能体现出我们国家和平共处、平等互利的外交原则，起到教育公众的作用。其次，公众通过来到现场与各个国家的使馆人员进行面对面的对话、交流，能够从侧面了解到我国的外交政策和格局。比如，非洲、亚洲的一些与我国十分友好的国家，在准备活动时非常积极，这些国家的摊位义卖的物品丰富多彩、数量多，接待更加热情，氛围更加热烈。而且，我国外交部积极促进国际交流，也能体现我国外交的主动性和积极性，增加中国公众对于我国外交的认同。

2. 激发公众和企业对外交和公益的热情

首先，对民众来说，“大爱无国界”国际义卖活动更像是一场时尚的活动，具备能够吸引大众参与的精美、有趣、轻松、多元的元素，同时还有公益、慈善的功能。公众参与活动的兴趣点不仅仅在于商品本身的价值，还在于做公益捐赠、献爱心的心理满足感以及丰富多彩的文化体验，缺少任何一个因素，都不能达到现在的效果。“公众”恰恰是“大爱无国界”同时具有“跨国公益”和“公益外交”双重性质的一个结合点。驻华使馆在现场表演精彩的节目，为义卖添彩助兴，活跃现场气氛。现场还有各国图书、画册、明信片的展卖，吸引着不少孩子和家长的目光。有的摊位甚至还有新颖别致的公益抽奖。对于公众来说，在一天之内，不出国门甚至不出北京，就可以逛遍世界市场。在这个市场上，因为现场能够看到各国使馆的摊位，公众可以完全不用担心买到假货并保证产品质量，能够放心、愉快地品赏地道的各国美食，体验、感受丰富多彩的世界文化。现场义卖的展品标价通常高出同类产品的市场价格，也有相对平价的展品，公众在付款的同时，也了解背后的慈善意义所在，会心甘情愿为扶贫做贡献，为慈善献爱心；另外，在碧草蓝天、风和日丽的美景中带孩子、家人一起来度过家庭时光，享受天伦之乐，老少咸宜，对孩子来说，能够带孩子见识世界各国的文化，有一定的教育意义，这些都让公众争相报名，来到现场参加活动。

对于参展企业来说，这样的场合则更加难得，有大使馆、外交部的名号，参展机会非常宝贵。按照2017年的活动规定，每个捐赠10万元的参展企业都可以获得无差别的奖励，获得王毅外长颁发的荣誉证书和中国扶贫基金会秘书长颁发的荣誉证书各一份。捐赠企业权益还体现在活动主背景板印有企业logo，企业将获得专属展位，允许义卖企业自有产品、主办方发表带企业内容的微博、微信答谢文章。另外，企业自己的公益项目也可以搬到这里来，一起放大效应，在媒体公关上的价值比较高。从利益交换的角度考虑，捐赠以获得参展机会对于企业来说无疑是一笔值得的投入，符合其商业诉求，因此，许多企业看到这个机会后，主动要求来年继续捐赠，并且主动提高捐赠额。

公益外交以国内外的公众为对象，以公众舆论为手段，其得以发挥作用的前提条件是公民社会的成熟与发展和具有稳定可靠的沟通手段。公民社会的发展，使得公众的公益精神越强烈，参与公共事务的可能性大大增强；互联网的应用和普及对信息的传播方式带来了新的革命性的进步，它的互动模式改变了以往信息的单向交流模式。人们可以在网络上方便地寻找有关外交事件的背景材料，自由地发表自己的意见，这大大激发了公众对外交的参与热情，也增强了民众对外交的关心程度和影响能力。而从公益切入，则有利于公众增加对外交的好感。

在传统外交中，各国基于利益的考虑，要么以利益冲突为基础选择竞争、博弈、对立和排斥，竭力实现本国的利益；要么以双方利益一致、互惠互利为基础选择合作，以实现其共同利益。不过，这种共同利益也存在着仅仅惠及合作双方而损害他方利益的可能。但是，公益却不只局限于双方的互惠互利，它是一种惠及全球、被全球所认可的价值理念。在全球化的背景下，环保、教育、健康、文化等公益议题已经成为全球议题，各国在这些问题上相互借鉴、扶持，休戚与共，而并非仅仅关乎局部的利益或价值。

所有的合作都基于共识，所有的合作都基于共同的利益。“大爱无国界”国际义卖活动基于共同的公益价值，通过公益活动的举办促进了外交部门、外国使馆与国内外公众的交流，增加了公众对外交政策的理解，增加了公众对于公益的理解。

三　政府与社会组织战略联盟式的合作

“大爱无国界”国际义卖项目如此成功，离不开良好的策划、组织工作。由于“大爱无国界”国际义卖既是一个外交活动，又是一个公益项目，外交部需要与社会组织合作。最初的七届活动中，外交部与社会组织的合作仅限于将所筹款项捐赠给社会组织，并由社会组织执行公益项目。比如，第四届活动与中华健康快车基金会的中华健康快车光明行项目挂钩、第六届活动与中华慈善总会的“为了我们的孩子——千名少数民族贫困家庭先心病儿童救助行动”相挂钩，由社会组织在自己的项目中执行所筹的款项。2016年《慈善法》出台，对公开募捐主体资格有了明确而严格的要求。从2016年第八届活动开始，外交部尝试开始在项目策划、筹款、项目执行等阶段与中国扶贫基金会（以下简称扶贫基金会）合作，扶贫基金会作为活动的共同主办方举办活动。在此过程中形成了外交部等政府部门与扶贫基金会“战略联盟”[①]式的合作，其中凸显了政府与社会组织合作的典型特点，各自发挥其核心优势，在合作中创造价值，降低风险。

1. 各自优势是战略合作的基础

2016年起，“大爱无国界”国际义卖活动由外交部与扶贫基金会共同主办。两者各具自身优势。之所以说它们各具优势，是因为彼此都能够创造独特的价值，做出显著的贡献，并且各有其稀缺的和不可替代的，不能被别人轻易占有、转移或模仿的资源和能力。

（1）外交部的核心优势

A 外交主体优势

“大爱无国界”国际义卖活动的核心义卖主体是各国使团人员，因此前期对使团的动员，与使馆外交人员的沟通和协调是一个非常重要的环节。这部分的工作从前期的报名、活动内容安排，到活动前夕针对使团的“吹风会”，都由外交部的礼宾司负责，而扶贫基金会除了在“吹风会”上向使团介绍活动流程细节，接受使团的提问之外，不涉及邀请使团参与的工作。假设扶贫基金会自己想要邀请这么多国家的外交人员来参加这样的活动，无疑是非常困难甚至是不可能的，但对于外交部来说则是稀松平常的分内之事，这不是能力的差别，而是由其组织的性质和职能决定的。实际上，邀请使团在性质上属于官方外交，只能由外交部来承担，而不能交由任何其他组织。

B 组织协调优势

公益活动从策划到执行，需要调动许多人力、物力资源，各个方面的工作需要各个部门的协力配合。外交部作为历届活动的主办方，在参与部门的协调组织工作上发挥了显著优势。例如，在王毅夫人钱韦女士发起活

① 战略联盟是指两个或更多的合作伙伴，共同承诺为了实现一个共同的目标，汇集它们的资源和协调它们的行动。战略联盟使联盟伙伴在各个环节实行专业化分工，使得“水桶”的“短板”不再成为制约机构发展的障碍，机构没有必要在内部补齐“短板”，而只需要将自己的“长板”做长，在局部获得专业化优势，然后与其他机构的“长板”合作，就可以制造一个容量非常大的“超级水桶”，使联盟整体得到最大的规模优势。战略联盟建立的原理是，一个主体借助其他主体的核心资源来弥补自身的不足，以增强其核心竞争力。联盟的原因往往是一个主体有某一方面的劣势或要强化某一方面的优势，而无论是劣势的改变和优势的强化都是建立在自己的“长板”——核心竞争力基础上的，因此不同主体各自拥有的核心竞争力是联盟的基础。

动后，首先由负责活动前头的部门——外交部妇女工作委员会（以下简称妇工委）确定活动的整体策划，然后协调外交部的各个部门，礼宾司负责协调使团，新闻司负责新闻稿的起草和发出，财务司负责使团义卖所得的财务工作。此外，还要协调北京市朝阳区的公安部门和外交部的安保部门负责活动的安保工作，协调北京市、朝阳区的外事部门和合作的会展机构，通过联合会议的形式确定各自的分工，经过几次会议交流反馈工作进度，推进计划进行。在活动日前夕，还会召集各个使团开吹风会，向使团交代参加活动需要注意的具体事项细节，做好周密的协调工作。

作为政府部门，外交部能够将外交部的各个部门和其他政府部门、社会资源协调在一起工作，在这个过程中有很多无形成本被政府的协调能力所覆盖，这是作为政府部门在组织动员上的天然优势。外交部所协调的部门不仅包括内部部门，也包括公安等外部部门。但由于同为政府部门，在组织机构管理上相似，交流沟通起来也更加便利。活动前期工作中遇到的一个问题是，大型公共活动的举办通常需要公安部门的安全批文。民间力量比如扶贫基金会等社会组织，在争取公安部门安全批文方面通常需要花费很多努力，手续也比较复杂。但是对外交部来说，由于这是政府部门主办的活动，只需出具一套活动方案给公安部门，就可以顺利获得批文，也让担心安全批文无法落实的扶贫基金会松了一口气。

每一届“大爱无国界”国际义卖活动参与的使馆都在百家左右，中国外长和外长夫人也会出席致辞。因此安全性和保障性就是活动举办的前提，活动的安保成为一个重要问题，否则一旦出现安全问题，就成了政治事故，后果难以想象。前几届现场的人流接近饱和，存在安全隐患，现场还一度出现倒票、假票等票务秩序问题。另外，现场人数过于饱和，也会导致卫生脏乱差、人流拥挤，破坏参与者的体验，影响活动效果。考虑到活动的安保风险，外交部作为现场安保的主要决定者，采取了一系列措施来控制活动规模，以降低安保风险。在规模控制的具体操作上，一方面控制票的销售渠道，出于对人数控制问题的考虑，2016 年的售票从原来的现场售票改为预售票，预售地点比较隐蔽，刻意限制购买；另一方面是收缩和限制传播的力度和范围，除了人民网、新华社等官方媒体所发新闻稿和各大网站的转载，外交部并没有通过其他媒体去促进传播。

（2）扶贫基金会的核心优势

“大爱无国界”国际义卖活动作为一个以义卖筹款为形式的项目，与一般的公共活动相比有着明显的公益色彩。外交部作为政府部门，在公益项目调研、活动策划、筹款和项目执行方面都缺乏经验，而这些恰恰是社会组织的优势。

公益组织恰恰由于其自身具有良好的外部形象、声誉和公众基础，能够通过举办公益活动提升国家形象，传播本国的价值和观念，通过沟通与交流增强国家“软实力”，从而在公共外交中发挥作用。加拿大、澳大利亚、英国、法国、荷兰、德国、瑞典等国家非常重视非政府组织在公共外交中的功能，非政府组织在推动这些国家的对外发展援助、文化交流和教育活动，促进国家间的经济文化社会合作，提升国家外交正当性和增强国家对外传播效果方面都功不可没。

扶贫基金会多次表明其已成为中国外交的一个行为主体，对政府间外交起到了补充作用。扶贫基金会将自身界定为中国价值的传播者，其海外项目“既包括对本国经济利益的维护，国家形象的塑造，也包括社会文化和价值理念的传播”。扶贫基金会参与“大爱无国界”国际义卖活动的组织主办，不仅能够从侧面提升国家形象，对其自身也有两方面的益处。一是通过汇集来自各方的资源，能够达到筹款的目的，更好地帮助自身的公益项目落实；二是通过国际公益活动的参与和交流，能够使自身向国际化方向成长，增强自身的国际影响力。

A 筹款主体合法性优势

一般来讲，政府没有公募资格，也就没有相关的合法的公募账户。但是，由于外交部门性质的特殊性，外交部有时会接收来自国际友人的捐款，因此外交部扶贫部门有专门开设的捐赠账户，可以开具合法的捐赠发票，在活动主办的最初几届中，在法律没有明确要求公募主体资格的情况下，捐赠款经过外交部的捐赠账户具有可操作性。

前几届活动的筹款经过外交部账户，虽然解决了操作性上的问题，但自 2016 年《慈善组织公开募捐管理办法》生效后，这种方式存在一定的合法性风险。

外交部与扶贫基金会的第一次合作是在活动的第八届，活动的举办时间为 2016 年 10 月。从时间节点来看，扶贫基金会与外交部的合作似乎存在必然性。根据民政部 2016 年 8 月 31 日公布的《慈善组织公开募捐管理办法》，依法取得公开募捐资格的慈善组织可以面向公众开展募捐，不具有公开募捐资格的组织和个人不得开展公开募捐，该办法自 2016 年 9 月 1

日开始实施。因此，即使义卖活动由政府发起，但政府不具有筹款的资格，“大爱无国界”国际义卖活动以筹款为名义，就要解决筹款的合法性问题。而扶贫基金会具有合法的公募资格，使团、企业和公众捐赠的善款可汇入扶贫基金会账户。因此，政府与公益组织合作开展“大爱无国界”国际义卖活动，就筹款这一环节充分发挥了公益组织筹款的天然合法性优势。

B 自身专业性优势

第一，扶贫基金会更了解项目受助对象的需求。扶贫基金会在多年的公益实践中，积累了大量了解公益需求的经验和方法，在进行项目调研时显得更加驾轻就熟。在项目策划的初期，首先由扶贫基金会进行项目需求调研，针对外交部定点帮扶贫困地区的生计需求确定项目主题。比如，2016年经过调研，发现云南省田林县、凌云县在雨季时季节性溪流较多，因为没有足够多的溪桥，导致末端交通极为不便，影响当地孩子上学交通、货物运输和民族交流，对于溪桥的需求较大，于是确定2016年的主题是为当地溪桥的修建筹款；2017年经过调研和讨论，发现金平县、麻栗坡县上报的需求中，卫生室建设需求较大，资金存在严重缺口，同时溪桥建设仍然存在资金缺口，将第九届活动主题确定为“大爱无国界——共筑云南健康家园”，聚焦项目为“卫生室建设”，落地云南省麻栗坡县、金平县。项目地点和标准便民桥项目所筹善款将全部落地云南省麻栗坡县（需求缺口50座桥），项目筹款标准10万元/座，其余政府配套解决；卫生室项目所筹善款将落地云南省麻栗坡县、金平县。

第二，具有丰富的专业筹款经验。扶贫基金会作为一个大型的综合性社会组织，在公共筹款方面更加专业和富有经验。比如，扶贫基金会有专门针对企业等主体进行筹款的部门和针对公众筹款的部门，对于不同类别的筹款对象采取不同的方案。

活动的筹款源主要来自义卖收入、公众门票收入、捐款和企业捐赠。公众的捐赠体现在购买100元/张的门票、现场购买展品和捐款中。另外，企业的捐赠也占了相当的比例。其中，每个企业捐赠最低额为10万元，既可以以现金形式捐赠，也可以捐物。这些企业有的是与外交部存在合作关系的企业，或者是王毅夫人钱韦女士本人比较熟悉的一些企业，比如香港招商局、钓鱼台国宾馆。扶贫基金会动员愿意来捐赠的企业，筹款最低额也统一为10万元，但实际上，扶贫基金会合作的企业的捐款能力大多在百万元级。

第三，具有成熟的项目执行能力。由于扶贫基金会更加擅长根据公益项目的实际情况进行有针对性的执行和落地，扶贫基金会与外交部进行分工，签订相关协议，外交部委托扶贫基金会进行项目的招标、拨款、跟踪和监督，项目建设工程进行公开招标，选择当地有资质的设计、施工、监理单位进行执行。扶贫基金会将项目工程款分两到三批划拨给执行单位，施工单位直接向扶贫基金会有关部门报告项目情况，扶贫基金会对项目的执行情况进行跟踪和监督，并向妇工委报告反馈信息。例如，在项目的资金投放方面，2016 年便民桥项目的标准为 10 万元一座桥，其中 1 万元作为扶贫基金会的执行成本，9 万元用于桥的建设，2016 年按照调研结果 22 座桥的需求，募款 223 万元，全部投放执行。2017 年的卫生室项目，标准是每个卫生室造价 25 万元，具体细节标准根据当地实际情况由执行单位具体确定。项目资金由扶贫基金会根据项目筹款拨款给当地，配合当地县政府的配套资金。

第四，具有创新能力。扶贫基金会作为一家公益组织，与外交部这样的政府组织相比，在举办活动方面更擅长提出创意，丰富活动形式，调动公众的热情，增强活动的效果。自扶贫基金会参与活动以来，扶贫基金会为促进活动效果的进一步增强提出了一些建议，比如在销售方式上，由原来的单纯现场售票、赠票、相关方提前订购，增加新的售票方式——线上支付，由专业的票务公司大麦网负责门票的印制、销售、检票等工作，并支持电子票方式，使票务工作效率提升，销售效果明显提高；在支付方式上，除了现金支付，增加微信支付和支付宝线上支付方式，可以方便公众支付；在传播方式上，扶贫基金会主张适当放开传播力度，在将总体人数规模控制于安全保障范围内的基础上，增强对公众的活动传播和对企业的动员，以增强活动效果；根据公众的捐赠能力适当提高门票的价格，由原来的 10 元、20 元、50 元提高到 100 元，等等。

C 公信力优势

由于扶贫基金会长期从事慈善筹款工作，在公众筹款方面积累了足够的经验和公信力，因此特别注重筹款环节的透明和监督，以维护自身的公信力。“大爱无国界”项目所筹得的善款，并不全部作为项目本身工程建设的费用，而是预先扣除使馆、外交部、票务公司的成本和扶贫基金会的执行成本，其余部分作为建设费用执行。但是，公众在购买门票、购买商品和进行捐款的时候，可能不清楚这些。如果公众对善款使用产生疑惑，发生误会，认为自己的捐款未全部用于援助扶贫对象，对活动本身，活动的主办方，以及公益，均会产生不利影响。考虑到这一点，扶贫基金会建议在公开推广传播的明显位置处提示项目成本，善款使用说明，并实现使馆账户的完全透明化。然而，由于这样的强制性规定对于使馆本身会造成诸多不便，外交部未采纳这样的做法。尽管如此，由扶贫基金会执行的善款部分，扶贫基金会做到完全透明化。

2. 求同存异

（1）求同，建立互信

合作伙伴之间建立相互信任、达成一致是有效合作的关键。而在政府部门与社会组织的合作中，建立对彼此的互信更为重要。

基于成功举办活动的共同目标，外交部在项目需求调研、公共筹款、项目执行等很多方面都与扶贫基金会建立了充分的信任，参考扶贫基金会好的思路和经验，发挥扶贫基金会的优势，建立了基于信任的良好合作关系。但是，由于外交部与社会组织合作举办公益活动的经验不足，互信积累不够，相信经过长期磨合，活动越来越成功，政府部门与社会组织将从相互试探、基本信任的态度转向充分信任，合作也将更为顺利。

（2）存异，解决复杂问题

政府部门与社会组织在组织文化、价值观、组织结构和管理哲学等方面存在差异。有些差异甚至较为明显。任何合作，如双方彼此间的差异性较为明显时，均难免出现各种各样的碰撞、摩擦、冲突。这也是很多合作难以持续的原因所在。有时，合作越深入，彼此的冲突可能会越严重。因此，双方需在存异的基础上，有解决问题，特别是解决复杂问题的积极性和能力，最终达到一致与平衡。

A 关注点不同

扶贫基金会是公益组织，其主要服务对象是欠发达地区或贫困地区及其人口，其动员对象主要是公众。扶贫基金会注重活动对社会公众的影响，注重活动的透明度和公众信任。而外交部更重视外交影响，促进国家间的友好。在活动具体操作过程中，扶贫基金会主张对筹款进行全面透明管理。一方面是在门票上面向公众交代活动成本，避免公众误认为所有门票收入都用于资助贫困地区；在支付方式上，以往都是现金支付，扶贫基金会提出给每个使团开设一个统一账户，进行线上支付，有利于募款透明和监督使馆的收入，但外交部认为，线上支付只是方便公众支付。外交部不愿意去监督各国使馆，在工作流程上本身也不具有这样的权利，而且外交部认为保持友好的工作方式更重要。

B 组织风格和行为方式不同

由于其组织性质不同，作为政府部门的外交部是科层化的组织体系，更加注重活动按部就班、注重活动现场的稳定、安全，在行事风格上严谨而保守；但作为社会组织的扶贫基金会组织结构扁平化，比较主张创新，会提出一些新鲜有趣的“玩法”来吸引公众，增强活动的效果，提高项目的效率。因此，在一系列具体问题上双方的意见会存在分歧。外交部对于扶贫基金会提出的一些较为新鲜和开放的“玩法”，有的予以接受，有的仍然持谨慎态度。比如在项目策划阶段，扶贫基金会提出可以给公众发放类似“护照”的小册子（纪念品），在公众逛每个摊位时盖上一个有国家特色的印章，增加活动的趣味性，但是外交部认为其可操作性不强，增加策划的负担，最终没有实行这个创意。

虽然扶贫基金会一直主张适当放开活动规模和宣传渠道，但出于安保考虑，在一开始外交部就采取了比较谨慎的姿态，在售票规模和媒体宣传方面进行了控制。外交部和扶贫基金会都有很多传播资源，但都没有大量动用。一方面确实从源头上控制了人流，避免规模的失控，但是另一方面，作为一个公开筹款的公益活动和公众影响活动，过于低调可能也对活动的影响力产生了限制。因此，2017 年外交部做出了适当的调整，将事前传播的媒体规模适当放开，为预售票做传播，同时也扩大了活动的影响力，在十九大召开之际展示了公共外交多年来的成绩。

总体来看，虽然双方在诸多方面存在差异，彼此经过反复探索，活动的组织最终在社会影响和外交影响、活动效果和安全风险控制、保守与创新之间达到了一个平衡。

四　后记：公益外交可建构可观的软实力

“大爱无国界”国际义卖活动是外交部推动的公益外交活动，活动对推动公益，推动人类共同的利他精神具有不可估量的作用。其间，驻华使团之间建立的联系，使馆之间团结、友好的交往，驻华使团与中国公众的交流，公众与外国使团的互相了解，使“公益”与“外交”元素在这场活动中相得益彰，完美结合。而活动也促进了中外各界的公益倡导活动，动员公众参与慈善，体验慈善，帮扶贫困地区人民和社会弱势群体改善生活。这对建构中国的软实力意义非凡。

外交的首要目标是实现国家利益，而国家形象是国家利益中越来越重要的组成部分。公共外交主要通过改善国家形象的柔性手段实现国家利益。[①]随着国际关系全球化、社会化和网络化趋势的不断加强，“软实力”日益成为国家间竞争的重要内容和手段。国家的国际形象、文化吸引力、对外政策的亲和力、塑造国际制度和承担国际义务的能力成为衡量国家国际影响力的重要指标。中国外交要更好地服务于战略大局，其核心价值观逻辑上必须契合人类共同价值体系。如果缺少共同价值体系，人类不同群体之间的对话与交流几乎难以进行。公益似乎有一种神奇的连接力量，最难跨越的政治意识形态，宗教信仰、民族、肤色，地域、发展水平、历史恩怨等鸿沟界限似乎都在这场跨国的公益活动中被轻松打破，真正印证了活动所称的“大爱，无国界”。“大爱无国界”国际义卖活动之所以能够跨越国界、跨越部门、跨越文化，就是因为它所代表和倡导的扶危济困、健康饮食、文化艺术发展等理念是各个国家、地区的人所共同提倡和追求的，符合全人类的共同福祉。它与意识形态无关、与地域无关、与语言无关、与政治利益无关，不论国家之间在这些方面有多少差异，都会无一例外地追求这些今天为全球接受的价值理念。可以说，公益是个无敌的力量，“无孔不入”，无往不胜，所有的界限都能突破，所有的鸿沟都能跨越。在“大爱无国界”国际义卖活动中，有哪个使馆会不愿意拿出自己的一些物品，为中国公众向贫困群体奉献爱心提供一个机会？又有哪个人会反感琳琅满目的美食、丰富多彩的艺术文化体验、难能可贵的亲子教育时刻以及以自己的一点参与行为就能为贫困山区的建设添砖加瓦呢？在政府支持、公众认可的情境下，不同国家的人民通过一场义卖实现了轻松的交流，增进了彼此的关系。善莫大焉！

当前有越来越多的公益组织参与到全球治理和国际公益活动中，这不

① 莫盛凯：《中国公共外交之理论与实践刍议》，《外交评论（外交学院学报）》2013 年第 4 期。

仅能够更好地实现扶危济困，也能推进公益慈善国际交流、助力我国公益慈善事业发展，同时也是顺应国家总体外交的需要和时代发展的趋势。期待更多的公益外交项目和行动出现，通过公益慈善进行社会倡导，提高公众的公益意识和对外友好意识，搭建各国人民心的桥梁，共同缔造大爱无疆的美好世界。

腾讯“为村”：虚拟带来的中国乡村社会的震动

在我国工业化、城市化进程中，乡村衰落令人心痛。基础设施老旧、信息闭塞、土地抛荒、资金外流、农产品滞销、“空心化”、基层治理涣散、社会失序、劳动力外流、亲情关系疏离、自然环境退化、贫困等字眼成为中国乡村的专属标签。“乡村振兴”一直是上至中央、下至地方的热议话题。相应地，如何推进农村现代化，如何实现城乡融合，如何推进乡村治理，如何建立新时代的中国乡村，成为乡村自身以及社会各界的关注焦点。

在“互联网+”浪潮下，中国乡村正经历着“科技革命”。互联网对中国乡村发展的推动不可小觑，互联网技术为乡村社会带来的惊喜前所未有。在媒介稀缺的乡村，互联网的作用与意义可能比城市更为显著。今天，借助互联网，一家公司、一个人有可能以一己之力改变世界，重塑社会。互联网企业，如淘宝、京东和苏宁等试图用电商的方式激发农村活力，推广农产品，带动农民致富，同时抢占广大农村市场的商机。在商业领域，乡村基于互联网的发展，不仅有了电商园区，淘宝、京东、苏宁等已经建立村级服务站，乡村里不少人家装上了宽带，用着智能手机，通过微信与亲戚朋友联系，或者兼职做起了微商，一些有商业头脑的人已经利用网络把农产品卖到全国各地甚至出口到国外。互联网为乡村提供了接触世界、自我发展、自我成长的机会，乡村与城市直接共享着社会资源和精神资源。村民意识觉醒，自我学习能力提升，政府多年来一直推动的自上而下的乡村文化建设和村务治理开始遭遇水土不服，甚至不受村民“待见”。民间公益组织在乡村建设的投入略显传统、“落后”，杯水车薪。

抢占商机是企业的本能，借助自身的核心竞争力和优势占据利益制高点是企业的共性。但是，不同的企业其敏感性和战略布局不尽相同。相比之下，近些年，腾讯作为互联网公司，其“攻占”中国乡村市场的路数则与众不同，它用互联网将中国的每个乡村与城市，与世界连接起来，使整个中国乡村悄然卷入了一场腾讯虚拟“指挥棒”下的变革之中。

2015年6月26日，腾讯发布的以“为连接而来”为主题的《2013－2014年企业社会责任报告》指出，进入移动互联网新时代，腾讯把“连接一切”作为自身战略，利用已有的平台和用户优势，不仅要把人连接起来，还要把服务和设备也连接起来。相应地，我们看到，腾讯公司调整了企业社会责任战略，终止了其通过腾讯公益慈善基金会（以下简称“腾讯基金会”）运作的传统农村帮扶项目，如贫困生助学计划、乡村教师激励计划；2014年9月，腾讯基金会将“筑梦新乡村”项目正式升级为“为村计划”（WeCountry）。腾讯为村项目设计者陈圆圆说，腾讯做的是“连接”，互联网在乡村不仅仅可以有电商，它还可以有更大的想象空间，当移动互联网与乡村连接，搭建的将是一套生态系统，在连接中让被连接者自己创造出无限可能。在已然跨越了互联网＋乡村萌芽阶段的时代，腾讯以“为村计划”进行互联网＋社区营造、互联网＋智慧生活、互联网＋乡村政务，[①]对中国的乡村社会进行着一项宏大的改造。

具体而言，2014年上线的“为村”是一个用移动互联网发现乡村价值的开放平台，它以“互联网＋乡村”的模式，为乡村连接情感、连接信息、连接财富。以“为每一个村庄打造自己的微信公众号”为核心业务的腾讯“为村计划”以“村”为单位，依托实体乡村社会，依托虚拟空间微信，在虚拟空间里为乡村与城市，以及乡村内部建立了“联系”，建立起一个“虚拟的乡村”。截至2017年12月31日，全国共有16个省级行政区域5863个村庄（社区）加入“为村”开放平台，认证村民超过199.8万人，村民互动超过1.6亿次。

腾讯规划和建设的这一全新的虚拟中国乡村社会，远超实体业态所蕴含的发展潜力，它正在以难以估量和想象的态势对中国的乡村社会产生着震动。

---

① 《腾讯为村，连接为乡村》，http://gongyi.qq.com/a/20150518/031519.htm。

一　乡村社会的困境

1. 失落的乡村

中国的农业村落及乡村社区长期以来不仅是人们从事生产、交往、居住和生活的主要聚居地，也是社会结构的基本组织单元及重要方式。数千年来，乡村一直依靠自我治理，发展出完整的规范秩序、价值体系、文化习俗等，维系着乡村的发展。步入现代化进程以来，尤其市场化改革以来，乡村相对自治的状态逐渐被打破，传统内生性乡村治理日益受到外界的影响与支配。为经济和政治发展的需要，政府、企业均加强了对乡村的渗透和控制，并从农村汲取着资源。而乡村里的农民挣脱了土地和乡村的束缚，开始与村庄以外的更广阔的世界建立起联系。这种互相作用给乡村带来了一些后果：一方面原有的封闭、静止、单一的乡村日益走向开放、流动和多元；另一方面原有乡村自我治理功能衰落，乡村自主提供公共物品及自主价值生产能力式微，丧失了传统的社会支持网络的功能，对村民的吸引力和归属感弱化，由此引起乡村精英大量外流，更加剧了乡村阶层分化，乡村自我整合的功能趋于瓦解。

在现实中，我们看到家庭承包制改革后，农村社会分化和经济分层加剧，个体及家户经济开始崛起，村庄公共领域和集体行动能力衰微。非集体化改革虽然在一定程度上增强了农民的经济地位和社会权利，但在很多地区造成集体经济下滑甚至有名无实的“未意料后果”，“该分的都分了，村集体变成一个空壳”。许多地方在改革中不仅分田到户、确权到人，而且把社队的公用晒场、广场等公共空间和设施折股分配或变卖处理。乡村小学、医院等公共服务机构也从乡村退场而进一步向乡镇集中。“地方社区的衰落不仅以普遍的破败为标志，而且还以安全的公共空间——街道、广场、公园以及其他使人们感到安全的地方消失为标志”。除公共空间消失之外，村庄公共舆论在当下的农村也消遁于无形或不再发挥效力，大部分村民不愿介入村落场域的各种“纷争”。①

① 许远旺等：《乡村共同体的历史变迁与现实走向》，《西北农林科技大学学报》2015 年第 2 期。

当下，人们试图通过政治、教育、文化和经济的手段实现乡村社会的改造及社区的重建，从名目繁多的“运动”“建设”即可看出。从结果来看，效果并不理想。虽然在农村局部的改造上取得了一定成效，但“教育救乡”、农业合作及技术改良、移风易俗等口号和手段，由于时局原因以及农民失去参与热情难以实现振兴乡村的目标。目前，乡村治理面临的问题与传统乡村治理秩序逐步瓦解、新治理秩序尚未成熟有关。传统乡村社会的精髓源于共同的外部风险而形成的村民凝聚力，以及诸如宗族、乡绅等内生于乡村中的治理力量以及乡风民俗。而在开放的市场经济条件下，传统乡村社会凝聚力渐弱，村民个体意识放大，对村庄的主体意识削弱，乡村的治理困境逐步浮现。

2. “无根”的村民

城市的产业发展迅速且多样，就业机会众多，城市的发展和农村的衰败进一步促使农村青壮年向城市转移，农村遭受“空心化”的重创。根据2010年人口普查的数据，“父母一方外出务工、不满十八周岁”的留守儿童数量高达6000多万。而2016年11月，农村留守儿童关爱保护工作部际联席会议第二次全体会议通报民政部、教育部、公安部在全国范围内联合开展农村留守儿童摸底排查工作情况显示，截至2016年3月，不满16周岁的农村留守儿童数量为902万人，由（外）祖父母监护的有805万人，占89.3%，由亲戚朋友监护的有30万人，占3.3%；一方外出务工另一方无监护能力的有31万人，占3.4%。有36万农村留守儿童无人监护，占4%。[①]留守老人、留守妇女等群体也遭受着和亲人的长期分离。乡村留守人口得不到亲人在情感方面的关心和支持，这种缺失给留守人口特别是留守儿童带来了极大的创伤。

除了小家庭的破损，乡村人口流动更隐蔽的危害在于乡村社会内部关系的涣散。离开村庄的村民不能彼此保持互动，乡村原有完整的风俗习惯、文化仪式也因人员不足而难以继续，村民之间的关系渐渐淡化，情感连接断裂，熟人社会向半陌生人社会转变，“叫不上来同村人的名字”是常见的事。关系淡化的结果是村民从乡村获得的社会支持减弱、认同感缺失、对

---

① 《我国农村留守儿童数量刷新为902万人》，http://news.xinhuanet.com/gongyi/2016-11/14/c_129362952.htm。

乡村的规范秩序也失去了原先的敬畏。

以往封闭完整的乡村社会关系逐步瓦解，原先的村庄治理、互动体系失效，而新的体系——类似城市的体系——却没有建立。例如，原先大喇叭就可以解决村内信息传达的问题，但由于人口流出，大喇叭的消息往往只有村内才能知晓，而这些群体大多是留守老人和儿童，对信息的理解能力很弱。村里的村民最常接触的外部信息形式是“通知”。上级政府传达的新政策、新办法落到乡村就变成了一张轻飘飘地贴在村口的告示，或者大喇叭里听不清的几句话，少有人能阅读、解读，更别说讨论交流了。一些有用的信息在层层转述过程中也变样失真，村民获取的信息资源十分匮乏。

伴随着“回不去的乡村”的是“难以扎根的城市”。有研究分析了老一代农民工和新生代农民工在经济、社会、心理和身份四个层面的社会融入状况，发现新生代农民工社会融入状况与老一代农民工相比并没有根本差异，经济层次的融入并不必然带来其他层次的融入。[①] 而由于中国社会目前缺乏“再嵌入”的制度保障和国家支持，从乡村社会脱离之后的个体将面临更大的不稳定性、不确定性。个体为了寻求新的依托和安全网，被迫回到家庭和私人关系网络中寻求保障，成为一种“无公德的个人”[②]。

随着农村原有农田荒芜，原先完整的产业体系随之崩盘，而新兴产业难以建立，缺乏发展人才和发展信息，村庄的财富积累不进反退。但是在城市化轰轰烈烈的进程中，人口的流动是难以抵挡的趋势，几乎所有有能力迁移的人群都在“城市”与“乡村”之间选择了前者。城市完备的基础设施、先进的医疗教育资源、多样的就业机会吸引大批人口聚集，在这种吸引力面前，乡村所谓的优势例如生态环境较好、人际关系亲密等显得较为无力。

二　上线“为村”

互联网公司在移动互联领域的竞争越演越烈，作为移动互联巨头，腾讯公司主要围绕微信展开平台布局。腾讯具备先天的优势进入中国乡村社会，随着智能手机普及以及“微信”在农村第一代移动互联网网民中的普

① 李培林、田丰：《中国农民工社会融入的代际比较》，《社会》2012 年第 5 期。

② 阎云翔：《中国社会的个体化》，上海译文出版社，2012，第 343 ~ 376 页。

遍使用，已经以自己的核心能力构建虚拟空间，编织一张看似摸不着又四通八达的“大网”，纵横盘踞中国版图上的乡村社会，并以此为点，连接世界。

1. “为村”前的探索

2009年2月1日中国官方媒体发布了2009年中央“一号文件”，这是自2004年以来“中央一号”文件第六次聚焦农村发展与农村改革。此时，互联网公司还未大规模进军中国农村市场，对中国农村发展及农村改革并未着力投入。腾讯公司以“网筑责任　共创未来”为题的《2008－2010腾讯企业社会责任报告》显示，当时的企业社会责任重点不是中国所有农村的发展，而是西部欠发达乡村帮扶。2009年6月，腾讯基金会发起“筑梦新乡村”项目，也称“腾讯新乡村行动”，以民族文化保育和传承为核心，展开互联网企业西部乡村帮扶的创新尝试：计划2009－2014年5年间，定点云贵两县一州（贵州黎平县、雷山县，云南迪庆州），投入不少于5000万元公益资金，探索互联网企业利用自身核心优势，汇聚公益力量，推动西部乡村教育、文化、经济综合发展的新模式。[①]

“筑梦新乡村”从教育入手，开展了包括“贫困生新冬衣计划”“贫困生助学计划”“乡村教师激励计划”等在内的教育帮扶项目，并支持农村多媒体教室、学生宿舍、校园设施等硬件设施的建设和改造。在文化方面，针对农村文化凋敝的问题，腾讯基金会以传统民族文化保护、传承、重塑、传播为代表的乡村文化复兴为切入点，建设了侗族大歌生态博物馆，创立了“民族音乐保护基金”。

与此同时，腾讯希望公益投入能为乡村带来一定的经济收益。腾讯的“经济帮扶”计划囊括了传统手工艺的研究和传承、农产品和饮食的重新包装和开发，甚至还有在腾讯电商平台开辟面向帮扶地的网上“筑梦商城”等事项。腾讯基金会设想经济发展会吸引年轻人回到乡村，文化又得以传承，乡村社会得以保留和持续发展，乡村最终进入一个自我造血的良性循环之中。

2012年7月20日，腾讯公司创始人之一、首席行政官、腾讯基金会发起人、执行理事长陈一丹介绍腾讯基金会与“筑梦新乡村”时，提到“希

① “筑梦新乡村”官网，http://gongyi.qq.com/xinxiangcun.htm。

望建立全新的立体的生态帮扶体系”，希望以互联网力量推动西部乡村发展。“我们一直在努力，寻找和探索一个模式，一个能让来自社会的力量，能够以正确的方式注入乡村，让中国的乡村重新焕发活力与生机的新模式。我们希望腾讯公益的实践，带来的不仅仅是爱心，不仅仅是资金，而且还有智慧与方法，更有通过腾讯具有核心优势的网络平台和媒体影响力所整合的社会资源，面向基础教育、面向文化复兴、面向经济提振，建立起一个全新的立体的生态帮扶体系。”①

然而，腾讯对于“筑梦新乡村”的项目效果并不满意。项目原先期待的儿童学习能力有大幅提升、文化产业得到发展、农产品得到市场的认可、青壮年劳动力回乡建设等场景并没有发生。腾讯基金会也邀请了第三方咨询公司一起评估“筑梦新乡村”的项目效果。评估发现，相比投入的巨额资金，项目效果显得“性价比”很低，并且在评估这些项目是否可复制、可持续的问题上，答案也令人失望。

陈圆圆是当时“筑梦新乡村”的负责人，也曾在项目地贵州省黎平县教育局挂职副局长。在一线做项目的过程中，她发现“筑梦新乡村”确实给乡村增添了许多他们没有的东西，比如多媒体教室、新宿舍等，但是这些东西并不是他们最迫切需要的。比如，留守儿童最需要的并不是新校舍、新教师，而是父母的关注和陪伴。没有父母的关注、陪伴和教育，留守儿童本应在家庭中完成的基本人格教育缺失，他们管理自我、为人处世的能力没有在家庭中得到好的培养，在学校的表现也往往不尽如人意。如果此时把原因仅仅归结为农村学校硬件或者软件设施不好则显得过于草率。而把帮扶的主要精力放在学校校舍建设、衣物捐赠乃至教师补助上的公益项目，并不能满足受助群体的根本需求，乡村问题比想象的复杂得多，解决办法也不是建学校这么简单。

为此，腾讯基金会终止了一般性的公益扶贫项目，希望借助腾讯公司的优势，重新思考腾讯如何在中国乡村有所作为。

2. “为村”上线

“筑梦新乡村”项目使得腾讯反思，对乡村不能只“扶”，而需从根本

---

① 《陈一丹：希望建立全新的立体的生态帮扶体系》，http://gongyi.qq.com/a/20120720/000012.htm。

上激活乡村活力，激发其自我发展能力，腾讯开始考虑如何更为有效地对中国的乡村发力。

“为村”萌芽于2014年，在贵州省黎平县铜关村开始试点，从组建村庄微信群开始，2014年腾讯基金会项目团队开通以“铜关”命名的村庄微信公众号。11月，“为村贵州黎平铜关村”作为全国第一个认证的村级公众服务号建立。2015年“为村开放平台”概念正式提出，这是腾讯通过互联网在虚拟空间建立连接的新尝试——跨越时空连接出一个新乡村。“为村”是一个根植于微信的第三方开发的服务号，旨在帮助村庄建立自己的公众号，从本质上来说，腾讯提供的是软件开发的服务。在为村平台上，浏览者可以看到5000多个村庄的信息，点击村庄的名字即可通过链接进入该村庄的微信公众号。

（1）区别客户与用户

在开发环节，腾讯的工作人员更关注的问题是谁是客户、谁是用户以及他们的根本需求是什么。腾讯的定位中，客户是基层政府，用户是村民，为村是基于他们的痛点所开发的商业产品。虽然“为村”是从腾讯基金会的“筑梦新乡村”公益项目转化而来的，但是“为村”的开发、设计和推广等环节均偏向商业模式运作。

和一般公益项目的积极干预不同，腾讯为村团队期待他们在做好“基础设施”服务之后，由村庄自己主动引领改变。“我们不去设计它们，而是给它们更多的助力，村民有什么想法我们就去帮他进行开发和完善”①，陈圆圆说。虽然腾讯在开发的时候给每个村庄的“为村”公众号都配置了完备的功能，不同村庄在后期使用的侧重点却有很大不同。在一些偏远交通不便的村庄，因为往来车辆很少，有交通工具的村民就通过“为村”公众号上的“顺风车”功能发送进城或者返乡的信息，方便村民出行；一些村庄主要看中为村公众号的“村有好货”功能，每年在农产品丰收的时节，村民就通过公众号宣传、销售农产品，此时公众号活跃度会迅猛提升；还有一些村庄比如四川邛崃市、广汉市，内蒙古陈巴尔虎旗等，“党建”板块活跃度很高，有媒体还专门报道了陈巴尔虎旗地广人稀、党员分散的村庄如何做好基层党建工作。这一点和腾讯为村的功能描述很一致，腾讯为村做的工作是“连接”，腾讯将乡村通过“为村”这个产品接入移动互联网，

① 笔者对腾讯产业政策部主任陈圆圆的访谈。

让村民在其中交流互动、形成自己的规则和秩序，就像铺设好了高速公路，走哪条路、选择多少速度都是车主自己决定的事情。

（2）给每个村民一个虚拟身份

每个村的为村公众号都为村民提供了一个虚拟社区，他们可以在其中发状态、点赞、点评。发帖时，用户名之后会显示发帖人的身份，如“管理员”、“认证村民”以及“村支书”、“村会计”等，如此标识增加了村民对自身身份的认同，而身份认同是加强对乡村社会归属感的基础步骤。

（3）将村务平移到虚拟空间中

“为村”将互联网渗透到村庄的社会治理当中，在外务工的村民在手机上登录本村为村微信号之后，在“服务”板块的村务公开、财务公开、书记信箱、党建之家、办事指南、村委日记等子板块上，可以查看最近的政策、福利、缴费要求等，浏览之后村民还可以点赞、留言并进行满意度评分。这让村民及时知晓与村庄、与自己家人相关的新政策、新变化，保持着对村内事务的关心。这一点吸引了大多数村民完成公众号的身份认证。

一些地方政府看到“为村”在村民交流、村庄治理方面的优势。以菏泽市的舒王庄村为例。“为村”是菏泽市政府在大力推动“智慧乡村”中的重要借力，菏泽市政府先选择了一批村庄进行试点，舒王庄村是第一批入选的村庄。

舒王庄村以“第一时间获取村务信息”为主要宣传点，说服村民们关注本村公众号、完成身份认证。原先村庄的村务信息传播方式主要是通过大喇叭通知，但是随着年轻人外出务工，留在村庄的大多数是老人与小孩，传统的政策传达方式会让一些不在村内的或者文化水平不高的村民可能因此错过一些信息。而“为村”的村务信息在“智慧村务”里面可以方便查询，如“政务公开”“财务公开”“办事指南”等，大家想了解什么信息，上相应的板块寻找，一键可知。在“办事指南”板块可以看见计生办针对符合条件的考上一本的孩子进行奖励、对怀孕妇女的免费体检、某医院下乡给村民治白内障、招收预备役、收玉米棉花保险等通知。2017 年 8 月，舒王庄村的村支书在微信号上发布消息，告知村民符合某些条件的老人可以填写申请表，领取政府发放的助听器和轮椅，于是“在北京、上海、青岛工作的孩子都往家里打电话告诉父母这个事情”①。

① 笔者对舒王庄村村民王学广的访谈。

（4）为村民打造大朋友圈

村务治理功能只是“为村”吸引村民使用公众号的开始，“为村”公众号试图搭建一个村庄的大朋友圈——村友圈，只要一个村民在上面发状态，其他村民都可以看到并留言、点赞，这些功能让沉寂的村庄重新热烈起来。

A 村里的内部互动

“为村”的设计者安排了许多相关的板块促进村民的交流和互动。在“村有喜事”板块，村民可以发布有关村庄、家庭的活动消息，例如村民的结婚喜事、村庄的六一晚会。在“顺风车”板块，村民可以发出欢迎乘坐顺风车的邀请，其他村民可以在平台上看到搭乘顺风车的时间、目的地、座位数量，并可以一键拨号和车主联系。有时村民不需要公布什么要紧事，只是发一些所见所闻、所想所感，也能吸引许多其他村民的点赞和评论，在公众号里，村民的互动比在现实生活中更为频繁和热烈。而已有研究发现，在虚拟社区中互动活动次数越多、互动程度越深，社区成员之间相互喜爱的程度就会随之增加。①

史冰霞是嫁到舒王庄村的媳妇，她谈到“为村”在帮助她融入村庄时的作用。“我嫁过来之后就跟着丈夫出去打工了，所以对村庄的人并不熟悉。后来因为孩子我就留在家里，每天看微信、用‘为村’”。她属于村庄公众号里的活跃分子，经常会分享孩子的照片和一些生活感悟，许多村民都点赞留言。“在网上互动多了，就慢慢知道这些都是谁，路上碰见了也都相互打招呼”②。有村民说“打电话、发微信都是交流，交流方便了、话说明白了就能相互理解”③。

B 留守村民与外出村民的互动

村庄内部村民交流只是互动的一小部分，“为村”的特别之处在于将那些远离故土却仍心系家乡的人重新召唤起来。对于那些因各种原因离开村庄却仍然拥有强身份认同的“离乡人”来说，“为村”为他们提供了克服时空限制、了解村内动态的机会。

舒王庄村的村民王学广60多岁了，但是能熟练地运用智能手机。他的两个儿子都在外地工作，都把孩子留在了村里。他和老伴照顾着四个孙辈，

① K. Y. A. McKenna, A. S. Green, Ms E. J. Gleason, “Relationship Formation on the Internet: What's the Big Attraction?” *Journal of Social Issue*, 2002, 58 (1): 9.

② 笔者对舒王庄村村民史冰霞的访谈。

③ 笔者对舒王庄村村民王学广的访谈。

儿子儿媳一年回来一两次。他和儿子们都是本村“为村”公众号的认证村民，当时加入的动力之一是“为村”管理员张宁宁告诉大家，“你只要在里面发一个状态，发一发咱们村的图片，在外地的孩子们都能看见”。除了用“为村”，王学广还时不时和孩子们通过微信视频聊天，“我觉得情感交流是很重要的事情，我想孩子，他们也要跟他们的孩子、跟父母交流，通过互联网可以达成（交流），长时间不交流情感会淡化”①。

湖南省湘西土家族苗族自治州永顺县司城村“为村”项目带头人、村民周大钊给村里安了摄像头，并与“为村”公众号相连接，让村民不管身在何处，都能24小时不间断地看到村中影像。该村村民张顺佳和70多岁的老母亲一直住在县城，并且因为母亲患类风湿，行动不便，所以很少回村。“现在（母亲）隔几天就让我打开公众号，把村里的影像放给她看。有一回，她一直看到手机没电”②。

（5）与外部世界往来

腾讯在“为村”公众号中设置了“村有好货”、“农技咨询”、“法律援助”等和村庄外部世界联系的板块，村民可以选择相应的板块以匹配自己发出的信息。虽然关注某个“为村”公众号的人数有限，农产品、手工艺品的销量不多，但是也许对于腾讯“为村”的设计者来说，他们的本意并不是让“为村”成为一个全国性的购物平台，而是一张村庄的名片。腾讯的设计者相信，村庄的特色会帮助村庄建立品牌，品牌建立了，名字打响了，经济效益也就会接踵而至。

舒王庄村盛产樱桃，2017年本县的樱桃采摘节的活动就放在舒王庄村举办。在活动举办之前，张宁宁等“为村”管理人员就开始在“为村”公众号上做预热，“通过‘为村’的美图美景功能记录樱桃的长势，什么时候开花了，什么时候有果实了”，不少游客被公众号上的信息吸引，来到舒王庄村旅游。张宁宁说，“很多游客都是本村出去的村民，看到老家樱桃这么好，活动也好玩，就介绍朋友同事一起到老家参加活动”③。樱桃采摘节于5月20日在舒王庄村举办，参加人数达几千人。该村的樱桃近几年都不愁销售，笔者走访的几家农户都表示樱桃销售的主要方式是采摘游，“别人想来

① 笔者对舒王庄村村民王学广的访谈。

② 《当村里开通了微信公号》，新华网，http://news.xinhuanet.com/tech/2016-12/02/c_1120036394.htm。

③ 笔者对舒王庄村书记助理兼“为村”管理员张宁宁的访谈。

摘都因为不够而摘不上，不用外出售卖或者交给小贩”[①]，村民言语中充满自信。

湖南省湘西自治州的比耳村也是由于“为村”打响了品牌而获得明显经济收入的村庄。该村从20多年前就开始种植脐橙，面积达4000多亩。因为交通不便，比耳村的知名度不高，过去脐橙销售的主要方式是等待采购车进村采购。比耳村开通了“为村”公众号以后，将脐橙销售放上了本村“村有好货”平台。村里的几位年轻人组成了团队，给本村的脐橙设计了独特的包装，通过村庄自己的公众号的传播把比耳脐橙的名号打得越来越响亮。村民介绍2016年的脐橙销售情况，“去年保守一点，赚了一百万”[②]。

邛崃市大同乡陶坝村在政府的鼓励下种植佛手瓜，但是第一年因为销路不畅订单不足，大量果实腐烂在地里。2017年，村里开通了“为村”公众号平台，从种植开始，村委会就在“为村”公众号平台上发布了订购信息，还未成熟，400多亩瓜就被订购一空，给予村民极大的信心。[③]

对于村民而言，“为村”也成为一个很好的营销渠道。舒王庄村的王世培是一名30岁出头的年轻人，和村中大多数人相比，他能更好地利用互联网创造经济收入。他现在在村庄做林下养殖并经营着自己的微店。他同时在线上线下销售鸡和鸡蛋以及苹果、玉米等农产品，线上渠道包括微信朋友圈、微店等。投入养鸡的第一年，他赚了2万多元。“为村”的“村有好货”板块连接着王世培的微店，浏览公众号的消费者看到心仪的产品可以直接点击进入微店购买。在自己线上销售农产品的同时，他也帮助其他村民销售各类农产品。苹果、香油、字画、书架……村民的农产品和手工艺品在这位年轻人的帮助下也接入了互联网。

在舒王庄村，一户农户的亲戚掌握古法制香油的技能，她看到舒王庄村“为村”公众号里有众多村民，就加入了舒王庄村的“为村”公众号，经常在上面发送小磨香油的图片。一些吃惯了古法制香油的村民看到香油的信息就直接联系卖家，并且省时省力。还有村民记得小时候用火烤麦穗特别香，就做了一些放在“为村”公众号里售卖，这种城市里见不到的食物唤起了一些离乡村民的儿时记忆，有不少人预订。顾客购买这些产品的

① 笔者对舒王庄村村民李时夫的访谈。

② 引自新闻联播对腾讯为村的电视报道，https://v.qq.com/x/page/r03988307va.html。

③ 引自“你才是为村主角”评选故事。

理由大多是“天然”“味道好”“老家产的有保障”。互联网让村民发现原来自己村还有这么多好东西，它们是城市里的商品难以比拟的。

舒王庄村的侯学文2017年70多岁了，在“为村”管理员的帮助下，他通过“为村”平台展示编鸟笼的技艺，并在平台上销售鸟笼。现在的侯学文不仅把鸟笼卖到了首都北京，而且还上过腾讯直播，拥有了众多粉丝，就连儿子也辞去了外地工作跟他一起做鸟笼的生意。这种原先偏居一隅无人了解的手艺，在互联网的传播下引起了城市居民的好奇和欣赏，从而大放异彩。

三 虚拟震动乡村

腾讯在技术层面搭建了平台，让村民之间的互动在任何时间和地点都可以开展。事实上，“为村”对中国乡村的影响远不是热火朝天的人际互动和产品渠道的开拓与销量的增加，“为村”为实体乡村社会带来了更多更深层的影响。村民所互动的空间、认同的组织已经不再是原本那个实体空间里的乡村，而是实体和虚拟叠加的一个新的乡村社会。这个乡村社会拥有原本实体空间的所有要素，但是因为互联网的加入，人们的互动方式、交流秩序、对村庄的认识都发生了巨大的改变，这个依托于实体要素，融入了虚拟空间的组织是一个新兴的乡村社会。

1. 新秩序和新权威

规范和秩序是维系乡村社会正常运行的重要因素。乡村社会要长久稳定地存在就必须形成一套完整的、人人遵守的规范和秩序。作为一个以实体乡村社会为依托的虚拟乡村社会，“为村”也受到实体社会的影响，实体社会的结构会反映到虚拟社会中去，而虚拟社会也会将它所创造的关系影射到实体社会之中。“为村”这个虚拟社会内部，成员的交流正形成一套新秩序和权威，而这种从实体空间到虚拟空间，再从虚拟空间转到实体空间的转变蕴含着民主的潜力。

权威也对规则的形成和运行起着重要作用。韦伯将权威分为三种，即传统型、超凡魅力型和法理型，一般认为官僚体系（包括村治理体系）权威更多来自于职位，“位高而权重”。而因为虚拟组织中职位不再附有相应的权力，实现了个体权力的对等，个体的权力不完全来自组织，同时来自个体拥有的资源、特质等，互联网营造的虚拟组织被寄予“平权”的厚望。

（1）平等交流秩序的建立

尽管村内的少数个体（如村支书、党员）在“为村”中占据了一定的信息发布优势（如“支书日记”等专门板块），但是相比实体空间，村民的交流和互动秩序因虚拟空间而改变。具体体现在：发言者没有任何资格或身份的限制；不存在对发言使用事先或事后审查；公开响应问题（而非个别私下响应的方式）；有兴趣者都有加入讨论的机会等。村民可以在相应的板块中输入自己的问题、看法，一经发送即可在空间中显现，所有村民都可以看见并通过点赞评论等加入讨论。

这一点在“为村”这个虚拟社区中也有所显现。在“为村”平台上，非传统精英也获得平等发言的机会，并且也能获得众多村民的认可和支持。例如，舒王庄村村民徐美娣在“为村”平台上发的哲理话语“治家以勤俭为贵，做人以信仰为贵”等共获得了村民100多个赞和留言，与村干部获得的数量不相上下。[①]在这个平台上，个体有更加充分展露个性的机会。一些村民在受访中说，“为村”让他们对其他村民有更全面的认识，“平时交流不多，但是通过‘为村’发现他（她）原来挺有水平”。这说明在“为村”这个虚拟空间中，个体拥有凭借个人的力量成为新权威的潜力。

舒王庄村“为村”管理员和支书助理张宁宁也发现，在“为村”这个虚拟社区里，村民更愿意提出问题，与村干部的交流也比实体空间更为频繁。“一些村民可能平时比较低调，也不愿多说话，如果有什么想法和建议，他们不会特地去找支书说或者在公共场合发表意见”。但是互联网让交流减去了面对面容易出现的尴尬情况，并且“为村”设计了“书记信箱”这样的板块，专门给村民提意见、想法之用，很多村民因此愿意在相应的板块说出自己的想法，书记看到了也能及时回应。在舒王庄村的“为村”公众号上，可以看到村民提出“雨季积水多，排水困难，庄稼被淹”的问题，其他村民通过按“同问”表示发问。有村民提问“有宅基证的房子能不能盖房”，同问的有几十人，村支书也做出了“按规划可以建”的回复。[②]又如，随西村村民李汉新在“为村”平台上留言说“李汉营老家屋后有一

① 笔者对舒王庄村“为村”公众号信息的摘取。

② 笔者对舒王庄村“为村”公众号信息的摘取。

堆生活垃圾，十分难闻，天气暖和了怕蚊蝇肆虐”。村委会主任李海全看到后立即在平台上进行了回复，并组织村委会成员对垃圾进行了清理。[①] 村民知道这件事之后都对村委会的工作竖起大拇指，村民对村委会的信任度、满意度得到了提高，也促进了干群关系。

舒王庄村“为村”公众号虚拟空间里这种较为平等的秩序得到村民的支持和维护，“有什么话就可以说，有什么问题就可以提，但是大家都遵守规则，不能乱说乱发，不然（秩序）就乱了，也没人愿意交流了”[②]。

（2）新型权威的建立

在宗族淡化、乡绅消失的背景下，村干部是村内的权威，对于维护村内规则和秩序起到至关重要的作用。村干部作为政治精英权威属于法理型权威，但是因“贿选”“上级指定”等种种原因，其法理型权威易受到村民质疑。很多村民由于不了解村干部的行踪、不了解村干部做的事情，而将村干部排除在自己的利益社会之外，认为他们不可能成为自己利益的代言人，对村内权威的不信任导致村民对乡村的认同感减弱。张宁宁说，“原先老百姓是不太了解支书每天都做什么的。只有有事的时候才去找支书，去了还可能发现支书不在，就觉得支书每天都不在办公室清闲得很，找他办个事情还这么难”[③]。

“为村”设置了专门的板块例如“村委日记”“书记信箱”“党建之家”等，为传统政治精英发挥影响提供了机会。舒王庄村支书王关资会在“村委日记”中写自己一天的行程和工作，例如开了什么会、接待了什么领导、帮村民办了什么事情。“为村”作为互联网产品有信息公布、传递的天然优势，真正为村庄建设和发展做出努力和贡献的村干部可以利用这个工具解决信息不对称的问题。这个工具帮助舒王庄村支书获得更多村民的理解和支持，很多村民表示是因为看到“村委日记”板块上面的信息，才明白支书其实挺忙的，“之前觉得当官的嘛肯定很轻松，赚得又多。但是看到每天支书写的事情，（发现）他其实很忙，要开会、陪领导、帮村民跑腿，确实是为老百姓做事情的”。在访谈中问及村内权威的问题，几乎所有村民都回答是村支书，原因是“他确实每天都挺忙，为咱村做了事情”。而权威的建

---

① 笔者对随西村为村公众号信息的摘取。

② 笔者对舒王庄村村民王学广的访谈。

③ 笔者对舒王庄村书记助理、“为村”管理员张宁宁的访谈。

立对维持秩序和规则提供了助力，村民王学广说，“曾经有村民在群里乱说话的，后来支书强调了一下规矩，大家讨论就比较规范了，语气也都是客客气气的”①。

2. 久违的认同感和归属感

乡村社会瓦解的原因除了互动减少之外，认同感和归属感缺失也是重要原因。在城乡差距拉大的背景下，乡村被贴上了“落后”的标签，农民的形象也从“勤劳”“坚韧”变为“愚昧”“土气”，生于斯长于斯的村民对乡村缺乏认同感，甚至即使在城市难以扎根，也不愿意回到乡村。

湘西州龙山县苗儿滩镇捞车河村“为村”项目带头人、村书记姚丽云认为，村微信群与“为村”公号的建立，让留守村民与外出村民在网上聚到了一起。平日里村民在公众号里聊天互动，增进感情。在危急时刻这种互动积累的感情迅速转化为互助的力量。2016 年夏天，捞车河村发生火灾，有 4 户人家的房屋被烧毁。火灾次日，公号发布了相关的文章，呼吁父老乡亲献爱心，村民纷纷转发。该文阅读量达到 1.5 万多人次，短短几天内，筹款 8.6 万元。②“为村”公众号给离乡的人提供了“反哺”乡村的机会，而这一点在原先信息闭塞、空间隔阂的情况下是一件困难的事情。

“为村”平台的建立、村内和外部交流的增多甚至带动了实体空间的人口回流。“为村”为一些年轻人创造了工作机会，让他们回到农村老家也能过上体面生活。彭海兰 20 岁出头，刚在成都找到工作，但是因为老家的镇政府要开发和推广“为村”公众号，给她提供了实习机会，所以她决定先回家试试。现在该村公众号推出的 40 多篇文章，几乎全部出自她的手。③

虽然这样的工作机会并不多，作为互联网产品的“为村”也难以逆转年轻人口向城市迁移的趋势，但是它营造的虚拟社区将人们的情感联系起来，在外务工的年轻人可以通过“为村”持续地关注自己的父母、孩子以及村庄的发展，并和同村人时刻保持互动。在虚拟空间里，“为村”把实体空间里逐渐支离破碎的村庄重新连接、拼凑起来，乡村社会因互动减少而

---

① 笔者对舒王庄村村民王学广的访谈。

② 《当村里开通了微信公号》，新华网，http://news.xinhuanet.com/tech/2016－12/02/c_1120036394.htm。

③ 《当村里开通了微信公号》，新华网，http://news.xinhuanet.com/tech/2016－12/02/c_1120036394.htm。

疏离的部分得到了弥补。从这个层面，“为村”确实在恢复村民之间的熟人关系、恢复村民的社会支持网络方面做出了贡献。

3. 乡村自信与乡村价值

另外，“为村”在保持乡村社会原有的紧密的人际关系的基础上，试图让村庄拥有对外交流的桥梁，并且这个桥梁两端的主体地位是平等的，而不是一方对另一方的剥削，让这个新兴的乡村社会能够在城市化的进程中发挥自己的优势、找回村庄自信。腾讯为村的负责人陈圆圆提到了微信创始人张小龙坚持的一个理念，即“再小的个体也有自己的品牌”。她认为一个乡村的“为村”公众号就是这个村子的品牌。[①]村庄在经营自己的“为村”公众号的同时，需要不断挖掘村庄独特的风土人情、特色美食、旅游资源，这让村民发现自己村庄的独特魅力，加强对乡村社会的认同、恢复乡村社会的自信。

“为村”在努力恢复村庄的人际关系的基础上，通过功能设计将整个村庄有了统一对外交流的渠道，并且试图通过建立村庄的品牌主动“吸引”村庄外部的资源。与因为城乡巨大差异而导致人口被迫流出村庄不同，“为村”对村庄的品牌设计和执行在充分挖掘村庄本身的价值，在对外交流中，村庄整体是自信的，与外界的关系是平等的，使得乡村社会的发展也充满价值和魅力。村民发现自己所在的乡村原来有这么多城市不具备的资源，这些资源能吸引众多机会和财富，乡村并不是无用的、落后的，而是有特点的、有价值的。

四　民非“为村”

互联网作为沟通互动工具并不是稀奇事，虚拟社区所产生的凝聚作用也已被多方研究。但是真正将村庄作为单位，专门引导村民使用互联网并试图用它应对乡村社会衰落问题的企业，腾讯显得独一无二。更进一步的是，将有形的乡村搬上无形的虚拟空间，腾讯为乡村带来的“魔幻”潜力，使得腾讯显得更有智慧。

---

① 笔者对腾讯产业政策部主任陈圆圆的访谈。

1. 起于腾讯基金会

最初，“为村”在试点阶段以公益项目形式运作，为腾讯基金会所有。“为村”项目的设计、执行、推广由腾讯基金会投入资金支持，而项目技术开发则是与第三方开发公司进行合作。

2009 年 6 月腾讯基金会启动公益项目计划“筑梦新乡村”，贵州省黔东南苗族侗族自治州的黎平、雷山两县和云南省迪庆藏族自治州三地成为重点帮扶地区。2014 年 11 月至 2015 年 12 月是“为村”项目的试点阶段，试点村庄选中了此前腾讯基金会有较多接触的黎平县的铜关村与蒲洞村两个村庄。2016 年 1 月至 5 月，“为村”未新增村庄，而是持续投入对试点村庄的用户调研和公众号由订阅号向服务号的升级，以及基于服务号的产品功能研发，同时向更多的地方政府展开“互联网 + 乡村”的宣讲。随着产品功能的不断完善，半年内“为村”项目的宣讲 PPT 一共更新了 11 个版本。在此期间，除了贵州黎平县，湖南湘西州、甘肃康县、内蒙古扎兰屯市等地区也成为“为村”主要沟通合作的拓展区域。

2016 年 9 月，“为村”面向全国推广，项目团队也划归腾讯产业政策部，这是一个面向政府开展工作的部门。而“为村”项目开始自负盈亏，开始对提供的服务进行收费，即为一个村开发一个“为村”公众号收取的费用是 1 万元。如果以县为单位，开发多个“为村”村庄公众号，则以梯度递减的方式减少单位收费，并赠送乡/镇、区/县、市/州管理总号。① 一次性购买众多下属村庄的“为村”公众号开发服务并且支付这笔费用的，大多是镇或者市政府，只有极个别村庄是村内自己出资购买“为村”公众号开发服务。

把政府作为“为村”产品客户的原因之一，是“为村”团队在此前腾讯基金会的传统公益项目中看到了政府管理乡村的痛点：一些地级政府也试图通过电子政务的方式加强信息传播、提高办事效率，但是效果都不理想。究其原因，一方面是因为政府部门在电子政务开发方面步调不一致，重复建设网络平台导致事务分散，使用效率低；另一方面是政府本身在公

① “为村”公众号开发费用收取遵循梯度价格，一次性购买的村庄数量越多，单位价格越低。购买第 1 到第 30 个村是 1 万元/个，第 30 到第 100 个村是 5000 元/个，第 100 到第 200 个村是 3000 元/个，第 200 个村以上都是 2000 元/个。

众号开发方面的专业性问题，大多数政府只能做订阅号，定期进行信息的推送，很难和用户真正互动起来，关注的人也很少。“为村”项目团队看到了政府这方面的困难以及建设“智慧乡村”的需求，所以将政府定位为客户，向政府收取公众号开发服务。政府购买“为村”公众号开发服务之后，将其交给各个村庄自行运营。

此外，项目团队也认识到政府在村庄建设中的积极作用，希望购买行为能引起政府的重视。对于腾讯“为村”团队来说，政府购买乡村的“为村”公众号开发只是政府关注乡村移动互联网建设的开始，腾讯期待政府能有更多的支持和投入，让村庄移动互联网的发展更有规划和持续性。政府人员具备积极性之后，也会思考如何更好地发挥这个产品的价值。比如，有政府官员提出能不能把政府的人社信息和“为村”对接上，这样原本几年才更新一次的静态信息就能变活，也有政府部门希望“办事指南”能由各单位统一发，而不只是让村庄的管理员复制粘贴，以保障信息的统一性，更促进传达的及时性。为此，腾讯也积极开发相应的功能，满足客户的需要。后续“为村”项目将进一步优化平台功能及大数据系统，并即将推出“管理员激励机制”，构建管理员为村课堂，培育及支持管理员成长，为优秀管理员提供学习机会，物质、资金及精神激励，提高管理员的积极性，让基层乡村工作者推动“为村”建设工作更有效率。

有关收费，“为村”项目受到外界的不少质疑：不是说帮助乡村吗？做公益为什么要收钱？对此，陈圆圆解释说，“正因为‘为村’公众号开发不是免费的，所以一方面可以将那些期望靠诉说贫困获得帮扶、坐等外界忙碌而自身缺乏行动力的村庄屏蔽出去，另一方面也能让政府真正重视起来，把相应的资金、人员配套服务都跟上，把它当做一项工作真正落实下去。收费可以使得‘为村’所选择的目标村能够真正使用‘为村’公众号，而不仅仅是一个摆设。习近平总书记反复强调扶贫要先扶志、扶智，为村更多的是激发村庄的内生动力，毕竟互联网的能力是无法捐赠的。把它当做工作还是当做公益，对于政府来说性质是不同的。我们希望它就是一个商业行为，政府购买了服务，然后政府为自己付出的这一笔钱负责，就会关注它的效果，就会一起投入，跟我们一起来把这事情做好”①。

对于项目效果，“为村”团队也利用了腾讯在处理数据方面的优势，并

① 笔者对“为村”负责人、腾讯产业政策部主任陈圆圆的访谈记录。

且不断改进。2017年，评估村庄微信号运营情况的指标有两种：一是腾讯自己设计的一套为村指数，重点关注村民认证数量、日常活跃度等指标，村民在“为村”公众号上的发帖、点赞、回复等行为都会引起指数变化，用户的活跃度越高，指数就越高。该指标的目的是按照不同的为村指数，村庄在为村平台上进行排名。第二种指标设计了详细的11条标准，用于“为村”公众号考核阶段，满足这些标准的村庄将获得由“为村”开放平台发放的1万元奖励。

2018年元旦，为村指数升级为村庄星级体系，这是一套更关注内容质量的算法，村民尤其是带有管理和服务身份的村委成员、基层党员在“为村”公众号上的发帖、回复、评论等行为都会引起指数变化，村庄产生的内容质量越高，村委与村民互动的活跃度越高，村庄星级就越高。按照不同的星级及针对重点板块运营得好的村庄，腾讯“为村”总号上会对其进行推荐，供其他村庄参考学习。同时，基于“加油为村基金”而设计的村庄反哺激励机制，也将随着新的村庄星级体系，变得更为灵活，村庄获得激励的维度也将变得更丰富。

2. 独立注册民办非企业单位

自2016年9月“为村”正式划归到腾讯公司产业政策部之后，项目团队开始在经信委指导下，着手筹建独立运营“为村”项目的民办非企业单位——“北京为村互联网科技研究中心”。该机构由腾讯基金会捐资500万元注册设立，于2018年1月正式注册完成。腾讯“为村”项目从一个腾讯基金会下的实验性公益项目，通过腾讯基金会的孵化、腾讯公司提供的资源整合，正式转变为一个独立运作的非营利组织①，自负盈亏，独立运营。虽然是收费的公益项目，但是“为村”项目和以营利为目的的腾讯公司保持着距离。无论是在腾讯基金会探索阶段，还是在2016年划归腾讯产业政策部运营阶段，商业化运作时通过政府服务采购所得收入，并未进入腾讯公司。陈圆圆指出，前后的主要变化是指导单位由腾讯基金会变为更具备政府合作资源的产业政策部。②

陈圆圆很清楚地描述“北京为村互联网科技研究中心”的定位：“要做

① 笔者对“为村”负责人、腾讯产业政策部主任陈圆圆的访谈记录。
② 笔者对“为村”负责人、腾讯产业政策部主任陈圆圆的访谈记录。

社会企业，而不是需要持续输血才能运营下去的公益机构，我们不以营利为目的，但是我们必须要营利，要能自负盈亏。从政府收取的服务开发费用除了支持团队运营成本之外，利润不分红，而是纳入该机构设立的‘加油为村基金’里面，用于“为村”项目中村庄管理员的培训、交流和奖励以及村庄发展的反哺。”①

虽然现在“为村”的普及率并不高，但是腾讯“为村”的设想很远大，其未来三年的目标是使用“为村”公众号的村达到5万个。当“为村”的使用者和关注者越来越多的时候，对于“流量为王”的互联网经济，“为村”公众号本身也产生了价值。陈圆圆说，“那时候村庄就可以考虑在本村的公众号上接受一些广告。而拥有众多用户数量的“为村”公众号具备筛选广告和议价的能力，村庄就会从弱势群体变成一个因为凝聚了集体力量的强大的群体”②，彼时乡村社会将产生更大的价值，立足于浩浩荡荡的现代化进程中。

五　结语

乡村是历经千年长存于中国土地上的组织形式，近代以来的工业化城市化进程对传统乡村社会造成了一定的破坏，由此产生了农村家庭破碎、社会支持网络断裂等问题。在互联网发达的今天，腾讯不从实体空间入手，而是利用自己在互联网连接方面的核心竞争力，依托于实体空间的乡村结构，构建出一个新的虚拟空间的乡村社会。在这个社会中，腾讯“为村”用“随时随地交流互动”的功能满足了人们的社交需要——留守老人需要和城市的孩子交流、村干部需要和村民交流、村民之间需要相互交流。社交需要的满足把村民在互联网上固定下来，他们在使用社交软件（“为村”）的过程中不断学习和摸索，即使是文化水平较低、年龄较大的村民也逐渐学会了点赞、评论、发图片和编辑文字等基本的互联网技巧。而对于互联网信息的获取和产业的开发是基于村民熟练掌握互联网技巧之后的步骤，比如，熟练使用移动互联网的村民开始在遇到作物问题的时候通过“为村”寻找农技专家、在遇到法律困难的时候在“为村”上进行法律咨询、在销

① 笔者对“为村”负责人、腾讯产业政策部主任陈圆圆的访谈记录。

② 笔者对“为村”负责人、腾讯产业政策部主任陈圆圆的访谈记录。

售农产品的时候通过“为村”打开线上销售渠道……相比消散的实体乡村，村民的互动由沉寂变得热烈，形成了一套较为平等民主的交流秩序，挖掘了乡村本身的亮点，对乡村重新产生认同感，这个虚拟空间的乡村社会变得有秩序、有新的权威、有活力、有认同感。与此同时，虚拟乡村社会所依托的实体乡村社会也悄然发生了变化。

世界正在被各种各样的企业、各种各样的人重塑着，历史也在悄然地书写着它的轨迹。腾讯微信一方面适应了中国人的文化和习惯，另一方面也在改写着我们的文化、习惯和生活方式。微信只用了短短几年的时间就重塑了中国的社会，重塑了人们的生活方式。互联网技术以及移动互联网技术带来的无限可能，使中国的乡村、中国人民发生了前所未有的震动，我们身处其中，却又难以捉摸。也许，这就是互联网的魅力。当然，归根结底，它是人类的魅力。

聚焦中国乡村公益养老：蒲韩乡村经验

2013 年 7 月，中条山下，永济市蒲韩乡村社区迎来又一个丰收的季节，壮劳力们在烈日里干活，连吃饭的时间都挤不出来。坛庄村的张奶奶唯一的儿子在外忙地里的活儿，自己一个人孤零零地坐在床边。眼睛受伤后只剩一只能模糊看见，她颤巍巍地往碗里倒了些热水，摸出儿子出门前放在床头的馍馍，一点点掰开泡在水里，将就着对付午饭。秋收一忙，张奶奶家的日子每天都是这样。临近八十，腿脚也不灵便，张奶奶没办法独自照顾自己，连到村里四处转转都不能了。偶尔村里有人来串门或来借点东西，张奶奶都高兴得不得了，拉住人家扯扯家常，开心得像过年一样。大多时间，张奶奶都是一个人待在小屋里，天亮了，天又黑了，饿了就吃几口馍馍……张奶奶每天就盼望儿子晚上干完活回家，一起吃顿热饭，还能再说说话。

多年前，蒲韩乡村社区像张奶奶这样的老人有很多。多年前，老人不受尊重，被骂来骂去，无人照料，婆媳吵架……也是这里的常态。

这并非蒲韩乡村社区独有，中国大多数农村都是这样。老龄化加剧，青壮年外出，乡村大量低收入人口，“少子化”“老龄化”“空巢化”等现象叠加并存，乡村老人被遗弃或自杀的事件频出……老人不愿离家离土，传统养老方式和保障体系遭遇巨大挑战。老有所养、老有所依、老有所乐、老有所安是中国所有老人的梦想。然而，中国乡村养老的未来在哪里？中国的乡村没有满意的答案，中国的乡村也不知答案在哪里。

然而，蒲韩乡村社区正悄然发生着变化。今天，蒲韩乡村社区的老人们已是另一种生活状态。村巷的不倒翁学堂里，老人们爽朗的笑声不断；村里的大广场上，定期上演老人们多姿多彩的节目；村口的大树边，行动不便的老大爷正与专程赶来的志愿者和邻居们唠着村里的点点滴滴。为乡村养老寻找答案的，正是这里土生土长的组织——蒲韩乡村，它为村里的老人们带来欢乐，为乡村养老交出了一份令人骄傲的答卷。

一　蒲韩乡村社区老人养老断层

目前，蒲韩乡村社区老人养老仍然以家庭提供照护服务为主，随着老龄化、家庭功能弱化，乡村养老的客观需求与实际供给之间存在着巨大缺口。

1. 人口老龄化

永济市地处山西省西南端，晋、秦、豫三省交会的黄河金三角区域中心，是运城市管辖下的县级市。全市国土总面积1208平方公里，辖7镇3个街道，265个行政村，23个社区居委会，总人口45.6万人。永济现代农业发展较快，是山西省农业产业化龙头县市之一，近年来永济大力发展粮、棉、果、菜、畜等主导产业，不断加快农业产业化发展步伐。同时，发展农民专业合作组织1034家，带动永济及周边20万农户从事农业产业化经营。农业产业化对全市农民在农业产业领域增收的贡献率达50%以上，为促进农村经济健康持续稳定发展奠定了坚实的基础。永济目前是山西省唯一一家县级中国优秀旅游城市、山西省唯一的国家级农业产业化示范基地，先后被授予“全国双拥模范城”“全国科技进步先进市”“全国食品工业百强市”“全国粮食生产先进市”“中华诗词之乡”“中国诗人之家”“全省卫生城市”“省级园林城市”“全省新农村建设先进市”“全省农民增收先进市”等诸多荣誉称号。①

从农村居民人均可支配收入来看，2016年永济市农民人均可支配收入

① 永济市政府网站，http://www.yongji.gov.cn/4371597.html。

略高于运城市水平及山西省平均水平①，略低于全国水平②。2016 年，永济全市地区生产总值 134.1 亿元，一般公共预算收入 4.0634 亿元；城镇居民人均可支配收入 26366 元，农村居民人均可支配收入 11640 元。③蒲韩乡村社区位于山西省永济市，涵盖蒲州镇和韩阳镇 2 个乡镇的 43 个村（24 个行政村，19 个自然村），6520 户，25800 多人。社区以寨子村为核心，服务两个乡镇的 3865 户人家，占两个乡镇总人口的 58% 左右。其社员的耕地面积约为 36000 亩，占本区域总耕地面积的一半。

蒲韩乡村社区大部分老人仍在继续从事包括下地劳作在内的经济活动，几乎所有老人都在从事一定程度的家务劳动。事实上，只有当再也干不动，无法再实现自给自足的独立生活后，老人才可能步入养老状态，实际养老年龄远远晚于城市。“不像城里老年人 60 岁就退休，就什么活都不干，光拿国家钱。农村人没有工资也没有退休金，只能辛苦地活到老干到老。农村老人考虑孩子要上学，要嫁人，还要娶媳妇盖房子，舍不得花孩子的钱。他们没工资，就靠着种地，或者打工挣点钱，来钱很不容易。所以只要还能做活，身体过得去，他们就闲不下来，总想减轻孩子一点负担。”④

就当前常住人口结构看，蒲韩乡村社区主要以老人和妇女为主，70 岁以上老人有 1750 多人，其中男性占 40%，女性占 60%。中青年男性大多外出打工，集中在小型餐饮行业，逢年过节才有时间回家看望老人。⑤蒲韩乡村社区的养老重担基本落在家里女人身上，大多是媳妇身上，妇女需要承担起整个家庭的重担，在进行农业生产的同时还要照顾老人、小孩。

---

① 据《山西省 2016 年国民经济和社会发展统计公报》，2016 年，山西省城镇居民人均可支配收入 27352 元，城镇居民人均消费支出 16993 元；农村居民人均可支配收入 10082 元，农村居民人均消费支出 8029 元。

② 据《2016 年国民经济和社会发展统计公报》全年全国居民人均可支配收入 23821 元；按常住地分，城镇居民人均可支配收入 33616 元，农村居民人均可支配收入 12363 元，农村居民人均可支配收入中位数 11149 元。按全国居民五等份收入分组，低收入组人均可支配收入 5529 元，中等偏下收入组人均可支配收入 12899 元，中等收入组人均可支配收入 20924 元，中等偏上收入组人均可支配收入 31990 元，高收入组人均可支配收入 59259 元。贫困地区农村居民人均可支配收入 8452 元。

③ 永济市人民政府：《关于 2016 年国民经济和社会发展计划执行情况与 2017 年国民经济和社会发展计划草案的报告》，永济市人民政府网站，http://www.yongji.gov.cn/4298666/4505701.html。

④ 笔者对蒲韩乡村不倒翁学堂干事任淑列的访谈。

⑤ 笔者对蒲韩乡村不倒翁学堂干事任淑列的访谈。

2. 养老需求强烈

何谓养老，目前的概念和说法多样，也不统一。养老模式的提法也有多种，如家庭养老、居家养老、社会养老、机构养老、设施养老、自我养老、集中养老、分散养老等，在养老概念方面既有分歧，也有共识。①就养老体系而言，有研究者对其有较完整的叙述，认为它是“在一个特定的社会关系中老龄人口生活的支持系统”，其原则是“保护老龄人口的权益，满足他们的基本需求”②。综合来说，笔者认为广义上的养老涵盖四方面内容：经济供养、生活照料、医疗保健和精神慰藉。因蒲韩乡村社区养老不涉及经济供养，本报告不讨论“经济供养”，主要讨论生活照料、医疗保健和精神慰藉。目前，养老服务并没有统一标准，这里以《杭州市社区（村）居家养老服务标准》（节选）对三方面养老覆盖的内容进行说明。③

（1）生活照料服务

助餐服务：洗、煮饭菜应干净、卫生，无焦煳；尊重老年人的饮食生活习惯；注意营养，合理配餐，每周有食谱；助餐点应配置符合老年人的无障碍设施，助餐工具应保持清洁卫生，餐具做到每餐消毒；送餐上门应及时，有必要的保温、保鲜设备。

起居服务：协助穿脱衣服和如厕方法得当，老年人无不适现象；衣物整理放置有序；定时为卧床老年人翻身，无褥疮。

助浴服务：助浴前应进行安全提示，助浴过程应有家属或助老员在场；上门助浴时应根据四季气候情况和老年人居住条件，注意防寒保暖、防暑降温和浴室内通风。

卫生清理服务：协助刷牙、洗脸、洗脚、按摩动作适当，老年人无不适现象，做到老人容貌整洁、衣着适度、指（趾）甲整洁、无异味；定期清洗、更换床单和衣物，无脏污；定时打扫室内外卫生，做到清洁、干净。

代办服务：代换煤气、代办各种手续、代缴各种费用等，应按照老人的要求及时办理。

（2）医疗保健服务

预防保健服务：根据老年人需求制定有针对性的预防方案，预防方案

---

① 宋健：《农村养老问题研究综述》，《人口研究》2001 年第 25 期。

② 马利敏：《新型养老体系的初步研究与设想》，《人口学刊》，2000 年第 1 期。

③ 杭州市民政局《杭州市社区（村）居家养老服务标准》（2011 试行）。

应简明扼要、通俗易懂，便于老年人掌握预防老年病的基本知识并进行基础性的防治。

医疗协助服务：应遵照医嘱及时提醒和监督老年人按时服药，或陪同就医；协助开展医疗辅助性工作，应能正确测量血压、体温等。

康复护理服务：指导老年人正确执行医嘱，协助老年人正确使用康复、保健仪器。

健康咨询服务：通过电话、网络及会议报告或老年学校等方式为老年人提供预防保健、康复护理及老年期营养、心理健康等知识教育。

（3）精神慰藉服务

精神支持服务：读报，耐心倾听，能与老年人进行谈心、交流。

心理疏导服务：掌握老年人的心理特点和基本沟通技巧，能够观察老年人的情绪变化，并通过心理干预手段调整老年人的心理状态。尊重并保护老年人的隐私。

蒲韩乡村社区的老人养老需求可以大致分为：日常生活照顾（包括衣食住行、生活护理、清洁打扫等）、医疗健康保障（包括定期体检、基本诊疗、健康咨询、紧急求助等）、精神心理慰藉（包括谈心交流、天伦之乐、社会交往、娱乐活动、获得尊重、挖掘个人潜能等），具有多样性和一定的层级性。

如果从上述三方面来对照蒲韩乡村社区的老人养老现状，基本可以说，这里的老人需求太简单了，即便如此，老人生活一样令人悲叹。

2000年，蒲韩乡村的为老服务尚未开展。被人们习惯叫“巧巧手”的老人剪纸水平很高，儿子也孝顺，每次回家都给她带一大堆吃的用的。一天，邻居们发现老太太连着两天没出门。有人翻墙进去，发现老太太喝了药，已经去世。[①]患病六年多的王奶奶躺在床上也少有访客。“这些不能生活自理的老年人，每天躺在床上孤零零地看电视，看电视都得看烦。”蒲韩乡村的工作人员感叹，“我们第一次发现，老人是真的孤独！”[②]

3. 养老服务匮乏

蒲韩乡村社区没有正规养老院，目前仅有三家私人运营的养老院，分

① 《城里人有条件，农村养老怎么办？》，https://www.sohu.com/a/127085942_117600。

② 引自笔者对蒲韩乡村不倒翁学堂干事任淑列的访谈。

别位于贺家村、王庄村、弘道园村，但只为老人提供最基本的生活维持和照料，不涉及精神慰藉和老人娱乐活动。政府和部分“村两委”尽管也建立了社区办日间照料中心，但总体而言办得并不是特别成功，也是以基本的生活照料为主，缺乏对老人更高层次需求的关注。位于韩阳镇贺家村的这家私人养老院，目前约有7位本村或附近村子的老人接受服务。贺家村养老院对能自理的老人每人每月收费600元，不能自理的每人每月收费1300元。养老院由本村一对夫妻运营，他们吃住在院子里的最后一排平房，打理从账目核对到照顾老人大大小小的事情。日常主要是简单地为老人洗澡刷牙做饭，基本没时间陪伴老人，与老人坐下来聊天，老人院也几乎无任何老人活动。养老院最大的优势是离镇上唯一的医院近，老人身体一旦不适，可以及时送去就医。养老院的工作人员说，“之前是想着有国家补贴，能赚点钱。现在发现也不好搞，累。”①

一张床、一架轮椅和一个尿盆，是陈奶奶在养老院的全部服务设施。不足15平方米的房间里，没有电视，没有其他物品。陈奶奶2017年72岁，行动不便，女儿都已出嫁，唯一的儿子在外跑水果运输。陈奶奶说，“家里没人，娃娃没空，不着家，没人管啊。”平时，房间里放一张小床，嫁到邻村的女儿有时会过来陪一下床。大多数时间，陈奶奶一个人躺在床上发呆，躺久了腰疼得不行，想侧个身都得找人来搭把手。平时陈奶奶很少出去晒太阳，没有人说话，“没办法，没人跟我说话。他们都不陪我，”②陈奶奶说着说着就哭了。

二　蒲韩乡村的公益养老

蒲韩乡村综合性农民合作组织，覆盖蒲州、韩阳两镇27个行政村、3000多户、1万多人口。2004年，在永济市委市政府支持下，在市民政局正式登记注册为“永济市蒲州镇农民协会”；2007年，按照政府兴办农民专业合作社的要求，机构将会员组合成18家合作社和一个有机种植联合社，永济市蒲州镇农民协会也变更为蒲州镇果品联合社。不过，他们一直没有打乱2004年登记时的农民协会的核算体制和组织方式，且在原组织基础上，

① 笔者对贺家村养老院工作人员的访谈。
② 笔者对贺家村养老院陈奶奶的访谈。

以有机种植联合社为依托创建了资金互助部、城乡互助中心、农民技术学校、红娘手工艺中心、青年有机农场等正式登记的和内部设置的各类经济、社会组织，形成了多功能综合农协的组织网络，并按照所在乡镇的地名，取名为“蒲韩乡村”。蒲韩乡村以解决乡村社区养老服务供给不足问题为目标，自 2012 年起开始探索乡村社区互助居家养老服务，以家庭为核心、以社区为依托、以志愿服务为依靠，为居住在家的老年人提供日常生活照料和精神慰藉服务。

2016 年，蒲韩乡村覆盖的人群中 75 岁及以上老人有 1120 多位，正式加入不倒翁学堂的老人有 156 位，加上各村来学堂参加活动的老人差不多有 300 多人；由于失能老人数量减少，上门服务规模有所收缩，目前需要上门护理的老人有 50 位，其中接受“2 对 1”服务的有 20 户，“7 对 1”上门服务的有 30 户。2017 年上半年，社区已有 14 个不倒翁学堂正式投入运营①，分别位于李巷村、韩阳村、坛庄村、陈村、牛家村、寨子村、薛崖村、弘道元、新乐庄、鹿峪、孟盟桥、张留庄、下寺村、祁家坡 14 个村，服务 140 多位老人。预计 2017 年底，全社区不倒翁学堂数量将达到 30 个。②

1. “2 对 1”居家照料服务

“2 对 1”居家照料服务主要是为失能程度比较严重（不自理和半自理）的老年人上门提供生活和精神照料，即两位护理员每日轮班照料 1 位老人。如老人家里无人照看需护理员陪夜照料，老人需要为两位护理员每月共支付 600～800 元费用；如家里有人陪夜，费用则为 400～500 元。具体服务内容包括健康检查、打扫卫生、做饭、喂饭、洗衣、陪聊、护夜等规定的事项。

“2 对 1”服务起源于 2012 年 7 月，时任联合社干事的任淑列在村里组织老年人跳舞打太极时，发现有个妇女干站在旁边看，不运动。被问及为何不参加活动时，这位妇女一脸愁容，“唉，我心里着急，心不在这。”原来她爸已经瘫痪八年，平常都是她妈在家里照顾，没想到她妈妈下地时不小心把腿伤到了，而家里唯一的弟弟又在外打工，自己已经出嫁，在外面

① 其中坛庄村学堂的用房由“村两委”提供，最初由当地政府筹建，后来日常服务及日常管理由蒲韩乡村提供，挂牌仍是政府的社区日间照料中心，而非不倒翁学堂。

② 笔者对蒲韩乡村不倒翁学堂干事任淑列的访谈。

开着一家饭店，一时间爸妈没人照顾了。“我爹妈这边离不开人，我那饭店也离不开人，丈夫一直打电话叫我回去。”一番商量后，任淑列开始给她家找人帮忙。此后，便发展起“2 对 1”服务。初期，“2 对 1”服务比较单一，主要是帮助村里行动不便的老人，为他们做饭洗衣，打扫卫生，同老人交流，开导老人。后期，内容相对丰富了一些。

蒲韩乡村为 43 个村的失能较为严重的 20 户老年人，各配备 2 名男性或女性护理员，现有 40 名护理员。[①]

> 刚开始这一户我费了老大的劲，因为是第一户嘛，没啥经验。那时 7 月天气热，她爸不穿裤子，就盖个床单，吃喝拉撒都在床上。刚开始我找了两个妇女，第一个瞅了两眼就说不干了，也没说原因。第二天早上新来的那个妇女，中午回去之后就给我打电话说不来了，干不了。她们都是平时愿意帮助别人有爱心的妇女。我说，这怎么回事啊。后来，她们才说，要照顾的老人是男的，服务不方便。我开始没考虑到男的要找男的去服务。我后来又找了个男的，可是他老伴又不同意，“你别给我家找个男的，村里会说闲话。”我就给她说，“你让我给你找人服务是服务谁啊？”“当然是我老头啊。”“那你就要为你老头考虑。找个女的你老伴不穿裤子，人家给你老伴换尿布多不方便。”后来一看，男同志服务得可好了，打扫卫生，做饭，洗衣服都给干了。还把他搀到家门口去晒太阳，和巷道的老人说话。以前这男的脸上就是活着不如死了的表情，很痛苦，现在都有笑容了。[②]

> 4 年前，56 岁的祁英梅成为蒲韩乡村社区 20 户失能较严重的长期照护体系中的一位。两位本地妇女做她的护理员，每日轮班为她做饭、擦身、帮助如厕、拉家常，帮她打开电视让她知道天下事。祁英梅的丈夫严振荣每月支付两位护理员共 400 元，远低于乡村养老院每月 1500 元到 2500 元的费用。[③]

---

① 杨团：《农村失能老年人照料贫困问题的解决路径——以山西永济蒲韩乡村社区为例》，《学习与实践》2016 年第 4 期。

② 笔者对蒲韩乡村不倒翁学堂干事任淑列的访谈。

③ 《城里人有条件，农村养老怎么办?》，https://www.sohu.com/a/127085942_117600。

> 2017年6月，坛庄村的张奶奶在农忙时节难得吃上热饭。她接受送饭上门服务已经两个多月了。每天的早午饭点是张奶奶最快乐的时刻。她不仅能吃上热腾腾、营养搭配合理的饭菜，还能在家里与护工们聊上一个小时，听听村里的事儿，也能跟护工唠叨唠叨自己。可想起以前的日子，张奶奶忍不住流泪，“以前没人给我送饭。我眼睛不好，走在路上瞅不着，还被车给撞了。地里活多，儿子和儿媳妇五点多就下地，顾不上我，我成天就在家里待着。现在有饭吃了，我高兴。也有人跟我说话，也高兴。我不去养老院，娃娃得掏好多钱，我怕被‘宰’了。我就喜欢自己家，姑娘家也不舒服。”①

2. “7对1”精神慰藉服务

“7对1”精神慰藉服务主要为失能程度较低、患有慢性病、生活依赖性较大但可独立行走的老年人提供精神陪伴服务。由于老人的家人不能整天陪伴，蒲韩乡村专设这项服务，组成7人固定服务小组，他们是愿意和老人聊天、与老人较合得来的志愿者，志愿者主要是低龄老人或与被服务的老人同龄。小组成员每人执勤一天，每天两小时，轮流上门服务，主要是打扫卫生、陪聊等。蒲韩乡村为43个村失能程度较轻的30户老年人，组织了210多名志愿者提供“7对1”服务。②

以前，老人封闭生活，精神郁闷，有时终日郁郁寡欢，还会把不愉快的情绪转到家里其他人身上，搞得鸡飞狗跳。“7对1”服务让老人不出门就可以有社会交往，和村里其他老人谈天说地，心情舒畅。王奶奶仍清楚地记得志愿者第一次上门时的情形，“那天我一会儿看一下表，唉这三点来得太慢了，感觉等一个小时跟过一天差不多。总觉得人快来了吧。志愿者都和我年纪差不多。除了跟我聊天，他们还会给我按摩，带我锻炼。以前总觉得我就是一个活着的死人，啊，还不如死了，把家里人给拖累了，丈夫也干不了什么活。现在觉着我还没被社会抛弃。过年我家娃娃回来，也说我精神好多了。”③

---

① 笔者对蒲韩乡村社区张奶奶的访谈。

② 杨团：《农村失能老年人照料贫困问题的解决路径——以山西永济蒲韩乡村社区为例》，《学习与实践》2016年第4期。

③ 笔者对蒲韩乡村社区王奶奶的访谈。

3. 不倒翁学堂

尽管“2对1”和“7对1”服务满足了部分失能老人的养老需求，但是蒲韩乡村发现能自理的老年人也有孤独无助的情绪。年轻人吃了饭要下地干活，从老人身边走过去顾不上打个招呼，老人们会很低落，“哎哟，你看现在人家都不爱见我了，不和我打招呼。”[①]同时，考虑到每家每户上门服务成本太高，村里大部分老人接受不了，蒲韩乡村总负责人郑冰开始考虑是否能将老人聚在一起吃饭，相互照应。

（1）让老人乐起来

从社区总部所在地寨子村入手，走访会员家庭后，2013年蒲韩乡村首先在寨子村试点设立“芬芳同乐屋”社区日间照料中心，致力于解决社区内尚能自理的高龄老人吃饭问题。来社区日间照料中心的高龄老人，需要每月缴纳200元护理费和饭费或者价值200元的米面粮油，除此不用再缴纳任何费用。村里其他不来吃饭的，不需缴纳任何费用，也可以参加不倒翁学堂的活动。

以往老人自己一人在家时，早饭多做些，到中午或下午再热热，每天吃剩饭。“芬芳同乐屋”把大家聚起来，把自家小锅变成大锅，让老人们坐在一起在大桌上吃。老人们万分感慨，“没想到我们老了还享福了，我们手不湿就有饭吃了。我们想吃什么就跟护工说，更营养。”[②]

“芬芳同乐屋”运营一段时间后，郑冰和任淑列发现，这并不是简单的吃饭问题，老人在这里不只是每天吃两顿饭，更重要的是如何让老人重新建一个新家、新团体。“老人们谈论家长里短，闲言碎语满天飞；小家庭意识非常浓，有人会偷偷把馒头揣口袋里，又被人揭发；或者，更多时候，老人吃了饭仍然孤独地坐在那里……”为了让老人开口说话，郑冰和任淑列想了各种办法，她们试着让村里小朋友到学堂里来，可老人们嫌吵。工作人员一个个去拜访老人，听老人讲他们过去的故事。但要让老人每天都过得充实，这远远不够。

2014年，蒲韩乡村创造性地拓展了照料中心的服务范围，决定用学习的方式充实老人的生活，将“芬芳同乐屋”改名为“不倒翁学堂”，为老人

① 笔者对蒲韩乡村不倒翁学堂干事任淑列的访谈。

② 笔者对蒲韩乡村不倒翁学堂干事任淑列的访谈。

提供娱乐活动和学习场所，主要针对尚能在他人帮助下走出家门的半失能老年人、残疾人和有情感慰藉需要的健康老年人，组织大家开展集体活动，提供组织化服务。

除了每天两顿饭，不倒翁学堂的主要活动内容有健身、体检、康复、舞蹈、知识讲座，还有书法、太极拳、唱戏等兴趣小组和文艺演出。

不同于上门服务中简单的买菜做饭，不倒翁学堂的餐饮更注重营养搭配和卫生健康，明确要求做饭护工持有老人健康证。但由于资金、人力支持不足，不倒翁学堂在医疗健康服务方面以预防为主，带领老人们打太极拳等养生锻炼，以增强身体素质，并不涉及老人生病时所需的护理服务。此外，学堂里老年人或跳舞或唱戏，或教村里的孩子剪纸织布，通过集体活动找到自己的一席之地，不仅觉得自己被全村人关心，也开始主动关心别人。

学堂的中老年人不仅是被服务对象，也可能是服务的提供者。例如，拥有优秀厨艺的老人可能会到厨房帮忙，掌握传统手工艺的老人会将技艺教给儿童。在这一过程中他们觉得自己仍然对这个社会有贡献，并借此获得来自他人的尊重，重新发现自我价值，实现自我价值的再创造。新乐庄村的王爷爷也表示，“到学堂后，人多了，有干劲，干起来有意思。大家每天动脑、动口、动心。”①

很多老人觉得自己这个年龄进学堂显得自己没上过学，没文化，但郑冰坚持，让老人每天活得充实，是学堂的责任。“老人每人给自己缝一个书包，现在七八十的老人大多数都没上过学，我们就让老人背上书包返老还童，回想他们小时候背书包上学的感觉，老人也活出了自己的尊严。”②

学堂里的工作人员积极挖掘老人们的长处，增加了书法、唱戏等项目，还与儿童教育结合起来，由老人教授乡土童谣、女工织布等。由于每个村老人文化程度有差别，每个学堂的学习内容也会有所不同。像新乐庄村大部分老人是退休人员，除了周一下午打太极拳外，会唱戏的邵大爷还会在周三拉上二胡，教大家唱《眉户调》。而像弘道元村这种以八九十岁老人为主的学堂，则静态活动更多，老人们聚在一起唱唱歌，基本没有太激烈的活动。

① 笔者对蒲韩乡村社区王爷爷的访谈。

② 笔者对蒲韩乡村理事长、蒲韩种植（养殖）联合社总经理郑冰的访谈。

刚开始的时候，学堂的老人们连自己的名字都不敢说，扭扭捏捏的，穿的衣服也脏兮兮的，鞋带都系不好。到后来老人们常常比谁的衣服更干净整洁，在每个月的大型活动里一个人就敢上台说话、唱歌。

学堂虽然每月只收取200元的费用，但它不只是个简单的养老中心，除了提供饮食，组织各种兴趣小组，每周学堂都有和老人子女互动的活动，即每周一次的子女座谈会。座谈会既能让学堂了解老人在家的基本情况，又能让子女了解老人在学堂的生活和老人的变化，为老人和子女提供互相交流的机会。老人的子女也参与义工活动，给老人做饭，让老人觉得被全村人关心，消除老人“被抛弃”的感觉。

李巷村位于韩阳镇正北方，以李姓为主，共有四个居民组，共11120人，外出打工、开饭店的村民占全村人口的40%。其中70岁以上老人91人，有6人不能自理。李巷村不倒翁学堂坐落于村里一个租来的农家四合院里。进门可以看到一个敞亮的小院，房间里还配有电视和空调，家具摆放和家里差不多。学堂的志愿者和护工们还带着老人们一起在后院种了些花花草草，开辟出一小块菜地，既是为了节省学堂开支，也是这群离不开土地的老人们的一点念想。

李巷村不倒翁学堂共有14人，配有一名专职工作人员和两位护工，专职人员负责统筹整个学堂相关事宜，护工则负责为老人买菜做饭。学堂一般早上七点半开门，但由于太稀罕学堂，往往还没开门老人们就过来了，主动帮忙做早饭，等到天要黑了才肯回家。上午志愿者一般会带领老人们做些晨练，打打太极拳，锻炼活动身体，然后再一起写写大字学习一下。等到下午来的人多了，大伙再跳跳舞，唱几段当地的戏，又或者剪剪纸，互相讲几个小故事……

其实最开始的时候，学堂的老人也经常相互闹别扭，比如今天谁朝我大声说话了，我不高兴；今天的菜不好吃，我不想吃饭；你把馒头吃完了，我这馒头没吃完就归我了，装在我的口袋里……为了让大家像一家人一样生活，学堂的工作人员特意让老人们取小名，男的给自己起个“树”名，杨树桃树；女的起个“花”名，桃花杏花。“每个人的名字都有个‘花’，有个‘树’，不都是自家兄弟姐妹了吗，谁还会嫌谁多吃了一口？”老人们慢慢也意识到我们是从小家庭到了一个大家庭，一起坐在一个大桌上吃一锅饭。

学堂还把老人们的照片挂在学堂门口，组织大家一起乐呵呵地拍了全家福。学堂的老人还编了首歌谣表达他们对学堂的喜爱。“居家养老好，居家养老好，居家养老好处真不少。人老了，做不了，咱们一起来养老。你帮我来我帮你，什么困难都能克服了。咱们在一起，咱们在一起，咱们坐在一起来学习，又跳舞，又歌唱，锻炼身体真健康，幸福生活乐逍遥，乐逍遥。”用的调调就是过去那个“社会主义好，社会主义好……”

夏末天气热。学堂里的老人家午休醒来后，把炕上的被褥枕头自觉收拾完，就乐呵呵地一起聚在院子里的葡萄架子下有一搭没一搭地唠嗑，偶尔还有一两位老奶奶来兴致了，就拿着村委资助的红色折扇，给大家跳上一小段，赢得满堂喝彩。

此时正是端午节前一天，院子里风霜满面的老太太老大爷们正笑眯眯地给村里的孩子讲端午节的小故事，教他们读祖辈传下来的有趣童谣，老人和孩子的笑声混在一起，说不出的和谐。厨房里，六十多岁的谢奶奶正忙着招呼学堂里其他空闲的老人一起蒸甑糕——这是他们的端午食品。“快端午了，大家一起蒸甑糕，一般人都比不上他！”谢奶奶得意地指了指正在灶头忙活的李大爷，“他年轻的时候就是个厨子，老喜欢做饭了。”2017 年是谢奶奶在李巷村不倒翁学堂里当志愿者的第二年，讲起学堂里老人的故事头头是道。

据学堂志愿者谢奶奶介绍，之前学堂有位老人要过生日，孩子提前一天要接老人去城里，老人却拒绝了，更愿意待在学堂。“有家的感觉，和大家一起过寿，更热闹，开心！”①

（2）收支平衡

不倒翁学堂的资金来自两方面：一是蒲韩乡村的经济合作收益。蒲韩乡村明确表示，经济合作收益的 20% ~30% 作为公益资金用于社区公共服务，因此，蒲韩乡村用此为学堂前期租房、房屋装修、设备添置和给专职工作人员支付工资；二是向老人收取每人每月 200 元的费用。目前的 14 个学堂中，只有坛庄村的学堂用房是村委会提供，而非以蒲韩乡村的经济合作收益来支付。

---

① 笔者走访蒲韩乡村李巷村不倒翁学堂现场见闻记录。

学堂一般租用农户平房院落，面积200平方米左右，建筑风格一致，由活动室、休息室、饭厅、厨房、厕所、院子构成，同时配备电视、空调等设施。房租一年约2000元，一次性租10年。另有已在外定居的村民会把房子免费给学堂用，蒲韩乡村只需对房子进行统一整改（需要留几个房间供户主回家探亲时居住）。目前第二种情况居多。房屋装修、设备添置和维护，统一由蒲韩乡村实报实销。整体房屋装修及设备购买添置费用大约25000元。

在人员支出方面，每位学堂专职工作人员一般负责2～3个学堂的日常工作，工资按每负责一个学堂300元计。因此，如果工作人员负责3个学堂的工作，工资就是900元。

学堂在寨子村试点时，向老人家收的是米、面、油。一个老人每月交30斤面粉、5斤米、2斤油、50元菜钱。运营一段时间后，任淑列发现日常支出的费用不够，决定收费提到200元钱。200元是蒲韩乡村谨慎考虑和计算后得出的。“我们做了一段时间后发现，一个学堂只要达到10～12个老人就能自负盈亏，而且200元是子女们能掏得起的。我们想自我管理，不想让别人说我们用老人向政府‘套’钱。”

但就是这看起来不多的200元钱，一度也引起了极大的争议。新乐庄村的不倒翁学堂刚启动时，新招来的一位护工向蒲韩乡村提出，电费、煤气费、护工工资这些费用不能从老人交的费用里出，应该都由合作社提供。否则他就不做饭，还说服其他老人跟他一起抗议，不来学堂。“这钱为什么要蒲韩乡村出？你们吃饭人家不可能白白给你做饭吧？老人又说这200元钱就是给我们买菜买米面油，你们要是用这钱交这个费那个费，是不是我们就吃不好了？我说，你们要吃什么，要吃肉饺子，我们就给你们买肉，说出来我们就给你做。反正你们只交200元钱，我们也不会再要，你们就放心吧。老人自己也算账，这200元钱交给人家，吃好就行了，不用操那些心。”新乐庄村的工作做了很长时间，任淑列只能不停地动员其他老年人，给他们做思想工作。“我们也是每天在和老人沟通。”①

护工李爷爷年轻时是位厨师，特别喜欢做饭。2015年李巷村的不倒翁学堂才开灶，他就毛遂自荐当上了学堂大厨，还管上了收钱和记账。每天的菜基本都是李爷爷和社员对接，由社员送到学堂，然后李爷爷付钱。“像

① 引自对蒲韩乡村不倒翁学堂干事任淑列的访谈。

这么一坨菜，给个一两块钱，都不过称。有时候有的热心社员，家里吃不完，也会给咱们这送几把菜。”如果老人想吃的东西社员家里没有，比如今天老人想吃豆腐，李爷爷就会联系蒲韩乡村，尽可能满足老人的需求。有时候学堂的菜地里也会有收获，这都帮助李爷爷节省了一大笔开支。但也禁不住有的时候费米面多，一个月下来难免有亏损的时候。这时候李爷爷就会主动把自己300元的工资贴进去。“钱不多，都是一家人。让老人吃好点。”李爷爷的每一笔收支都在小本本上记得清清楚楚，供大家查看。李爷爷说，“整个账目是透明公开的，老人也知道我们每天都买了什么菜，花了多少钱。”①

蒲韩乡村为学堂投入了大笔运营资金，为此，蒲韩乡村的社员争议很大。一是，有的社员自家老人没在学堂，不愿意；二是，对于非蒲韩乡村的社员，他们家老人为什么也能获得学堂服务？为此，郑冰说，“开始，我们也想着只管社员家庭的老人，但是看到老人们的情况，实在太心酸了，没法绕开。就说，既然是公益服务，就全覆盖，不能单照顾我们合作社的社员。不同意的可以退出，我们完全是加入、退出自愿。因此，我们的社区养老互助服务才开始面向全社区，让有需要的老人无门槛地走进不倒翁学堂，接受我们的服务。”②

除了蒲韩乡村会承担一部分支出外，学堂运营后包括水电、护工工资、食材采购等日常运营费用均由学堂自行承担，学堂详细收支可参见表1。从中可以看到，一个不倒翁学堂只要有10个老人就能实现日常运营的自负盈亏，但为保证老人的休息质量，一般不超过15人，因此每个学堂中的老人为8~15人。从资金角度而言，除前期固定资本可能需要外来力量支持外，如居民、政府或社会组织等的资金捐助，后期学堂很容易就能保持良性的自我运营状态。应该说，对外界的依赖是可以被控制在有限范围之内的。

表1　不倒翁学堂支出说明

支出类别	价格与支付者	资金/资源提供方
房租	租赁社员平房，一年约2000元租金（此情况较少）； 免费租赁村民的房子，统一整改后留几个房间供户主回家探亲时居住	蒲韩乡村 村民免费提供（为主要）

① 笔者对蒲韩乡村不倒翁学堂护工李爷爷的访谈。

② 笔者对蒲韩乡村理事长、蒲韩种植（养殖）联合社总经理郑冰的访谈。

续表

支出类别	价格与支付者	资金/资源提供方
房屋装修 & 设备添置	25000 元	蒲韩乡村
专职工作人员工资	300 元/月 * 学堂数量	蒲韩乡村
护工补贴	300 元/月	被服务老人家庭
水电、食物采购等日常运行	伙食花费 130 元/月/人，春秋每月水电、煤气等大约 70 元，冬夏则约为 100 元	被服务老人家庭

注：如果一个学堂有 10 位老人，每月共收入 2000 元；每月支出：130 * 10 + 70（或 100） + 300 * 2≈2000（元）；收支基本能达到平衡。

有时，会有外面捐款想要给学堂。“有两个村的村干部，觉得办不倒翁学堂挺自豪的，都捐了 1000 元。中国人民大学的温铁军老师来我们这里调研时也拿出 1000 元给老人。”但是，考虑到捐款可能对学堂内部自主性和独立性产生消极影响，蒲韩乡村有意识地控制来自外界包括个人、社会组织或企业的捐款。“本来就有人想要外面免费捐钱，可人家一捐钱，惰性就立马会出来。”①郑冰解释道。如果的确有捐款进入，蒲韩乡村理事会会经过多次讨论将这些钱用在哪里。

（3）乡村人力资源内循环

A 撬动本村能人、强人

蒲韩乡村招募学堂工作人员时充分立足乡村社区特点，用本村能人、强人。每新设一个学堂，蒲韩乡村尽量挖掘村内能力强、有爱心和威望高的老人作专职辅导员，统揽各学堂养老相关事宜，然后再由辅导员进一步发掘被服务老人中较有能力者，动员他们成为学堂的志愿者或者护工，最后再让志愿者和护工继续帮忙动员其他老人。一方面，可以真正把学堂撑起来；另一方面，尽量减少用人数量，减少支出。

学堂工作人员主要是已经没有耕地也不再需要下地干活，并且能够从自家家庭事务中脱身、赋闲在家无事可做的老人。他们来到学堂，实际上找到了自己发挥余热的舞台，他们对本村老人做贡献，实现自我价值。虽然薪资水平很低，这些老人却表现出相当的奉献和互助精神。在乡村熟人社会中，长者普遍关注公共事务，看重名声，希望通过这种奉献获得村里的认同和尊重，这也是工作人员的自我收益。

① 笔者对蒲韩乡村理事长、蒲韩种植（养殖）联合社总经理郑冰的访谈。

李奶奶不是被招募的，她是毛遂自荐，主动要求做学堂的工作人员。李奶奶今年 63 岁，管辖新乐庄村、弘道元村和薛崖村三个村子的不倒翁学堂。三个学堂除了常驻老人外，加上每天来参加活动的老人，一般有 70 位老人。对李奶奶来说，三个村子来回跑，每天跑五趟是常态。她不嫌累，浑身都是使不完的劲，“反正我就想给自己找点事干。我自己家有十几亩地，都包给别人干了，钱够花就行。我乐意做这事，家里人也支持我来这，我以前都待在家里一点都不高兴，来学堂心里高兴。”在工作方法方面，李奶奶也很有自己的一套，“我有时候会用自己的钱给老年人买点好吃的，没多少钱，他们高兴了我也高兴。大家都高高兴兴的，工作就好开展嘛。”李奶奶还很善于挖掘老人们的一技之长，“我们村里有个人蒸馍馍蒸得可好了，又白又大，我们就问她愿不愿意来学堂帮忙蒸几个馍馍，志愿服务一下。她很愿意来。”①

与豪爽大方的李奶奶相反，米奶奶是位性格内敛的妇女。我们访问她时，她不知道怎么表达时就会低下头，或者安静地笑，或者一个劲儿地点头。她是李奶奶亲自从妇女活动中挖掘出来的。被问及为什么要来学堂当辅导员，她回答得很果断，“心里高兴。不在这儿工作，一天待在屋里，不高兴。”至于家里的活谁干，米奶奶害羞地捂着嘴巴笑了一下，“老头干，他自己做饭自己吃。”②

B 让年轻人挑担

随着学堂第一代骨干年龄渐长，学堂也开始有意识地招募年轻人，让年轻人从普通辅导员做起，为以后成为学堂专职工作人员打好基础。郑冰认为自己在某一阶段的作用比较大，而现在的年轻人正一茬茬地接上，“这七八年，愿意尝试的年轻人不少，离开的也不少，在这个过程中还有离开了再回来的。我们的态度是，你要离开我们不挽留，你要回来我们欢迎。我们期待年轻人是农村的主人，他们是发自内心想为农村做点事，而不是说把它只是当做一份工作。”

从工资待遇看，蒲韩乡村的工资并不高，为 1800～3000 元。但在郑冰看来，最好的福利是成长和开阔视野。“年轻人工作辛苦，有时候要加班加点，还不被理解。在这里非常重要的一点是要和农民打交道。你是本地人

① 笔者对蒲韩乡村不倒翁学堂辅导员李奶奶的访谈。

② 笔者对蒲韩乡村不倒翁学堂辅导员米奶奶的访谈。

不一定就会和农民打交道，你要和不同的农民打交道，这个过程非常锻炼人，极具挑战性，自我成长很快。我们常说人人都是多面手。我们跟年轻人一直强调，我们做这些事是在不断学习，不能吃老本。”从运城农学院中专毕业的“80后”总干事助理韩磊现在就已经成了郑冰的得力助手。

为了给年轻人“腾地方”，郑冰从2015年开始就强迫老干事退到二线，“年轻人可能没有我们之前在一线盯着的时候做得那么好，但是，他们干得越来越好。我们从两个星期见一次面，慢慢地到一个月见一次面。像我从今年（2017年）开始就是只参加每个月的理事会，还有就是每个团队碰头的培训参与一点。这样坚持一年下来，管理制度也在不断完善，可能原来是感性多，现在年轻人把制度的东西梳理得更清楚。”从一线退出的郑冰开始有更多的时间做自己喜欢的事情，“我现在一个月能有20多天闲下来，看看书，见见老朋友。但像我们这些爱折腾的人，不可能一辈子退休，还有别的很多事可以做。”

C 特别激励

蒲韩乡村通过召开周会、月会对学堂工作人员和志愿者们进行内部督导，在保证蒲韩乡村社区养老模式有效运行的同时，关注如何通过改进工作方法以提升学堂的工作绩效。

2017年6月的最后一天，各不倒翁学堂的辅导员和儿童中心的老师陆陆续续抵达寨子村的农民技术学校，准备参加为期半天的月度会议。这是蒲韩乡村的特色，每到月底，郑冰就会召集蒲韩乡村内不同的服务部门，共同进行工作汇报，进行现场评比。

会议以一场游戏开始。全体参会人员被聚集到操场上，围成一个圈，玩起了团建。乡村寂静的清晨被一阵阵笑声打破，气氛迅速热络起来，大家纷纷打开话匣子。游戏结束后，大家围着郑冰坐成一个圆圈，开始正式会议，有主题学习，也有工作总结和经验分享。郑冰主张，好的坏的都要当面说出来，大家要开诚布公，既开展自我批判，也要相互批评，这样才能共同进步。不倒翁学堂的李奶奶给大家表演了一小段舞蹈后，还直接开始了现场教学，带着一群参会的青老年人跳起了舞。

这样自由而灵活的内部交流方式超越了官僚式的层级概念，让蒲韩乡村内所有的工作人员都能自由而平等地表达意见，提出建议，学习经验，吸取教训，彼此熟悉了解，最终形成团队凝聚力与共同的价值观，强化服务的自豪感。

此外，学堂有物质和精神两种激励。辅导员和护工可以通过负责更多的学堂获得更多补贴，也将当前的服务付出视为一种长期投资——他们在学堂内服务N年后，就能免费享受学堂的N年服务。同时，蒲韩乡村通过多种方式对工作人员和志愿者进行精神激励，以强化工作人员对所从事工作的认同感和成就感。蒲韩乡村会特意把辅导员的名字裱在不倒翁学堂的墙上，还会在每年元旦大会上给工作人员发奖状，满足其自我价值实现的需求。提到表彰，辅导员和志愿者们的眼睛都是亮的，“我们的奖状都是有相框的咧。回到家娃娃还说我们怎么这么能耐拿奖状，觉得自己还是很有用的。”①

D 重视妇女的作用

从2002开始，每年冬闲郑冰都会带头组织各村妇女跳舞。从最开始大家不理解，说风凉话，跳舞活动一步步从本村走向外村，一年比一年热闹，还得到了永济市妇联和文化局的支持，两年后规模已达上千人。有了组织妇女活动的经验，2004年在发现每个村的老人活动中心大门紧锁形同虚设后，任淑列和郑冰开始与村干部协调，每天下午打开活动室两个小时，让老人有地方可去。

通过和妇女们聊天沟通，郑冰和任淑列等蒲韩乡村的骨干从乡村精英变身为伯乐，发掘了更多有能力有想法的妇女和老人，为后期蒲韩乡村开展公共服务储备了大量人才，使得乡村本土的人力资源得到了最大程度的释放。同时也是在这一过程中，这批人才更深刻地了解到本村发展存在的问题和需求，确保提供后续服务能够对症下药。应该说，当前蒲韩乡村的核心骨干基本都是从妇女和老人活动中挖掘出来的，任淑列就是其中的典型代表。

由于以前村里总宣传女孩上学没用，尽管成绩不错，年轻时的任淑列放弃了高考。出于懊悔和羞愧，后来的很多年里任淑列都没有勇气面对高中同学和老师，甚至有意识地回避他们。自从开始做服务老人的工作，任淑列的心态发生了极大转变，“我敢面对老师了，有一种自豪感。我觉得自己做的是一件好事情，是有价值的。有一次我路上碰着高中同学，她还说我一点都不老。而且我做这个工作，和每个农户都交上了朋友，老百姓一见到我都很热情，如果不干了真的舍不得。”②

① 笔者对蒲韩乡村不倒翁学堂志愿者的座谈记录。

② 笔者对蒲韩乡村不倒翁学堂干事任淑列的访谈。

（4）先易后难的拓展原则

在其他村子建不倒翁学堂时，前期需进行六方面的工作，才能启动建立新学堂工作。具体包括：辅导员摸底了解本地养老需求，与村委沟通，确定社区不倒翁学堂老人名单，确定本阶段增设的不倒翁学堂地址，提请理事会讨论，明确详细的建点工作计划。拓展的原则是先易后难。

辅导员通常需要了解该村老人的具体需求、村风、已有的养老服务和"村两委"的态度。"有三类村子我们参与得比较少。一类是村风不怎么好的。有个村子我们参与进去后发现老人打麻将盛行，风气很糟糕，工作开展得很费劲，效果还不怎么好。在这类村子，我们只是帮忙在村里的活动中心组织一些活动，不强制干预。另一类是村干部不同意我们去建学堂，我们绝对不做。有个村明确说不要你们做，他们村自己做，这种情况下我们就客客气气地说我们不做。只有村干部完全同意了，我们才去做。政府如果要自己做，我们就会停下来。第三类是村里已经有人在做老人服务了，我们也不会太干预。"①

进驻村子前，工作人员需同时和"村两委"，以及村里已经有的养老院进行协调。"我们每进一个村，都要和村干部协商。了解村干部对养老的看法，他们想怎样提供老人服务，看看能不能合作。通常，村干部总认为钱能解决一切，这种情况下，我们只能等他们发现投入大见效不好，越做越累的时候，才和他们沟通。他们做累了，就不再会觉得我们去工作是要跟政府争什么。"在郑冰看来，推动学堂在各村"落户"，尽管是蒲韩乡村在主导，但是村干部的参与非常重要。"有的活动我们会请村干部来讲话，村干部在讲的时候觉得自己有存在感。我们不希望在村里造成这事是我们单独做的，跟村委会没关系的印象。"②

与老人沟通，本身也是一件难事。在任淑列看来，"这不是项目的事，需要做大量的沟通工作，和老人的家人、子女进行协调。2013 年学堂刚开始运行的时候，我每天都要跟老人沟通，喉咙都说哑了，和他们解释。"③

好在蒲韩乡村社区拥有独特的优势，工作人员基本为本村人，他们土生土长在这里，熟悉当地情况，了解村民的性格和处事方式。相较于政府，

① 笔者对蒲韩乡村理事长、蒲韩种植（养殖）联合社总经理郑冰的访谈。

② 笔者对蒲韩乡村不倒翁学堂干事任淑列的访谈。

③ 笔者对蒲韩乡村理事长、蒲韩种植（养殖）联合社总经理郑冰的访谈。

村民对他们的排斥情绪低。在乡村已有人际关系的基础上，由他们和村民进行沟通，于情于理都更有优势。

确定学堂新址后，蒲韩乡村的工作人员需再次进行村民动员，既要说服老人，也要获得其子女的同意。为促进家庭和睦，学堂明确规定服务费必须由子女出，老人子女多的还得每个子女点头。遇到子女不同意老人去学堂时（大多不同意老人去学堂是因为心疼、在乎缴纳的200元），工作人员就得跟他们解释收来的钱怎么花，为什么是200元。有的子女不同意则是因为，认为让老人去学堂是不孝顺的行为，会被别人笑话、说闲话。任淑列说，“之前我们给村里一个老人的大儿子做工作，他觉着如果他妈去了，其他兄弟姐妹会埋怨他。我们就让这四个儿子一起来开会，二儿子和三儿子家都很乐意，只要他妈愿意去他们就掏钱。老四家光笑不吱声，觉得让老人到这儿吃饭别人会笑话。后来看到他妈在这里很开心，有人陪着聊天，想通了才把钱送过来。”

遇到家庭不和睦的情况，工作人员说服子女得花十分力气，有时候甚至还得请村干部出面，“有一个老人年轻时对儿子不好，和儿子已经十多年不说话了。村委去老人儿子家里做了三次工作，他儿子才同意给老人出钱。”

还有的就是老人自己不愿意来。有的老人子女非常想让老人来学堂，但是老人自己就是不愿意，怕这么一去学堂，以后儿子就不管自己了。“凭什么到那儿吃饭？在家里饿着我也不去。万一做不好，我就回不了家了。”有的老人是怕给孩子增加负担，尽管只是200元，他们也怕被孩子嫌弃。这时工作人员就得给老人做大量的思想工作。而等到老人进学堂了，依然有大量的沟通工作要做。“老人之间的小矛盾也要去协调。有时候我们会请村干部来讲话鼓励一下。”

（5）连锁经营

总体而言，不倒翁学堂的运营管理模式相当简单，不需要过多的前提条件或物质准备，操作流程也容易上手，非常好地契合了乡村资源少、人员知识经验积累较初步的特点，具有强大的生命力。现有的13个不倒翁学堂采取优化资源配置的连锁经营方式，它实行六个统一：统一名称，统一价格，统一服务，统一宣传，统一管理，统一核算。①

① 如前注，坛庄村的学堂并没有挂“不倒翁”学堂的牌子，因此，它实际上仍然是政府创建的日间照料中心，该中心运营模式为公办民助。坛庄村不属于此处讨论范围。

蒲韩乡村在某个村子确定开设学堂后，均依据蒲韩乡村确立的标准化运营管理流程、管理模式对学堂进行管理，包括统一招募人员、统一进行培训、统一进行管理。各村学堂日常运营相对独立，自负盈亏，学堂尽可能挖掘本村资源，不仅包括用房、用人，还有日常活动内容的设计和饭菜组合。考虑到每个村子基础条件有差异，不倒翁学堂可根据本村情况对具体管理方式进行适度调整。例如，有的村子比较小，那么它的学堂规模就较小。只有当学堂出现某些问题无法解决时，才会找蒲韩乡村求助。

不倒翁学堂自身的人力结构非常简单，日常运营由专门的工作人员和村里一位志愿者、两位护工就可实现。

学堂的人员有两类。一类是蒲韩乡村配备的专职工作人员，又称辅导员。目前14个不倒翁学堂共有6位专职工作人员，年龄一般为50~75岁，每人负责2~3个学堂，主要任务是协调学堂内的人员安排，及时解决可能出现的冲突，发现问题时及时联系总负责人，统筹全局。另一类是无偿服务人员，但可在学堂免费用餐。每个学堂均配备一名志愿者，年龄为60~75岁，主要协助专职工作人员处理学堂事务，帮忙组织活动，及时开解老人情绪。

学堂根据老人人数配备护工，负责包括采购在内的一系列厨房事宜。一般12人吃饭的学堂有2位护工。护工会尽量做好本职工作，有序管理饮食。任淑列说，蒲韩乡村要求学堂日常运营能自负盈亏，这样，护工就会想方设法和老人拉近距离，搞好关系，让老人在这里吃好，开心，吸引更多的人。“这样他们的工资也有保障。”

此外，学堂从本村挑选出30个敬爱老人的妇女做义工。义工每月会给老人做三顿饭，帮助打扫学堂或者洗床单。义工每两个人一小组，和护工一起给老人做一天饭。任淑列认为这也是个学习的过程。“义工要做拿手的饭，比如油茶啊，护工就在旁边搭把手。有些义工没有拿手的饭菜，没有特长，就帮忙洗菜，然后她就知道哦原来这道菜是这样炒的。”

72岁的牛爷爷身兼牛家村和韩阳村两大学堂的辅导员有两年多了。他负责的两个学堂加起来有20多位老人，加上下午来打太极拳、唱戏的老人，每天差不多有40位老人。谈起自己的工作，牛爷爷分外自豪。“我们的工作最重要的是让老人吃好，然后是让老人心情愉快，把学堂建设成一个大家庭。”在他看来，要成为一个好的辅导员，态度和能力缺一不可。“首先要对老人有善心。你和老人说话的时候要和蔼。有些老人耳朵不好，你声音高了他以为你跟他发脾气。你跟他说个笑话他就很开心。再一个就是你要善于帮他做事，走路的时候你就要去搀扶他。你自己也要开心，健康。还有，就是要讲工作方法，不好管的时候多沟通，向别的辅导员学习。”①

村里人对老人做志愿者有两种看法。有的觉得做这件事很好，的确解决了老人吃饭、孤单的问题；也有人认为这些老人是多管闲事，“退休了就闲着，干吗没事找事?”对此，牛爷爷分享了他做学堂志愿者的想法。“善心有善报。自己干了好事心里安慰。而且我自己本来就有退休金，在家没事干，辅导员我干了高兴，不干也没关系。社里还会给我们发奖状，我觉得自己的能力和品格被认同了。”

4. 基本医疗保健服务

经过几年的实践，蒲韩乡村基本形成了以妇女和低龄老人为志愿者主体，以失能失智老年人和高龄老年人为照护对象的低成本互助养老体系。但郑冰对不倒翁学堂当前的发展状况依然不满意。在她看来，老人每年都有新需求，并不是每个村都适合做学堂，“一是要把现有的能做不倒翁学堂的服务达到百分百，做到这一点还有很多努力的地方；二是考虑怎么把老人的护理和治病结合起来。但医疗保障需投入大量的人力和资金资源，目前选择适度推后，比较现实，需等待运行较成熟时才考虑发展。”

目前，由于资金和相关人才的缺乏，蒲韩乡村在医疗健康方面涉及较少，除了日常卫生要清洁，还有就是为老人提供简单的按摩和基本养生服务。2017 年开始，蒲韩乡村开始探索如何满足老人最初级的医疗健康需求，比如定期邀请各村的乡村医生到村里为所有老人进行常规体检，帮助老人及时发现身体问题。“今年（2017 年）我们打算引进医疗护理。一是和医院对接，帮助老人挑选靠谱的医院，免得老人上当受骗。二是邀请医院退休人员到社区做课堂医疗培训，再聘请一些专业的护理人员。比如我认识几个快要从永济人民医院退休的护士，已经说好了等退休后就来蒲韩指导和培训护工。”②

---

① 笔者对蒲韩乡村为老服务辅导员牛爷爷的访谈。

② 笔者对蒲韩乡村理事长、蒲韩种植（养殖）联合社总经理郑冰的访谈。

三　蒲韩乡村公益养老成功的基础

蒲韩乡村的公益养老服务模式能否给其他社区以参考？这需要分析蒲韩乡村的成功中有哪些普遍性和特殊性，以及其他社区的特征。

1. 养老需求强烈

就蒲韩乡村社区的基础条件而言，蒲韩乡村社区所在的乡村经济发展水平中等，是相对稳定的熟人社会，人口老龄化严重，养老需求强烈，家庭承担主要的养老责任。但是大多数情况下只能满足老人最基础的日常生活照料需求，很难满足老年人的精神慰藉需求，而政府及商业机构提供的养老服务目前无法满足该部分需求。

2. 政府态度积极

就政府态度而言，蒲韩乡村具体开展工作时，虽然办事过程中会遭遇这样那样的阻力，但总体上政府部门还是支持蒲韩乡村工作的。

一方面，蒲韩乡村在各村建立的13个学堂，村委允许学堂建立和运营。另一方面，政府自建的日间照料中心，也会请蒲韩乡村提供协助（公办民助）。

随着上级政府对农村养老问题的关注，“村两委”也开始了在这一领域的探索，部分村的村干部在实际操作时起初拒绝蒲韩乡村介入农村养老服务的提供，但是后期冰释前嫌。例如，位于韩阳镇北部的坛庄村，全村共191户，约691人。其中70岁以上老人30多位，男女比例8:2。坛庄村村委最初打算独立开设管理日间照料中心，场地已经选好、装修好并挂上“坛庄日间照料中心”的牌子，实际运作时却发现老人不愿意来。最终，“村两委”做出妥协，寻求与蒲韩乡村合作。坛庄村村委负责提供场地，日间照料中心的后期运营管理由蒲韩乡村全权负责。坛庄村党支部书记介绍说，“我们会喊大喇叭，动员宣传村里的老人来照料中心，逢年过节也会过来看看老人，送点米面什么的，然后就是检查一下，保证食物安全。偶尔村里有些不太好协调的矛盾，我们也会调解一下。”[①] “坛庄的村干部之前对

① 笔者对坛庄村村委工作人员的访谈。

我们说三道四搞得影响特别不好，结果去年（2016年）好几次跟我们说他们做不了，还是你们来做。他们把村里废弃的大院拿出来给我们用。我说起码喇叭你要喊啊，让全村人知道我们不是要越过你们做这个事，你是同意的。这是我们和村干部的合作。”①

此外，郑冰从两方面解读村委拒绝蒲韩乡村介入的原因。“一是部分村干部认为自己村子的事情应该自己村子解决，让别人解决就是无能的表现，非常没面子；二是部分村干部会认为你这是在跟他抢功，毕竟农村养老也是政绩的体现，他干这个能拿到项目款。”②

与坛庄村情况不同的是，侯家庄最初建立日间照料中心时就主动找蒲韩乡村开展合作，目前仍在筹备中。“有的村干部把村委大院贡献出来办学堂。像牛家、韩阳这些村的村干部还把自己家的电视贡献出来，有的村干部还自己拿出1000元钱，支持学堂。”③

3. 传承孝道文化

中国传统养老文化的道德基础是以孝为本，提倡在物质上赡养父母，在精神上尊敬父母。敬老孝老是整个社会的基本伦理道德和社会主流观念。然而当代整个中国乡村敬老孝老的文化却逐步走向衰微，老年人一度成为村庄的边缘群体。蒲韩乡村社区也不例外。郑冰回忆道，“村里有的媳妇叫自己的妈‘二声阳’，叫婆婆‘四声降’。有的媳妇不仅和婆婆吵架，还会打老人。我最不理解的是，竟然有三户人家在分家契约上写着‘活不养，死不葬’。”④

整个乡村孝道文化衰落的背后，既有经济的原因，也有观念的原因。一方面，当前的农村部分退出了生产领域，老人在家庭中的角色由生产者变成了消费者，由之前的家长变成了依附子女的配角，很少有自己的财产，也失去了过去在家庭中的主导、强势地位，甚至成为家庭的“负担”。由于收入有限，蒲韩乡村社区中年一辈的村民更倾向于把资金投在小辈而非父母身上。另一方面，随着信息科技的发展，老人无法再对知识、经验等进行垄断，而且一度落后于时代潮流，某些行为观念被认为是封建落后的表

① 笔者对蒲韩乡村理事长、蒲韩种植（养殖）联合社总经理郑冰的访谈。
② 笔者对蒲韩乡村理事长、蒲韩种植（养殖）联合社总经理郑冰的访谈。
③ 笔者对蒲韩乡村不倒翁学堂干事任淑列的访谈。
④ 笔者对蒲韩乡村理事长、蒲韩种植（养殖）联合社总经理郑冰的访谈。

现。个人主义进一步对集体主义基础上的长者权威造成强烈冲击，年轻一代更加以自我为中心，老年人无法拥有与过去相当的权威。

为此，郑冰领导的蒲韩乡村社区开始了种种重建孝道文化的尝试，试图重新弘扬孝文化，提倡尊老爱幼、家庭和睦的良好风气。

考虑到乡村社区“媳妇养老”的特征，郑冰首先从组织妇女活动开始。她曾带领妇女骨干开演讲会，就“婆婆媳妇不和，是谁的错？谁又是受害者？”展开辩论。她们还编了小品《婆婆还是妈》，以社区里和睦的家庭和不孝顺的事情作为主题，到各村巡演。社区里有个平时骂婆婆的媳妇，听到剧中人骂婆婆的话好似是平时从她嘴里出来的，羞愧得看不下去了，在邻里的哄笑声中逃回了家，从此再也不骂婆婆了。通过先使妇女明理，再由妇女带动整个社区，社区里的错误观念和不良风气得到了有效纠正，也推动了老人和年轻人之间的相互理解。蒲韩乡村社区还主动举办座谈会，向村民说明老人的价值，“学堂就是一个庙，老人们都是活神仙，都是一个个活着的宝贝。”

其次，尊老爱幼被列为成为社员甚至工作人员的基本要求之一。由于农村为熟人社会，彼此之间信息透明，家庭关系是否和睦、工作人员是否孝顺父母都极容易被获知。“孝顺是进入蒲韩乡村的前提，要进行自我教育，不孝顺老人不准当工作人员，大家都不理你。”任淑列强调说。

最后，逢年过节的时候蒲韩乡村还会特意为老人举办一些活动，准备一些礼物。比如2017年端午节，蒲韩乡村就给社区里1000多名老人送去了樱桃。“我妈特别宝贝她那一小盒樱桃，都舍不得吃。说蒲韩乡村只给70岁以上的老人送，只有她们才有。”郑冰笑道。最重要的节日是每年的九月九重阳节，也是蒲韩乡村社区一年一度的老人节。在这一天，所有的高龄老人一起聚在寨子村的农民技术学校里，吃一顿宴席，村里孝敬老人的行为也会受到嘉奖。

敬老孝老文化活动多管齐下，配合常态化的不倒翁学堂服务，尊敬老人、孝敬老人重新成为社区的主流观念，老人群体内的风气也有所改善。据尹奶奶讲，以前村里的老人没事干都聚在一起说闲话，现在大家都唱歌跳舞，风气好了很多，老人和年轻人之间的矛盾也少了很多。

当然观念和文化的转变是个渐进的过程，虽然蒲韩乡村的老人服务已推广多年，依然有老人把接受社区服务认为是“给儿子丢脸”，还有不少迫切需要照料的老人因各种原因未纳入服务体系。①

4. 熟人社会的利他精神

第一次了解蒲韩乡村社区养老模式的人可能难以理解，为何工作人员、护工、志愿者们愿意做这么多事情？而身在其中的人说，受益的并不仅仅是得到照顾的老年人，照顾他人的志愿者和更多村里的普通人也是受益者。

差序格局下的中国乡土社会，当家庭无法有效地继续承担养老的重担，以乡邻、地缘关系为基础的村庄互助文化将在养老压力分担中扮演重要角色。当敬老孝老成为风气，养老互助的价值观也逐渐开始被村民认可。农村这一熟人社会使得互助的回报成为可预期的，利他也是利己。每个人都可能是潜在的受益者，因为每个人都会老，服务老人就是服务我们自己。任淑列认为，“在农村，你是怎么对待老人的，大家看得到。不倒翁学堂不是买卖，是互助养老，帮助他们就是帮助以后的我们。”当然也有实实在在看得见的回报——学堂工作人员在学堂内服务 N 年，以后就能免费享受 N 年学堂的服务。

2013 年组织“芬芳同乐屋”时，蒲韩乡村就向寨子村全体妇女发出倡议：人人都为老年人尽点义务。200 多户的寨子村，居然有五六十位妇女报名参加每月一天的志愿服务。活动推广到 30 多个村时，就已凝聚了各村 120 名妇女志愿者。再加上居家服务等志愿者，有 442 人之多。

在郑冰看来，养老最核心的是互助，互助的力量一定要有。蒲韩乡村社区养老模式其实就是一种不出村、不离家的互助养老模式。“很多人做养老是拿到一笔钱就去做，好像立竿见影很见效，但后劲不足。只有老人和老人之间的互助养老才是长久的。我们怎么培养老人和老人之间、老人和子女之间、老人和志愿者之间的互助才是关键。”②

基于乡村熟人社会的特征，老人和学堂之间并没有签订纸面契约，处事原则更多的是一种乡村默契。子女每天接送老人的路上可能发生意外，这是最大的风险；每日在学堂生活、活动的老人，也会有突发状况出现的可能，但是这些责任不会由蒲韩乡村承担。因为老人的子女对蒲韩乡村比较信任。而且，蒲韩乡村每个学堂每周都举办子女座谈会，座谈会既是沟

---

① 《城里人有条件，农村养老怎么办?》，https://www.sohu.com/a/127085942_117600。

② 笔者对蒲韩乡村理事长、蒲韩种植（养殖）联合社总经理郑冰的访谈。

通的渠道，也有监督的作用。子女们知道，不倒翁学堂不以赚钱为目的，出了意外不会怪罪学堂。再者，学堂每天都有好多老人和义工，一旦有突发状况，大家也都清楚事情的原委，不会有太大的纠纷。但是如果老人在学堂食物中毒，蒲韩乡村和学堂就会承担责任。

5. 根植本土的乡村社区组织

蒲韩乡村发端于1998年谢福政、郑冰创立的农民经济合作组织，组织为社员提供生活、生产九项服务。截至2014年3月组织已经发展整合为三大部门，分别是经济服务、公共服务和培训学校。这三大部门之间彼此独立又相互支持，形成一个统一整体。老人互助养老为社区公共服务的重要组成部分。蒲韩乡村走出了一条完全依靠农民自组织的可持续发展之路。全网络3865户农户会员，占所在区域农户总数的62%。2015年销售收入超过5000万元，净盈利超过300万元。蒲韩乡村积极立足于本社区，利用本土社会具备的资金、物资，挖掘培养本村的能人、强人，同时通过多种手段塑造良好文化氛围，为养老服务打下了文化根基和经济基础。如果没有蒲韩乡村作为基础，这种养老服务很难以如此低成本在乡村社区生根发芽。

6. 乡村能人的带动

郑冰给人的印象沉稳秀气，态度温和，做事果断，极具领导风范，谈吐高雅，也能随时随地向村里的大婶学唱民谣。正是她开启了蒲韩乡村的公益养老服务。

郑冰善于思考，做事踏实，实事求是，长时间与老人群体打交道，倾听他们的故事，关注他们的情绪。“我们做老人服务，不是因为老人可怜或者我们同情老人，而是他们身上有种自立自强的精神在鼓励我们。我们村有个70岁老人，天天拉着小平车捡破烂，天黑才回来。”她尊重老人，以老人及其子女能接受、能适应的方式为老人服务。她对未来乡村公益养老有准确的定位，既立足乡村文化，也立足本土资源，充分挖掘、调动本地人力、物力、财力，不固执己见，给乡村有能力、有爱心的人发挥的空间，在实现资源和需求有效匹配的同时，确保服务模式有针对性、可行、有效、可持续。

郑冰不急于求成，冷静总结成败，在寨子村试点成功的基础上，提炼、分析成功的核心要素，进而制定服务模式的基本原则和运营机制，通过标准化保持服务不变质。她鼓励每个村子在遵循标准化的基础上，结合每个村子的实际情况，进行适当的创新和调整。

郑冰通过有效的理事会治理进行决策，通过建立明晰的组织架构和制度进行管理，培育年轻骨干，使村子里的每个人对蒲韩乡村有认同感，增加乡村的凝聚力，提升乡村的幸福感。正如邻近的韩阳镇陈村村民王武才所说，“现在要组织农民也不难，关键是要有一个大家都相信的人，像郑冰那样的人我们村里没有，没有人能有这样的威信。”

针对乡村现实，蒲韩乡村从分析问题到提出解决方案，与郑冰个人广阔的视野、丰富的知识积累和广泛的影响力分不开。

在郑冰十几年的公益生涯中，她有机会到全国各地学习经验，关注前沿理论，这往往是一般村民和乡村干部所不具备的。但是，她却不被外界牵着鼻子走，她挡得住一些短期的诱惑，从更长远、更高的角度看待组织的发展，看待乡村发展。较为典型的一点是，郑冰清楚哪些钱能要，哪些钱不能要，在她看来，蒲韩乡村如果不能建立内生张力，内生活力和内生动力，如果不能实现自循环，外部有多少资源都难以解决本土乡村问题。问题需要从内部找，解决方案也需要产生于内部。一些在乡村落不下、扎不下的方式，长久不了。

郑冰做事低调，不好高骛远，具有强烈的服务意识，她一再强调不能居高临下、有主次地提供公益服务。“我们做老人服务，不是因为可怜他们，而是尊重老人一辈子的生活经历；我们做孩子的服务，不是因为我们是大人，而是把孩子视为我们的老师。”也因此，做了十几年公益的她厚积薄发，在国内公益领域具有巨大的影响力。这些也为她和蒲韩乡村获得了珍贵的外部支持和内部支持，这些对于蒲韩乡村具有难以比拟的价值。

郑冰又是一个求变之人，创新的冲动总驱使她向前冲。尽管乡村往往排斥变化，但她却有打破乡村平静的能力，也能找到搅动乡村的办法，她与她的团队总在干一些村子里没人干过的事情。她总是不满足于现状，不停地思考长远的发展方向。当理事会的讨论出现争端时，解决的原则也相当简洁明了——坦率交流，吵架解决。郑冰解释道，“我们有很多事都要去做，一下子人力财力都做不过来。一二三，大家提出来讨论，先做哪些。每个辅导员提出每个村要做的事，不同的意见都讲出来，实在不行就少数服从多数。”[①]

---

① 笔者对蒲韩乡村理事长、蒲韩种植（养殖）联合社总经理郑冰的访谈。

四 蒲韩乡村经验可推广吗？

总体而言，蒲韩乡村经历了从满足老人简单的日常生活照顾、精神心理慰藉需求，到较高层次的日常生活照顾、更丰富的精神心理慰藉、社会参与和价值实现需求，最后到基础性的医疗健康服务的过程，基本形成以不倒翁学堂为主，上门服务为辅的格局。从侧重点看，学堂以满足老人更高层次的需求，即精神心理、社会参与和价值实现的需求为主，基础的日常生活照顾需求为辅；上门服务则以满足老人基础的日常生活照顾需求为主，其他更高层次的需求为辅。应该说，当下的蒲韩乡村更多的是从空间地域范围的角度推广养老模式，让更多的村子建起不倒翁学堂，但在服务内容的拓展方面，考虑到乡村有限的资金和人力物力，老人医疗健康需求服务的提供还有相当长的路要走。

任何新生事物的出现都具有强烈的时代特征，同时也是文化、政治、经济、社会共同发展的结果，是时代的产物。蒲韩乡村的养老模式也是如此。我们讨论蒲韩乡村养老模式及经验，重点不在其本身，而是分析这种模式的内涵、实质、产生的条件，观察这种模式的适应性、推广性，考量它对解决当下中国乡村养老问题的意义。

《“十三五”国家老龄事业发展和养老体系建设规划》指出，预计到2020年，全国60岁以上老年人口将增加到2.55亿人左右，占总人口比重提升到17.8%左右；高龄老年人将增加到2900万人左右，独居和“空巢”老年人将增加到1.18亿人左右；农村实际居住人口老龄化程度可能进一步加深。而目前城乡、区域老龄事业发展和养老体系建设不均衡问题突出；养老服务有效供给不足，质量效益不高，人才队伍短缺；涉老法规政策系统性、协调性、针对性、可操作性有待增强；社会参与不充分，基层基础比较薄弱……针对如此巨大的现实需求，这样的模式是否适应于其他乡村？乡村需要具备哪些要素，可有效借鉴落地？

1. 推广良机

首先，宽松、开放的政策环境是社会组织以公益方式提供养老服务的外部“空气”，如果政策环境紧张、政府态度不友好，社会组织就很难在社区做事。从《“十三五”国家老龄事业发展和养老体系建设规划》可以看出，目前社会组织在社区开展养老服务有着比较适宜的“气候”条件。例如，《规划》强调，至2020年社会参与老龄事业发展的积极性将不断提高；将建立以居家为基础、社区为依托、机构为补充、医养相结合的养老服务体系；敬老养老助老社会风尚更加浓厚……这些目标的确立，为社会组织开展工作奠定了良好的基础。

很长时间以来，由于社会照料资源的匮乏，我国照料老年人的职责主要由家庭成员承担。家庭是为老年人提供支持的重要支柱，对于满足老年人经济、照料、精神等多方面的需求有着难以替代的作用。同时，由于乡土社会中浓厚的大家族观念和安土重迁的传统心理，大部分农村老人更偏好于家庭养老，尤其看重以儿子作为首要照料者。但在当前农村社会空心化、老人高龄化速度加快、尊老敬老文化衰微的大背景下，家庭照料负担被迫加重。虽然目前家庭仍是老年人获得长期照料的最主要来源，但家庭养老功能弱化已成为绝大多数相关研究的共识。其他主体开始走上养老服务的舞台。随着2015年《国务院关于加快发展养老服务业的若干意见》等一系列文件的出台，国家或民间资本纷纷进入养老领域，开设养老院。养老院的优势在于它能为农村老人提供医疗护理服务，尤其能满足身患重病老人的医疗健康需求，这是政府、非营利组织难以大规模提供的。

从被服务者的角度看，第一个问题是养老院高质量服务背后的高价格往往是农村老人无法承受的。由于以营利为目的，养老院服务的质量和价格往往成正比。根据《2014中国农村养老现状国情报告》，目前超过68.4%的农村老年人主要依靠子女资助生活，其次是新农保和土地收入，能拿到退休金的占极少数。大部分的农村老年人并没有足够的经济能力承担养老院支出。第二个问题则是农村老人的传统观念和心理因素。由于无法适应与农村生活完全不同的养老生活方式，很多住养老院的老年人认为自己失去了自由，被子女抛弃，脱离了原有的熟人社会又找不到同伴，感到惶惶不可终日。

从服务提供者的角度看，由于农村养老院仍处于相对空白状态，未形成统一的经营管理标准，当前建立的农村敬老院很多是为了获得国家划拨的补贴，往往会压低成本以实现利益最大化，目前农村养老院的建设质量和服务水平呈现出参差不齐的状态。

由政府主导推进的社区居家养老同样面临困境。事实上，政府和村两委为农村养老提供的支持相当不足。除农村养老保险每月 80 元补贴外，基本不再存在其他对农村老年人的补贴。就蒲韩乡村社区而言，除上级政府部门的专项经费外，村委并没有其他经济来源可满足本村老人的养老需求。因此，村委对农村养老服务的干预主要体现在以下三种情况：第一，来自上级政府的政治任务，要求本村必须有养老方面的政绩；第二，为争取政府对养老方面的补贴获得项目补助，所建立的养老院或日间照料中心空有其表；第三，村民自下而上的倒逼机制使其被迫做出反应。有的村民看到隔壁村养老服务后，对村委不作为产生不满，进而对村委施压要求提供养老服务。

事实上，当前农村广泛推行的日间照料中心并未取得良好效果，一方面是因为老人嫌价格高未适应这种新的服务形式，另一方面则是这些日间照料中心只解决吃饭问题，对于老人其他更高层次的需求缺乏关注。

但在行政力量占主导的社会背景下，只有获得村委会认可的企业或者非营利组织才能获得其他方面的支持。因此，在养老领域与其他主体的合作中，村委一般居于主导地位，主要负责前期的情况摸底宣传和后期可能的矛盾协调解决。如果村委能够开放空间，允许社会组织入村提供养老服务，对解决乡村养老问题具有重要意义。

2. 推广优势

公益性养老的优势有很多。首先，可以通过捐赠资金和志愿服务弥补老人自身经济条件的不足。例如，蒲韩乡村能够以远低于市场价格的收费标准提供服务，实际上很大一部分成本是由蒲韩乡村、志愿者、免费提供用房的村民等承担着。其次，公益性养老服务内容除了提供日常生活照料、医疗保健服务外，在精神慰藉方面可能比商业性养老服务更为“细腻”“真诚”。最后，由于老人们与服务提供者的关系含有“义”或“益”的性质，而不是清晰的“利”的性质，老人们与服务提供者的关系更为平等，相互间更加信任，而老人的子女也对服务提供者更加理解、坦诚，支持。

从蒲韩乡村经验来看，公益养老服务可以先从简单的精神慰藉志愿服务入手，比较容易介入，待机构成熟后，再逐渐覆盖到生活照料、高端精神慰藉，最后到医疗保健等部分。

需要说明的是，公益组织提供的养老服务基本能够满足老人的部分日常生活照顾、精神心理、社会参与和价值实现的需求，但家庭仍在相当长一段时间内继续作为老人日常生活照顾需求的提供者。因此，这种养老服务更多的是对家庭居家养老的补充和支持，也就是郑冰说的，“我们是辅助和支持家庭，不是代替和取消家庭照料。”

当然，公益组织介入时需要考虑当地政府、市场等外部因素。例如，政府可能为社区提供养老的场地、物资甚至直接的资金和政策支持，帮助推动建设良好的村风民俗，如对尊老敬老行为公开表扬。但村委也可能拒绝公益组织干预本村的养老服务，选择自我服务和管理。在市场经济的推动下，市场的力量在养老市场中表现得越发强势。越来越多的养老院凭借提供医疗服务占据一席之地，或是与公益组织形成合作关系，或是直接形成竞争关系，这都直接影响着公益组织在社区服务内容和服务方式的选择。从另一个角度说，公益组织也可被看作资源整合者，它对包括政策、渠道、机会、场所、资金等在内的资源可进行整合。这种整合并不是简单的相加，而是面向社区问题，挖掘激活社区潜在资源，通过模式的创新实现价值的再创造。

至少可以说，蒲韩乡村养老模式目前较适用于与蒲韩较为相似的社区：中等发达的乡村或城市老旧社区，社区仍然属于熟人社会，社区老龄化相对严重，社区人员结构相对单一、不复杂，具有较为良好的村风（风气）和文化，社区有一定数量的低龄老人及妇女。由于人具有利他性，如果从事志愿服务的时间允许，志愿服务技能要求的门槛不高，建立有充分调动志愿精神的机制，通常人们都愿意成为服务他人的志愿者。

3. 难复制之处

蒲韩乡村养老模式比较难复制的是找到像郑冰这样的能人！

郑冰对蒲韩乡村组织的发育、发展具有不可替代的作用。该组织发育成熟，扎根于本地，有极强的群众基础、动员能力，极强的与政府合作的能力，有着服务社区、解决乡村养老问题的强烈愿望。蒲韩乡村养老中的“2 对 1”、“7 对 1” 和 “不倒翁学堂” 需要蒲韩乡村的大力支持，而蒲韩乡村之所以能给予如此高度的支持，与郑冰密不可分。

乡村大部分合作社更关注经济问题，而蒲韩乡村的不同之处在于它将公共利益和经营收益放在了同等重要的位置，它强调社员收益的同时，注重社区公共利益的满足，关注社会信任的恢复，关注健康、文明的乡村文化的再造，关注人与人之间建立和美的关系，关注人的价值体现。

从上文不难看出，不倒翁学堂实际上已经成为蒲韩乡村的组成部分，尽管实际运营相对独立，但它的一切均有蒲韩乡村的身影。如果其他地区照搬或复制蒲韩经验中的“2 对 1”“7 对 1”“不倒翁学堂”服务内容、服务方式、管理机制，却没有像蒲韩乡村组织这样的坚实后盾，那么该地区的养老服务启动将面临挑战，推行也将较为困难，能发展到何种程度是个未知数。

仅就蒲韩乡村而言，尽管蒲韩乡村一再强调要实现人才传递，培养本地年轻的接班人，但随着老一辈领导者、管理者逐渐退居二线，尤其是如果没有了郑冰，蒲韩乡村及其养老服务能否持续下去？

在文章的结尾，我们想乐观地说，我们不必忧虑于蒲韩乡村经验能否推广。我们相信，其他名称的经验或各种非蒲韩乡村式的经验，肯定会产生！因为社会自身蕴含着超越人类想象的能量！这正是社会的强大之处！

第三部分

典型案例

“老爸”魏文锋

改革开放后，随着中国经济快速向市场化方向转变，创业潮成为民间创新、创造活力挣脱体制束缚的一次次集中爆发。一部分年轻人放弃稳定的工作，走向社会，寻求自我价值的实现。1998 年从浙江大学物理系毕业、进入体制从事检验工作 10 年后的 2009 年，魏文锋从体制内“出走”，作为第二大股东创立民营企业——杭州华测瑞欧科技有限公司，担任总经理，成为俗称的“第四次创业”浪潮中的一员。

公司创立 6 年时间，年收入从 100 万元做到七八千万元，规模从创始期在城西文三路简陋的办公室到租下城西合生国贸整整两层楼，员工从起初的十五六人到顶峰时期的 150 多人。魏文锋展现出在企业经营方面的实力和才华。他对自己的发展和状态很满意。用他自己的话说，那时的他终于活成了自己理想的样子。2015 年，他坦承“舒服，无忧无虑，职业上也达到自己比较满意的状态”①。

然而，魏文锋的舒服日子在 2014 年春天被毒书皮打破，从此走上了别样的人生旅途。

一 因“毒书皮”事件成名

2014 年，小学春季开学前夕，魏文锋在给女儿包新书皮的时候，闻到一股刺鼻的气味儿，与化学品打了十几年交道的职业敏感使他认定书皮一定有问题。魏文锋开始了与毒书皮抗争的行动。

---

① 徐颢：《毒书皮改写“评测”人生》，《中国社会保障》2017 年第 8 期。

他开始尝试寻求帮助，发微博、打举报电话，将问题反映给杭州市教育局、质量安全监督局等有关部门，“基本上都是被‘踢皮球’，说这个事情不归他们管。我自己在体制内工作过，能理解他们为什么不爱管，”魏文锋说。但是，魏文锋骨子里的那股劲儿冒出来了：“不理我是吧？我就弄点事情出来，让你不能不理我！”①

2015 年 1 月，魏文锋另外独资注册成立杭州老爸评测科技有限公司（以下简称“老爸评测公司”），注册资金 111.1 万元。2015 年女儿秋季开学季前，魏文锋在杭州一些校门口的小店搜集了 7 种类似的书皮，自掏腰包 9500 元，送往泰州市国家精细化学品质量检验中心检测。检测结果让他大吃一惊，送检的 7 种包书皮都含有大量国际公认的强致癌物“多环芳烃”，以及对生殖发育期的儿童和孕妇都有影响的增塑剂“邻苯二甲酸酯”。

证据确凿，魏文锋按捺不住了，他托人辗转找到电视台的导演，用两天时间拍了一部 15 分钟的纪录片。2015 年 8 月 25 日，他把纪录片上传到腾讯视频，“片子拍得很土，完全是理工科思维。把检测过程和结果都一五一十公布出去了。”看到消息，第一个致电魏文锋的是西湖之声电台，电台当即决定当日下午 4 点钟采访，6 点播出，并建议他两个小时内成立公司公众号。“老爸评测 DADDYLAB”微信公众号迅速出炉。

魏文锋亲自撰写的首篇文章《开学了，您给孩子买的包书膜有毒吗?》通过公众号发了出去。正值秋季学期开始，经视频播放和文章转发，刚开通时仅有 30 多名粉丝的新鲜公号，迅速在朋友圈热闹起来。《开学了，你给孩子买的包书膜有毒吗?》刷爆朋友圈，当天阅读量超过 10 万 +，一个星期产生了 100 多万的点击量，文章留言不计其数，点赞数达到 2411，粉丝量直接冲万，最终累积点击量达到 2000 万。②

魏文锋非常振奋，通过媒体发起“牛皮纸包书皮——魏老爸免费赠”活动，需要者可联系老爸评测公司，只需支付快递费用，可免费得到包书皮若干张。这项活动老爸评测公司出资超 2 万元。因不懂专业、缺乏相关知识，维权成本高，家长们像发现了救星一般，把魏文锋视为消费者心目中打击毒书皮的理想代言人。一时间，鼓励和期望如潮般涌向魏文锋，魏文

---

① 徐颢：《毒书皮改写“评测”人生》，《中国社会保障》2017 年第 8 期。
② 徐颢：《毒书皮改写“评测”人生》，《中国社会保障》2017 年第 8 期。

锋因“毒书皮”事件成了“魏老爸”，有的直接亲切地称他为“老爸”，他的老爸评测公司也名声大噪。

二 成名既是偶然，也是必然

随着中国经济的迅猛发展，人们的消费水平提升，消费升级。但与此同时，市场竞争激烈，不法商家黑心攫取利润，消费者利益受损，投诉无门、无果……这几乎是改革开放后一直萦绕在消费者心头的噩梦。

消费品安全问题频发，老百姓花钱买东西，往往难买开心、省心、安心。伴随着消费，出现了消费焦虑：从“毒奶粉”“瘦肉精”“地沟油”“塑化剂”到毒玩具、毒校服……人们陷入了对生活环境和身体健康的焦虑，人们的消费质量和体验大打折扣。①

然而，不法商家只要不被揭露，仍然胆大妄为。无论是原材料的使用，还是制造工序，统统以低成本、高利润为导向，无视安全标准。

而相关监管不到位或不作为更使问题恶化。一方面，我国一些消费品的安全标准与国际标准相比，较为滞后，长期被人诟病。以文具中所含的毒性物质多环芳烃为例，欧盟等国家和地区有大范围的限量规定，而在我国的标准体系中，对多环芳烃的限定还未体现在玩具和儿童用品等产品中。有经济实力的理性的消费者面对这种情况，只能转而选择高标准的进口品，如奶粉、尿片、奶瓶、安全座椅等婴幼儿用品。另一方面，我国消费品安全监管带有很强的短期行为色彩，往往是消费品安全事件发生后才进行突击检查和处理，之后又会很快偃旗息鼓，缺乏长期监督力度和态势，让部分胆大的问题企业有空子可钻。尽管政府部门已有努力，但未覆盖到所有消费品，且进度也较为缓慢，如 2016 年 9 月 6 日，国务院办公厅印发《消费品标准和质量提升规划（2016－2020 年）》，提出以先进标准引领消费品质量提升，到 2020 年完成 1000 项以上重点消费品标准比对工作，建立消费品标准比对数据共享系统，重点领域消费品与国际标准一致性程度达到 95% 以上。

遍布各行各业的行业协会也不给力。尽管行业协会是自律性行业管理

① 《“消费焦虑”成一种社会心态 花钱也难买开心》，http://news.sxgov.cn/content/2016－10/28/content_7586718.htm。

组织，但目前我国行业协会的自律功能严重缺位。大多数行业协会行政化严重，一些行业协会受业内少数大企业操纵，成为市场垄断利益集团的“代言人”和攫取垄断利润的工具，甚至与地方政府部门、垄断企业一起“串谋”运作，倾向于为政府利益和自身利益服务，而不是服务会员利益及消费者利益。对于大量不入眼的小众消费品，行业协会也懒得“管闲事”。有毒有害产品仍然堂然皇之遍布在消费市场中。实际上，绝大多数消费品行业黑幕被揭，并非行业协会履职所为。甚至一些外部力量揭开黑幕时，行业协会不仅不干正事，反而还挖空心思帮忙掩盖，助纣为虐，侵害社会公共利益。

在上述情境下，消费者个人如何有实力抗衡？信息不对称本身让消费者难以对内幕知情，而个体力量微弱，无力对消费品进行科学、专业的信息收集、分析、判断，也找不到相应的途径拿到证据，维权成本高。例如，在检测方面，国家的产品检测实验室只对来样负责。且一般来说，来样只能由企业或单位组织送检，不接受消费者个人送检（消费者起诉情况下除外）。今天检测合格、明天大批量生产仍不合格的现象也很常见。再者，质监部门由于对各类产品安全质量问题的检测与回应速度慢，其公信力受损。以婴儿床检测为例，如果个人用户坚持要送检，通常是检测床的板材是否达标。这种检测大多是破坏性的，需要把床板拆下来并裁开。另有一种环境测试舱法，虽然不用破坏床体，合理模拟室内环境条件，检测板材的甲醛释放量是否达标。但价格比较贵，测试一次约2000元，检测结果约半个月至1个月。检测费用与床本身的价格不相上下。①

消费者往往只能认栽，或转而消费安全的进口品。对于低收入人群或欠发达地区，他们根本无力消费进口品，便成了各种有毒有害物质的直接受害者。

消费升级与现实的巨大反差呼唤着变革，“时势造英雄”，“魏老爸”的出现让消费者们大为振奋，人们纷纷支持他，给予他足够的信任，视他为“安全”“可信赖”的使者，而互联网的出现，使得“魏老爸”的声誉在短时间内获得了成千上百倍的放大。“毒书皮”事件不是偶然，“魏老爸”的出现看似偶然，实则必然。

① 张春燕：《“魏老爸”扫毒记》，《人物》2017年第3期。

三　从没得到过这么多陌生人的信任

“魏老爸”从来没有得到过这么多陌生人的信任和支持。“当初我下决心开始做检测、做公益，说白了就是玩票，一个有钱的小老板搞一搞，社会上像我这样的人多了去了，”他说，“但是这件事带来的力量，直接打动了我的内心，让我知道了人生的意义不只是当老板赚多少钱。”①

毋庸置疑，现今这个多元的时代主角是勇于实现梦想的年轻人。政府为他们解开了束缚手脚的政策，2014 年初《公司法》改革，1 元就可以注册公司，投资人和创服机构给他们备足了“弹药”，互联网更为“草根”逆袭创造了无数可能。如众筹模式为无数有梦想但无资金支持的年轻人带来了机遇，他们心系社会，关注自我价值的实现，这一代创业者享受到了时代的红利。

互联网推动消费方式的升级，也一定程度地推动了消费者话语权的提升。中国目前是全世界社交网络分享最活跃的国家之一。社交网络对中国人消费的影响程度在不断加深。中国的消费者除了将社交网络作为购买商品的渠道，也会通过社交网络关注他人购买的商品和相关评价，订阅购物指南或媒体社交账号，查询网友对商品的评测和推荐信息，甚至会主动分享自己的购物经验。丰富的信息获取渠道，极低的沟通成本，以及大量互助社群的产生，为消费者的自主意识和自主行为赋予了前所未有的权利。只要诉求一致，消费者瞬间即能成立“维权微信群”，这使得消费者组织起来，“抱团”申述、维权，对抗生产商。

“毒书皮”事件爆发，家长们纷纷找到“魏老爸”，不断地对他说，“你来检测检测这个，检测检测那个”，“魏老爸”停不下来了。此后，他陆续对铅笔橡皮、文件袋、塑料桌垫、大米等等孩子们每天都会亲密接触的物品、食物进行了检测，花费数万元。检测结果的确令人吃惊：60% 以上的被检测样品，均在一定程度上含有毒化学物成分！“魏老爸”将这些检测报告以通俗易懂的形式发布在“老爸评测”微信公众号、“老爸评测”博客上，吸引了更多家长的关注和支持，“老爸评测”名声大噪。

---

① 笔者对杭州老爸评测科技有限公司创始人、总经理魏文锋的访谈。

可是摊子越铺越大，专业检测的成本并不低廉，动辄上万元，持续运营的资金从哪里来？“魏老爸”自己投入了100万元初始资金，在家长的帮助下同时尝试通过众筹来吸引家长捐赠，覆盖检测成本。“老爸评测”背后的粉丝团特别给力，2015年，1917名来自全国各地的家长参与众筹评测，众筹金额总计60257元。

但好景不长，2016年初，“魏老爸”告诉“粉丝”，到2015年12月，老爸评测公司账面上仅剩10万元，钱花完了，要关门了。

“没钱，大家一起给你凑钱，老爸，你不能就这样消失啦。”群里有些家长开始着急了。粉丝们希望“魏老爸”能坚持走下去。“魏老爸”也在纠结，他知道自己承担着粉丝的期望和信任。2016年3月，他决定辞去自己一手创立的公司——杭州华测瑞欧科技有限公司总经理的职务，明确此后自己的身份只有一个：做为孩子安全保驾护航的“魏老爸”。同时，“魏老爸”开始想办法，扩大老爸评测公司规模，为“老爸评测”引入外部资源支持，组建不同层级的家长联盟。

他开始招募微股东。2015年底，魏文锋在老爸评测公司初始投入的资金即将用光，他在微信群里无奈地表示公司快撑不住了。结果，“有家长加我微信，一下就转了一万元，说是就当作入一股”。魏文锋有了“灵感”，决定搞一次正规的股权众筹，他将规则设定为“每股一万元，一人最多购两股”。2016年1月16日，魏文锋通过聚募网发起众筹，不到两天时间，老爸评测公司以203万元的超募金额成功招募了112位股东。据魏文锋介绍，魏文锋目前持有90%左右的公司股权。①

在机构主营评测业务方面，老爸评测公司建立了经营模式——依靠家长众筹检测费。公司在微信公众号上设立了“一起凑!”（又称抱团检测）版块，众筹检测费用。在这个版块上，家长可以就自己希望检测的商品发起项目申请，公司审核通过后，便可以在该版块上展示给公众，感兴趣的人可以给予“资金支持”。此后，魏文锋养成一个习惯，每月将检测费用明细发票拍照发到公众号上，“众筹的钱不能花得不明不白，账目必须清楚。”②

在客户及业务推广方面，老爸评测公司组建起松散的家长联盟，最大化地利用互联网的粉丝效应。“魏老爸”如磁铁一样，吸引了越来越多认同

① 笔者对杭州老爸评测科技有限公司创始人、总经理魏文锋的访谈。

② 笔者对杭州老爸评测科技有限公司创始人、总经理魏文锋的访谈。

公司业务的人。检测费用由家长众筹，检测项目、商品上架也都由家长们说了算，[1]这为凝聚家长、获得家长的信任奠定了良好的基础。有粉丝留言："你的公众号有毒，我一进来就走不了了。"2016 年，"老爸评测"拥有近 6000 名"铁粉"活跃在 12 个"老爸评测"的交流群中，"老爸评测"微信订阅号的后台有 16 万粉丝，其中"粉丝群里有很多实验室的、监管机构的、公检法的，这从他们的发货地址能看到。他们都知道外面买不到真正安全的"[2]。

老爸评测公司设立加入家长联盟的条件是：认同老爸评测理念，志愿共同努力给下一代净化生活环境，有社会责任感及爱心的家长们都可以加入家长联盟。但同时说明，由于政策原因，以下情况除外：1. 做传销的人员。2. 做美乐家、泉立方、权健等产品的人员。

家长联盟成员拥有如下义务。

• 行动一：义务宣传老爸评测，在微信/微博等社交软件上分享老爸评测的评测文章视频等。

• 行动二：有条件的可组织线下活动，教授鉴别有毒有害产品的方法及课程，分享知识传播科普文章等。

• 行动三：有条件的家长可以帮助在合适的场所摆放易拉宝或展架宣传折页等宣传资料，在自有公众场合播放"魏老爸"的检测视频等。

• 行动四：提交可疑的产品，爆料可能存在的危害。

• 行动五：推荐良心企业，推荐放心产品进入老爸评测公司的质控平台。

• 行动六：点击个人中心→点击我的海报→根据个人喜好选择一张或者几张海报分享给微信群或者分享到朋友圈。

• 行动七：购买及推荐粉丝购买"魏老爸"推荐的检测合格的产品。

而家长联盟成员行动后可获得的回报包括以下几项。

• 推广分：家长分享的海报上的二维码是专属二维码，朋友通过家长分享的海报关注到"老爸评测"，该家长可以获得一个推广分，推广分可以用来兑换精密仪器漂流检测活动的机会。

• 老爸豆：老爸豆是对家长行动成绩的奖励，包括微信、微博的宣传，加入"老爸评测"微信群，线下活动的宣传，爆料的可疑产品的行动，推

---

① 徐颢：《毒书皮改写"评测"人生》，《中国社会保障》2017 年第 8 期。

② 笔者对杭州老爸评测科技有限公司创始人、总经理魏文锋的访谈。

荐放心产品，在老爸众筹检测系统众筹过老爸检测项目，购买“魏老爸”推荐的检测合格的产品等的行动的奖励等，老爸豆可以用来兑换老爸联盟里的商品。

• 经验值：在家长联盟个人中心右上角点击分享按钮，按照提示分享家长联盟页面，将获得1分经验值，可以多次分享但每天只计一次分，经验值积攒到一定值会有神秘礼品。

老爸评测公司有关家长联盟的说明还强调，“以上回报是物质上的回报，而真正最有意义的最大的回报莫过于，更多的孩子远离了有毒有害产品，世界变得更美好！”

老爸评测公司还为家长联盟成员提供一些“额外福利”。2016年8月，针对儿童更易遭受的装修污染危害问题，“魏老爸”开启了甲醛检测仪漂流活动，提供价值12500元的甲醛检测仪供家长免费使用，不用押金，不用协议，由家长自己组织传递，家长只需负担耗材及快递费用。购买甲醛检测仪的费用来源于公司的投入、个人、企业和社会组织的赞助费用、1288名爱心家长众筹以及租用甲醛检测仪的费用。截至2017年9月1日，老爸评测公司购置了60台仪器，漂流29省，1438个家庭使用，检测了10730个房间。项目累积支出1172308元，收入505108元。

在甲醛检测仪漂流活动中，随着甲醛检测仪一起流动的还有一本漂流日记。在日记中，家长们除了记录各个房间的甲醛浓度之外，还会写下对老爸评测公司和魏文锋的感言。

浙江嵊州一位家长说，“为了给孩子一个纯净的世界，感谢魏老爸的挺身而出！向实干者致敬！！！”浙江温州一位家长说，“感谢魏老爸以及辛苦忙碌的老爸助理！祝老爸评测越办越好，希望你们一直坚持下去，改变中国！”浙江温岭一位家长说，“感谢老爸评测！最喜欢这句，抱怨没有用，我们必须做点什么。我们改变不了世界，那么我们改变自己去做点什么。”

老爸评测公司还联合家长联盟成员做一些公益活动。如联合家长发起助学活动，鼓励家长联盟中的成员将自己赚取的“老爸豆”在公益兑换专区兑换文具等学习用品，再由老爸评测公司以家长的名义捐赠给贫困地区的学校。再如，“一分钱测校服”的公益活动，家长只需发起申请，填写相关资料，审核通过后，再邀请49位家长一起参与，每人只需支付1分钱，上千元检测费的不足部分由老爸评测公司承担（老爸评测公司额外追加公益金用于支持检测该校服）。

在家长们的信任和资金的支持下，老爸评测公司又有了继续走下去的动力。但“魏老爸”表示，终究不能指望天天被打赏，想办法通过商业模式挣钱才是正道，但又不能是纯商业化的公司。2016 年开始，“魏老爸”完善了老爸评测公司的评测业务，同时开始在微信公众号上建立“老爸商城”，2017 年又在淘宝开了“老爸评测”会员店。

四　独立第三方评测

在老爸评测公司的网站上，清楚地写着公司的使命：“让天下的孩子们远离有毒有害产品，这听上去是一个不可能完成的任务，但总要有人去做。”魏文锋希望通自己的行动改变现状，用良币驱逐劣币，从评测为消费者知情权赋权，引导消费者以脚投票，也利用自身专业性，制定“老爸”标准。魏老爸也希望：“更多人会行动起来，不仅仅是隔岸观火或牢骚抱怨，而是参加众筹检测费活动，检测更多的东西，还健康给孩子。让天下的孩子们远离有毒有害产品，让 DADDYLAB 早日成为互联网民间认可的检测标准。”①

“魏老爸”认为，老爸评测公司必须做独立第三方的评测，而不能从厂家收费。在他看来，“现在检测行业都想做互联网 +，但他们没有搞明白互联网究竟是怎么回事。在我的理解中，互联网 + 检测应该是 to C（面向消费者）的。To B（面向企业）只不过是传统的商业用了网络的手段而已。”②老爸评测公司想要走一条客观公正的道路，就不能以企业作为目标客户。以家长群体作为服务对象，才是既符合老爸评测公司的定位又能可持续发展的正确方向。在专业检测问题上，老爸评测公司大都依据欧盟标准以及化学品危害毒理数据库，委托有资质的检测机构进行检测。和传统的检测方式相比，老爸评测公司的检测有三个原则：第一，不向工厂收广告费和赞助费；第二，所有产品送到实验室独立检测，以数据说话；第三，样品从市场购买或者家长提供，绝不从工厂拿。

老爸评测公司业务分两块。一是，家长主动发起，众筹评测。家长提

① 《魏文锋 | 老爸评测（DADDYLAB）》，《孟杨访谈录》（第 121 期），www.myzaker.com/article/57d28bb21bc8e0551a000041/。

② 笔者对杭州老爸评测科技有限公司创始人、总经理魏文锋的访谈。

供检测样品，家长众筹提供资金支持，老爸评测公司采用“公开、透明、公正”的检测方式进行检测，并出具检测报告；二是“魏老爸”提出进行评测。由老爸评测公司提出评测目标，由老爸评测公司采用高于国际标准的要求，采用严谨的评测方法进行监测，资金由家长捐赠（家长也提供部分检测样品以节约购买样品费用），不足部分由老爸商城获取的利润补足。“魏老爸”对家长众筹的解释是“打赏和捐款只占收入一个很小的零头，用这个手段和方法只是为了和家长有个平台可以互动起来，家长有参与感，就会对检测结果特别喜欢，会去转发”①。

在“魏老爸”的行动下，改变了包书皮行业的标准，整体改换成食品级接触材料——聚丙烯 PP 材料。但是也有一些行业搞不定，如，爆出“魔术擦甲醛超标”时全网刷屏，但是政府没有动，各个超市下架了一段时间，又上架了。“超市保护消费者？才不！只要你给他货架费，他问你要一下相关报告，（就行了）。这些人都是站在商业、唯利是图的角度，没人站在保护我们消费者的角度。”②

2016 年，影响全国的“毒跑道”风波中，也有“魏老爸”的身影。他曾介入多地“毒跑道事件”，包括跑到北京第二实验小学白云路分校检测“异味操场”。2015 年 10 月起至今，老爸评测公司陆续收到来自深圳、温州、杭州、南京等 15 个地方的校园跑道样本。最终有 7 个被测出有毒物质超标，5 所学校铲掉了“毒跑道”。③ 之后，老爸评测公司制订的塑胶场地标准也要出炉了。“魏老爸”邀请了很多专家来协助一起完善这个标准，从定性分析到定量分析，不断获得大家的认可，以帮助更多的家长检测塑胶跑道。

老爸评测公司还计划推出一款“老爸众测 APP”，推广老爸评测公司标准，由用户自主在平台发起，或由学校、家庭层面联合发起检测产品，共同众筹出资，由老爸评测公司作为平台方监管落实检测。

当然，第三方评测也是一件“得罪人的事情”。“没少被威胁、质疑和抹黑过，真不是一条好走的路！”“魏老爸”说自己的工作是“走在刀尖边缘”，“来自各方的压力是家常便饭”“但他们说归说，我相信公众的判断

---

① 笔者对杭州老爸评测科技有限公司创始人、总经理魏文锋的访谈。

② 笔者对杭州老爸评测科技有限公司创始人、总经理魏文锋的访谈。

③ 黄姝伦：《网红“老爸评测”与消费者维权困局》，财新网，2017 年 5 月 3 日，http://china.caixin.com/2017-05-03/101085668.html。

力!”这个中年男人有些固执地说。2017年5月，老爸评测公司发布了“硅藻泥不能吸‘甲醛’”的测评文章。“硅藻泥”的厂商、协会都急了，纷纷打电话来，婉转点的说要“合作”；直接点的开口便问“说吧，要多少钱?”；更有甚者，直接威胁“等着收律师函吧!”由于文末“魏老爸”推荐大家使用性价比更高的“乳胶漆”，对方便以此为由称“‘魏老爸’是收了‘乳胶漆’厂商的钱故意抹黑‘硅藻泥’”。“魏老爸”咬紧牙关全部回绝，“我在实验室用‘硅藻泥’涂了两面墙，测了48小时前后甲醛浓度没有变化，这就是事实!”①

实际上，和老爸评测公司类似的模式也不乏人尝试。优恪网就是一家面向消费者的独立第三方检测机构，源于德国消费品测评机构OEKO-TEST。2014年优恪品牌进入中国，几乎采取了和老爸评测公司一样的运营原则：由德国专业团队在中国市场上采购检测样品，送往德国的十几个不同的专业实验室检测，为消费者提供专业、独立的检测报告，不接受来自厂商的赞助和广告费。作为“外来的和尚”，优恪的母品牌OEKO-TEST在德国早已被大众认可，但移植到中国，却经历了非常艰难的“信任建立期”。优恪曾因给百岁山、老干妈、德芙等产品差评，引起了几次舆论风波，在一定范围内建立起敢于揭黑、客观公正的形象，但名气显然不如打“公益牌”的老爸评测公司。该机构进入中国两年多时间，一直靠最初的启动资金运营，也未采用“家长众筹”的方式获取资金，目前还没有盈利。据媒体报道，优恪未来可能通过为厂商产品做信任背书，进行贴标服务。但这一转型已经引起许多消费者的警惕，优客测测CEO吴峥在接受媒体采访时表示：“我们会非常谨慎，因为中国市场最丢不起的就是信任。”

五　在争议中上线“老爸商城”

魏文锋很清楚，他的首要目标是要把评测做好。但他自己认为可以选择的模式无外乎三种，而自己只能选择第三种，即以电商养评测，以评测促电商。

第一种商业模式，即企业付费的2B模式缺乏公正性，“魏老爸”认为

① 《他创办“老爸评测”两年检测了156件产品 受到20多次威胁》，http://www.iwshang.com/Post/Default/Index/pid/253019.html。

行不通。对于第三方独立检测机构来说，常见的商业模式是企业付费，机构出具检测报告。在这种模式下，支付送检费用的厂商就是检测机构的“衣食父母”。魏文锋深知其中可操作的空间，“只要企业想拿到一个合格的认证，就没有检测不合格的东西”。这种直接的利益关系，使得检测的客观性和公正性大打折扣。而且，检测机构只对“来样”负责，默许了企业可以通过不断更换检测样品直到合格。

第二种商业模式，即采取小额付费的会员制，它需要强悍的粉丝基数，但中国人版权意识薄弱，一个转发就让一切成为海市蜃楼，魏老爸认为同样不可取。①

第三种商业模式，只剩下 to C 模式，即面向消费者的众筹评测加上电商的“自我造血”模式。

魏文锋之所以这么选择，也是因为每一次特别难的时候，都有家长出来点醒他。因为有家长在群里问哪里可以买到放心的产品，催生了他运营“老爸评测”微商城的想法。魏文锋把检测合格的产品放到“老爸商城”上售卖，希望通过这种方式获取一定利润用以支持评测。这也契合了魏文锋的忧虑：虽然粉丝数量在不断增加，但家长众筹的热情过了最初的“蜜月期”后逐渐冷却下来。打开“老爸评测”微信公众号，在“抱团检测”栏目下，除了那些广受关注的“明星”项目，大多数项目支持者寥寥无几。

魏文锋同样深知，信任才是成功的关键。他创立的“老爸商城”，借着前期评测积累的公信力，以及庞大的家长联盟支持，选对了切入口，迅速建立起了良好的信任度。良心产品推荐给公众，让孩子们“远离致癌产品”！儿童文具、婴幼产品、日用百货、美食生鲜……“老爸商城”在售品均是经“魏老爸”检测过的合格商品。“魏老爸”也会不定期对“老爸商城”出售的商品进行抽检，保证商品品质。对于“卖东西”，“魏老爸”的解释是“烧钱做检测不是办法，开店是为了自我造血，我就是一个企业，一个专注于解决有毒有害产品这个社会问题的企业，以让孩子们远离这些产品。我们有本事自己赚钱，把事情一直做下去，也会尽力和工厂保持距离”②。

2016 年“老爸商城”上架 100 多种商品，反响良好。2017 年，魏文锋

---

① 徐颢：《毒书皮改写“评测”人生》，《中国社会保障》2017 年第 8 期。

② 笔者对杭州老爸评测科技有限公司创始人、总经理魏文锋的访谈。

又租下楼下400多平方米，扩充电商部。但他坚持认为，他想做的其实就是一件事：以良币驱逐劣币的效应促进厂家自律，以专业评测为孩子提供更多健康安全的商品，类似于老爸质控系统加上民间的质监局，同时打造安全可信的电商品牌。①

2017年，老爸评测公司已经发展到30多位员工，“老爸商城”营业额突破千万元，收支基本达到平衡，取得这样的成绩，离不开魏文锋的“粉丝社群基础”。

身为“魏老爸”“粉丝”的消费者，一些家长对老爸评测公司的发展开始质疑，但也有家长展示了包容和耐心。

知乎上，有人提问：“如何评价自媒体‘老爸评测’?”有匿名用户回答：“老爸评测”自己的店里价格昂贵，包书皮就是说不含有毒物质也不可能卖几十块钱几张这么贵，其他各种物品更贵，感觉纯粹成了恐慌营销了。关键检测结果如何没有第三方公证，所谓数万块的甲醛检测仪漂流，要付耗材费还要付几千块钱押金，然后就得等，这不就是变相集资么？卖的东西说是补贴检测费用，检测费绝大多数是众筹的，很多被检测的物品也是别人提供的。可卖的东西也没见给众筹检测费的人分红啊？总体感觉就是恐慌营销，挣钱没什么，但做生意做得像搞慈善，说不掺杂利益但卖的所谓经检测过的东西傻贵，就太容易有各种因素在里面了，也太容易蒙蔽信任他的人了。”②

“老爸商城”的消费者对商城表现出信任态度。一次，厂家生产的护眼灯泡显色指数未能达到老爸评测公司承诺的标准，魏文锋发现这个问题后，立刻发起了召回通知，让那批购买灯泡的家长全部退回来换新的。整个过程很顺利，“这样主动召回家长反而很理解。有问题愿意和我们一起承担，一起解决”，魏文锋回忆道。电商平台上司空见惯的客户投诉、纠纷，在老爸评测，常常就这样友好地化解了。连偶尔手忙脚乱多发的货也会被如数退回，家长在群里和“魏老爸”打趣，“如果是淘宝店我可能就不说了，你这里不一样的。”魏文锋明白，“这种信任是最珍贵的，我现在特别小心，不能把这个信任丢了。”③

---

① 引自“老爸评测”微信公众号的自我介绍。

② 知乎问题：如何评价自媒体“老爸评测”? https://www.zhihu.com/question/64421634。

③ 笔者对杭州老爸评测科技有限公司创始人、总经理魏文锋的访谈。

又如，在“老爸商城”里，包书膜/包书纸（长10米可剪裁的CPP环保无毒包书皮）商品售价为68元，有16条好评，没有中评和差评。“绝对是好东西，给女儿用着安心。”“确实很好，相信魏老爸。”“除了价格我没有意见。感觉是环保产品。”①顾客的评价里，透露出对魏文锋的信任。

良心厂商也从“魏老爸”的推荐中获益，形成了良性的市场循环。如，老爸评测公司在一次针对糯米胶的评测中，向家长们推荐过一款糯米胶。家长们都跑去买，一直默默无闻的商家也成了“网红”，还很惊讶地问家长，怎么突然有人说我们东西好。

六　流量“网红”

消费焦虑与消费升级之间的巨大反差无法依靠“魏老爸”个人的力量来抹平，“魏老爸”策略性地与政府和媒体合作，引导政府和媒体合力关注消费品安全与品质的提升。他把自己喻为“先头游击队”，不断去摸索寻找有毒有害产品，发现问题后借自媒体和其他媒体力量大规模宣传，并报告给“正规军”质检部门，再由他们去大规模地检测曝光，他相信民间力量能自下而上地推动产品检测标准的进步。

魏文锋是一个懂得什么时候“抖包袱”的人，他不走低调做事的路，干得漂亮，更要说得漂亮，他乐于参与各种活动，接受采访，参与电视节目，是一个很有名的“流量网红”。听过魏文锋演讲的人，很难不被他的故事吸引。在北京大学斯坦福中心举办的一场关于社会创新的论坛上，魏文锋作为演讲嘉宾之一，“画风”和其他嘉宾截然不同，他看起来朴实、诚恳，演讲中没有高大上的专业术语，幽默的语言和一个个故事很快能让论坛热了起来。

魏文锋特别能吸引媒体的关注，他自己也愿意站在媒体的聚光灯下。他现在不仅在网络上是“网红”，在电视及报纸上也是热门人物。在“毒跑道事件”中，“魏老爸”帮助家长们检测了十几所学校的塑胶跑道，也接受了一些媒体关于塑胶跑道问题的采访，央视也数次报道了“魏老爸”，如央视《新闻周刊》2016年8月27日报道了《魏老爸撕掉“假面”》，央视

---

① 引自“老爸商城”消费者留言评价。

《新闻1+1》2016年9月8日报道了《开学了，塑胶跑道怎么办?》，《新闻周刊》2016年9月10日报道了《魏文锋：老爸来测评》；2017年3月，魏老爸参加江苏卫视《一站到底》……如此报道不胜枚举，引发了广泛的舆论关注。“影响力大了才能制定标准，让很多行业按照你的标准来生产。”魏文锋从不避讳把自己标签为“网红”，也毫不掩饰自己渴望壮大“老爸评测”用户社群的野心。他致力于写出10万+的微信推文，频繁地接受采访，“我们现在的策略就是去多利用主流电视媒体的影响力，比如经过央视一播出，24小时内我们增加了10000多名粉丝。”“魏老爸”认为，民间消费品测评机构生存下去的关键在于其公信力，而公信力是建立在大量用户的信任基础上的，“用户信任你，你才能树立起权威和公信力。”①

地道的“山东大汉”，做事却“和风细雨”，魏文锋很懂得如何权衡与政府部门的关系。在与政府合作时，“魏老爸”坚守自己的行为尺度，始终对政府态度友好，且尽力与政府合作。“魏老爸”说，“不能特别苛责他们没有尽到责任。事情的发展总是螺旋式的，科技发展和技术进步让我们身边有了五花八门的产品，我们的标准只有不断更新，才能有效监督。中国人口众多，消费量非常大，不可能指望政府完成对所有产品的监管。这时候，就需要行业自律、消费者提高鉴别能力，以及我们这样的企业倒逼、监督和补充。”②

魏文锋在国家检验检疫部门工作多年，知道自己的权利边界。他说，老爸评测公司的产品检测分析报告通过微信订阅号和网站发布，检测的日期、费用、方式、化学物质含量分析、消费建议等细节一律公开，但对“哪个品牌不合格”有所保留，把不合格厂家名称打马赛克。因为“曝光劣质品牌是政府部门的事情”，老爸评测公司扮演的角色是找到问题，引起有关部门的重视。③

2017年12月，浙江省质量技术监督局公布了第一批产品质量安全伤害信息监测点。共计16个单位被指定为第一批监测点。老爸评测公司名列其

---

① 《网红“老爸评测”与消费者维权困局》，http://china.caixin.com/2017-05-03/101085668.html。

② 《“老爸”魏文锋：与“毒书皮”“毒跑道”作战》，https://news.qq.com/a/20160914/004630.htm?_k=jnjlaz。

③ 《“老爸评测”这类网红可以更红更多》，http://www.360doc.com/content/17/0805/19/31655471_676909257.shtml。

中。作为监测点，老爸评测公司的责任是主动提供产品质量安全伤害信息，积极协助开展产品质量安全风险评估以及缺陷产品召回工作。简单说就是发现问题，验证问题，上报问题。浙江省质监局确认问题后，对问题产品会采取相应的监管措施。老爸评测公司在发布此信息的新闻通稿中说，“虽然我很早就知道，有很多业内人士一直在关注我们。但能得到省局的认可，还是倍感欣慰。我们之前的工作没有白做。党的十九大报告中明确指出：人民对美好生活的需要日益广泛，不仅对物质文化生活提出了更高要求，而且在民主、法治、公平、正义、安全、环境等方面的要求日益增长。未来政府对产品质量安全工作会越来越重视。这对于老爸评测、对于普通消费者，都是一个极大的好消息。”①

七 “老爸”眼中的自己

“支持我们走下去的不是商业利益，而是对大家的爱！”这句话被印在老爸评测公司办公室最醒目的地方。老爸测评公司用其出发点是公益来宣传自己，为自己赢得了家长群的信任，获得了良好的品牌认可，为老爸测评公司赢得了最为珍贵的无形资产，使老爸测评公司在测评行业拥有独特的竞争力。

但是，魏文锋因此也深受其“苦”，不断有人质疑他借着做好事的名义卖东西，质疑他前期靠公益积累信任，后期将老爸测评公司积累的公益无形资产转用于企业私有资产的积累，并以此获利。

在媒体报道中，魏文锋总是和公益脱不开关系。魏文锋被描述为“一名真正自发的公益人士”②“公益圈的网红”③“民间公益人士”④。但更多的声音是对“打着公益旗号卖东西”的质疑。魏文锋刚开通“老爸商城”之后没几天，老爸粉丝群里出现一张截图，内容是昨天还说“理解”的家长

① 《从今天起，我们光荣成为产品质量安全社会共治的一员了》，老爸评测公众号，http://mp.weixin.qq.com/s/TacIRleuA9qXV_bFHN33hg。

② 吴子茹：《魏文锋：理工男、愤青和天下无“毒”的心愿》，《中国新闻周刊》总第781期。

③ 刘怡仙：《一名资深检验员的公益玩法——老爸评测与先头游击队》，《南方周末》2016年9月27日。

④ 张维：《“老爸”魏文锋：与“毒书皮”“毒跑道”作战》，《新京报》2016年9月14日，第A17版。

在另一个群大骂老魏是“骗子”,“顶着公益的帽子赚大家的钱”。老魏第一次想到放弃,“我都不知道自己这样做是为了什么?!”

面对质疑,魏文锋考虑过怎么解决,也有明确的回应。他在不同场合反复强调,“我们是一个企业”,并不想被贴上“公益”的标签,因为一旦贴上这个标签,很容易被道德审判。

1. “我做的是广义上的公益”

魏文锋认为自己有“利他的心”,“公益有一个狭义和一个广义的概念。我做的事符合公共利益,可以叫做广义上的公益。”“现在问题就在这里,我们做了很多事情,无所谓外界怎么定义。只要钱用在好事上,我认为就可以定义为是公益。”“如果我从一开始就以企业的心态启动老爸评测的话,可能没办法这么快做起来。很多家长来我这里买东西就是因为他们看到了我这颗利他的心。离开了大家的信任,我们这个公司和其他卖货的微商没有任何区别。社会上也有很多这样的公司,卖检测合格的放心产品,但是要么规模不大,要么一直亏损,到目前来看,我认为我们是一个成功的案例。”①

“这个企业跟我以前做的企业出发点和方法都不一样,从头到尾都贯穿着利他主义。现在我们有十几个粉丝群,天天有人在群里问“这个东西有没有问题”,我们让员工在群里回复,员工很不理解,这样回复也没有收入,干嘛要花大量的时间精力做这个事情?我们就是做很多看不到回报的事情,我的目的也很明确,我要获得的是信任,有了信任什么就都有了。”②

但问题是,人们会质疑,因“老爸测评”微信公众号起家而后建立的“老爸商城”,其获利归谁?

2. “我的矛盾点就在这里,既做评测又卖货”

“魏老爸”为了回应争议,干脆写了一个帖子挂在微信公众号上,开篇第一句写道:“先说好,我魏文锋搞检测不是为了卖货,不是为了卖货。”帖子里强调,“做任何事情,没有资金的支持,走不远,也做不大,要想办

① 笔者对杭州老爸评测科技有限公司创始人、总经理魏文锋的访谈。

② 笔者对杭州老爸评测科技有限公司创始人、总经理魏文锋的访谈。

法自我造血。”[①]“公益检测的出现在国内是一项新兴的事物，让公益检测走更远，需要资金的保障。做公益不能光开了个头，然后维持不下去后草草收场。我们有多少人一腔热血启动某个公益活动，然后因为资金问题而不了了之。我不想这样，做公益也要吃饭的！”[②]“租金一年70万元，每个月测评费用不下10万元，甲醛仪100台、净水器、辐射仪……各种仪器买了快200万元，还有团队30多人的工资一年近400万……”他感到很无奈，“我实在不知道除了这样还有什么方式能维持团队。”其实，“魏老爸”起初也试过众筹，可“杯水车薪”；想过订阅收费，可“家长们不适应”；还想过广告收入，可这样少了“公正性”。[③]

“我开店是为了给家长解决实际问题，除了发现社会上这些有毒产品之外，我们还要去解决问题，对不对？光抱怨和指责没有用，只有行动起来才会改变。我不是为了开店卖东西而去搞文具检测，我自己已经几十万元投进去了。如果你在这一点上怀疑我，我只能叹口气。现在的社会做个好人怎么这么难……不过叹气归叹气，无所谓，反正我做我觉得正确的事情。”“做带有公益性质的事业，也要活下去，要有自我造血的功能”，但“我的矛盾点就在这里，既做评测又卖货，这会影响信任度，我希望能不卖货。但很多家长就想要检测合格的货物，要找我搞团购，所以这个问题很难解决”[④]。

3. “不要说我是做公益的”

“不要说我是做公益的，这样别人会对我进行道德审判。我就是一个企业，一个专注于解决有毒有害产品这个社会问题的企业。”[⑤]“我们是一个企业，在我2015年注册的时候，我压根就不知道什么是社会企业。我一直以来就是搞企业的，商业方面我还是有点脑袋的，知道怎么运作和管理。”“我就和我这里的小伙伴们说，我们的甲醛仪漂流活动，所有的宣传要强调

① 引自“老爸评测”微信公众号商城版块介绍。

② 《有赞平台：“老爸评测”在有赞将公益可持续发展》，http://www.thethirdmedia.com/Article/201510/show361815c77p1.html。

③ 《他创办“老爸评测”两年检测了156件产品 受到20多次威胁》，http://www.iwshang.com/Post/Default/Index/pid/253019.html。

④ 曾惠怡：《草根老爸净毒记》，《深圳晚报》2016年8月15日，第A15版。

⑤ 张维：《“老爸”魏文锋：与“毒书皮”“毒跑道”作战》，《新京报》2016年9月14日，第A17版。

我们是企业，把公益两个字全部删掉。因为一开始他们的确用上公益这个词儿了，但是后来我发现不行，家长一旦先入为主地认为你在做公益，就会认为你是一个公益机构，忽然发现你是一个企业，就要跟你来吵。我们现在上来就讲清楚，'注意，我们是企业。'他们反而心里很接受，'你们企业挺好呀，还做这样的事情。'"

"同一个班子两块牌子，成立一个基金会做公益检测，'老爸商城'就专门卖产品"[①]，魏文锋觉得这倒是个好办法，不过目前企业还没发展到需要这样做的程度。而提及 2016 年初那次众筹，魏文锋强调，股东们是享有分红权益的，但"目前为止没有什么利润"。对于未来的盈利模式，魏文锋还有一些设想，等到粉丝达到 300 万的时候，或许可以采用会员费的方式，将检测报告有偿地发给大家，不再通过卖货的手段营利，"但是如果没有几百万粉丝走这条路就死掉了"[②]。

"我如果光靠众筹费、打赏费根本支撑不了日常运作，2015 年已经证明了，就是靠众筹检测费差点把公司给做死了。我坚定不移地认为社会大众会接受一个企业以这样的形式出现，我的发心就是要解决社会问题，别管我用什么手段，最后我给大家提供的服务和产品是你们要的就行了。而且我也一直不停地宣传，我们是一个企业，我的很多粉丝都知道我们不是一个公益机构，照样非常支持我们，也愿意打赏。"[③]

"魏老爸"还在微信公众号上"吐槽"，描述自己的心境："每当我们做完一个项目的检测，都是兴高采烈地发布内容给大家分享，希望我们做的东西能够给家长朋友们一些帮助。我们因为揭露别人的商品存在安全问题，网站直接被黑过。我们因为告诉家长们如何检测塑胶跑道也被查过水表。我们由快发不出工资，到现在有了将近 30 名员工，可以自负盈亏。虽然有时候很困难，但真的是从来没有觉得这条路崎岖到难以走下去。只有一个时候，我们会觉得心寒。那就是别人用最阴暗的想法来指责我们的时候，把我们设定成那种唯利是图、没有底线的黑商贩，也就是我们最讨厌的那一类人。"

"坦白说，在微信里，家长粉丝们还是比较了解我们的，但是在其他平

---

① 笔者对杭州老爸评测科技有限公司创始人、总经理魏文锋的访谈。

② 笔者对杭州老爸评测科技有限公司创始人、总经理魏文锋的访谈。

③ 笔者对杭州老爸评测科技有限公司创始人、总经理魏文锋的访谈。

台，我们还在积极地想让大家认识老爸评测的时候，这样的言论就真使我们怀疑人生了，我们只能问自己哲学问题以转移注意力。有的时候，我会问自己放弃原本稳定的工作与生活，来做这件事情到底好不好。但其实这个问题一出现在脑海里，便已经有了答案。一片树林里分出两条路，而我选了人迹更少的一条，从此决定了我一生的道路。”①

实际上，尽管魏文锋反复强调自己的企业属性，但粉丝们既没有将“魏老爸”视为一个纯粹的商人，也没有把老爸评测公司不带感情色彩地看成普通“商家”。2017 年 5 月，“老爸评测”发布了一篇名为《我用实验验证了硅藻泥，结果却是……》的公众号文章，发出后立即就有一些生产厂家打电话来威胁。魏文锋把通话直接录下来，在家长群里一说，立马就有两个律师家长说要帮他打这个官司。紧接着又有家长提议打官司的钱大家众筹，甚至还有家长要到办公室保护“魏老爸”和员工，让闹事的先过他们这一关。魏文锋很感动：“我的背后有成千上万的家长支持，大家口口相传，越来越多人支持老爸评测，我代表了民心所向。”②

4. “社会企业是他们给我贴的，我无所谓”

魏文锋创立老爸评测公司的时候对社会企业并不了解。相比“公益”，对待“社会企业”这个标签，魏文锋的态度积极。有人说老爸评测公司应该是一家社会企业，魏文锋顿觉醍醐灌顶。他认为，老爸评测公司的首要目标是为了公众利益——让孩子们远离有毒有害产品，不是纯粹追求商业利益，这点大致符合社会企业的定义。③但是，“魏老爸”也认为，“这是他们给我贴的，我无所谓。有也行，拿掉也可以，随便。”2016 年 3 月，魏文锋经人推荐，参加了第四届“社创之星”大赛。决赛上，魏老爸用八分钟讲述了老爸评测公司的故事，最终拔得头筹，获得年度总冠军兼最佳人气王。评委对老爸评测公司的评价是：一家以解决社会问题、创造社会价值为己任的社会企业。“社创之星”大赛评委徐永光鼓励魏文锋，用商业的手段做更多的公益，解决社会难点、痛点。

---

① 《老爸大抽查丨突击抽检老爸商城的所有产品》，老爸评测官网，https://daddylab.com/article_detail/id/288。

② 笔者对杭州老爸评测科技有限公司创始人、总经理魏文锋的访谈。

③ 《网红“老爸评测”与消费者维权困局》，http://china.caixin.com/2017-05-03/101085668.html。

这个新标签，让“魏老爸”得到了更多来自公益圈和媒体的关注，“许多机构来研究我们到底是怎么一回事”。相比口头上“无所谓”的态度，魏文锋的实际行动显得更为积极。在各类社会创新和社会企业相关的活动中，不乏“魏老爸”的身影。2016 年 12 月初，魏文锋参加了友成基金会为支持社会企业家加速成长的项目“猎鹰训练营”。12 月 8 日，魏文锋在杭州社会创新大会上发表演讲。在魏文锋的朋友圈中，也常常能看到和公益、社会企业相关的最新动态。

八　后记

开始做老爸测评公司前，魏文锋做了 16 年的实验室检测和化学品风险评估工作，但他发现他无法保护家人远离有毒产品，孩子用的包书皮竟含有致癌物。他认为自己创建老爸测评公司是在以自己的方式回应社会问题。但此后创立“老爸商城”引来种种非议，受到“以公益为名而行商业之实”的质疑，这让他陷入矛盾。

在市场体系中，个人的利己动机并不是坏东西，市场具有一种神奇的功能，它可以使出于“利己”目的的行为产生“利他”的效果，个人的利己行为在市场中被整合为有利于整个社会的行为。然而，公益中所说的利他性的体现，既包括利他动机，利他出发点，也包括利他结果。尽管利他动机属于心理层面，看似难以判断，但是我们可以从过程（行为）、从结果上反向推断。因此，当我们判断是否为公益时，既要看动机，也要看过程（行为），而不能只看结果。

在约定某个机构做的是否是“公益”时，需要从机构的资产所有权、治理、决策、组织结构等多方面进行严格限定。如，公益组织的结构与功能特征为：（1）公益组织存在的目的是实现公共利益。（2）公益组织的资产所有权属于社会，即社会公有财产。公益组织存续期间，其成员不得就其财产进行分配，获得的合法收入不得进行分配；公益组织终止时，财产不得由其创办人撤回，而应该转移给具有类似宗旨的公益组织。（3）公益组织的财产受到监督。公益组织不得分配收益；对公益组织的财产管理的监督属于监管（如执行国家规定的财务管理制度，接受财政部门监督；资产接受审计机关监督）和治理结构层面。（4）公益组织的治理结构，最高权力机构是理事会；发起人组建第一届理事会，其后的理事会由上一届理事会产生；理事会聘请执行团队；执行团队负责日常运作，并对理事会负责。(5) 最主要的经济激励为工资性收入，没有股权分红。(6) 公益组织的组织文化强调公益组织必须服务公共利益，忠于组织的使命，忠实地执行捐赠人的意志。

而企业的结构与功能特征则为：(1) 企业存在的目的是为其股东创造经济利益。(2) 企业的财产所有权属于投资者，即所谓"股东"。(3) 企业的治理结构，最高权力机构为股东大会；股东大会选举产生董事会，股东根据占股比例分配投票权；董事会聘用高级管理人员；高级管理人员负责日常运作，并对董事会负责。(4) 最主要的激励机制是剩余索取权，简单地说就是股东分红。(5) 企业的组织文化，核心的、根本的价值观就是对股东负责，即最大限度地为股东赚钱。

因此，公益与商业有着本质的区别。

在现代社会，我们通常对企业的行为是否定性为公益行为的要求非常严苛，因为从结果上来讲，大多数的企业基于利己性动机而做出的行为也会给社会带来利益。如，摩拜单车绿色出行，摩拜单车提供免费骑车优惠，前者是企业产品的定位，后者只能被视为企业的营销、品牌建设、公共关系，属于经营成本，为的是构建企业无形资产，而无法将这种行为视为公益。当企业或者直接捐赠，或者利用企业自身资源（如人力、技术）与专业的公益组织合作做公益，才是履行企业社会责任，才是公益。

对于"魏老爸"，一方面，我们无法从其所说的"利他性"动机本身出发来判断他是否在做公益，而且"魏老爸"本人也未给出明确的回答。另一方面，我们无法从其行为来断定。老爸评测公司前期以"公益"名义迅速积累了评测行业最宝贵的公信力（无形资产），且吸纳了公众的捐赠（有形资产），但上述两方面的资产最后都归入老爸评测公司所有。

公益组织与企业最大的区别在于最终体现为是否股东利益最大化，说白了就是是否"分红"，这也是社会企业概念中最大的争议。老爸评测公司并没有在是否"分红"上有明确说明，企业获得的资金，既有来自"魏老爸"自己的钱，也有来自家长的"捐赠"（股权众筹、众筹检测费用、纯粹打赏）。而据"魏老爸"所述，"目前公司的章程没有对分红有限制性规定"①，也就

① 笔者对杭州老爸评测科技有限公司创始人、总经理魏文锋的访谈。

是说“公益累积的无形资产”以及“家长捐赠”的钱被纳入企业，为企业所有，而企业股东可参与企业利润分配。

从“老爸商城”的行为本身来说，“卖东西”这种行为并不是判断其是否为公益的标准，因为公益组织也可以收费，可以经营，只是所获利润不作为股东分红分配，比如慈善商店。而“免费”与否也不是判断标准，商业性企业也有免费给消费者提供服务以进行推广或促销的行为。

从主体身份来说，企业和公益组织都可以做公益，“身份”如何也不是判断其是否为公益的标准。

我们所处的时代是一个多元发展、创新十足的时代，却也是鱼龙混杂的时代。公益与商业的互动、合作与冲突日渐加深。公益深入人心，渗透个人生活与社会生活的方方面面。商业也不例外，深受公益的感染。与此同时，商业对公益的影响也“无所不在”，商业大举进入公益，关注公益，参与公益，影响公益，左右公益。一些人和机构，靠公益攒足社会信任，笼络客户资源，增加客户黏性，转而开始做商业，将公益作为开疆扩土的工具——所谓要了公益的名，圈了客户的粉，赚了商业的钱，最不可取！无论何时，公益就是公益，商业就是商业，不容首鼠两端，不容“挂羊头卖狗肉”。

“老爸”魏文锋使我们看到了，在我们这个生机勃勃的时代，一批年轻人的所思所想，所作所为，看到了商业能够借助公益赢得广泛的支持和信任而获得巨大的商业利益的现实，看到了何为公益、何为商业的争论，看到了公益与商业剥离不清，边界模糊时引起的质疑和混乱。公益领域可从“魏老爸”和老爸评测公司的经历中寻找、探索到重要的启示。

第四部分

大事记

大事记

政策法规

1.《中华人民共和国境外非政府组织境内活动管理法》施行

2017 年 1 月 1 日，《中华人民共和国境外非政府组织境内活动管理法》正式实施。据境外非政府组织办事服务平台统计，截至 2017 年 11 月底有 273 家境外 NGO 在华成功完成注册，且有少数境外 NGO 在多地分别设立代表机构。该法规范了境外 NGO 在中国开展业务活动，对于绝大多数积极在中国合法合规开展活动的境外 NGO 起到了保驾护航的作用，也打开了境外 NGO 在中国发展的合法空间。如何适应新法、顺利在中国开展活动，已成为注册之后的境外非政府组织的首要任务。

2.《中华人民共和国企业所得税法》修订，鼓励企业公益性捐赠

2017 年 2 月 24 日，十二届全国人大常委会第二十六次会议审议通过了《全国人民代表大会常务委员会关于修改〈中华人民共和国企业所得税法〉的决定》。根据《决定》，《企业所得税法》第九条修改为："企业发生的公益性捐赠支出，在年度利润总额 12% 以内的部分，准予在计算应纳税所得额时扣除；超过年度利润总额 12% 的部分，准予结转以后三年内在计算应纳税所得额时扣除。"《决定》对"超过 12% 的部分"的说明，扩大了捐赠扣除优惠力度，加大了对企业公益性捐赠的支持和鼓励。

3. 教育部发布《2017 年普通高等学校招生工作规定》，5A 级青年志愿者高招优先录取

2017 年 2 月 24 日，教育部发布《2017 年普通高等学校招生工作规定》。其中加分照顾政策新增一项规定：经共青团中央青年志愿者守信联合激励系统认定，获得 5A 级青年志愿者的，在与其他考生同等条件下优先录取。

4.《中华人民共和国民法总则》通过并施行

2017年3月15日，十二届全国人大五次会议表决通过了《中华人民共和国民法总则》，该法于2017年10月1日起施行。1986年制定的《民法通则》，将法人分为企业法人、事业单位法人、机关法人、社会团体法人四种类型。随着我国经济社会的发展，新的组织形式不断出现，法人形态发生了较大变化，《民法通则》的法人分类已难以涵盖实践中新出现的一些法人形式，也不适应社会组织改革发展方向，有必要进行调整完善。因此，对法人制度做了重大调整，将法人分为营利法人、非营利法人、特别法人三大类。《民法总则》第87条规定，为公益目的或者其他非营利目的成立，不向出资人、设立人或者会员分配所取得利润的法人，为非营利法人。非营利法人包括事业单位、社会团体、基金会、社会服务机构等。评论认为，将非营利性法人单独作为一类，既能涵盖事业单位法人、社会团体法人等传统法人形式，还能够涵盖基金会和社会服务机构等新法人形式，有利于健全社会组织法人治理结构，促进社会治理创新。此外，《民法总则》中第96条明确规定，基层群众性自治组织法人为特别法人。第101条规定居民委员会、村民委员会具有基层群众性自治组织法人资格，可以从事为履行职能所需要的民事活动。这标志着我国村（居）民委员会已正式具备法人资格，可以自主参加社会经济活动，是新时代社区建设和基层社区治理的重要里程碑，具有划时代的意义。近年来，由于法律没有明确居委会和村委会的法人主体地位，无法为居委会和村委会赋予统一社会信用代码，制约了居委会和村委会社会经济活动事项的正常开展。

5.中共中央、国务院印发《中长期青年发展规划（2016－2025年）》，鼓励和支持青年参与公益服务，引导青年社会组织健康有序发展

2017年4月13日，中共中央、国务院印发了《中长期青年发展规划（2016－2025年）》。《规划》内容包括：鼓励和支持青年参与社会实践和公益服务，推动理论学习与劳动实践相结合，突出个人实践与社会公益有机统一；引导青年社会组织健康有序发展。有关青年社会组织的具体内容包括：加强对青年社会组织的政治引领，完善党委和政府与青年社会组织沟通交流机制，把对青年社会组织的管理和引导纳入法治化轨道。改进对青年社会组织的联系服务，充分发挥共青团和青联组织作用，通过资金支持、提供阵地场所、培训骨干人员等方式扶持青年社会组织健康发展。重点支持行为规范、运作有序、公信力强、适应经济社会发展要求的青年社会组织，重点发展科技类、公益慈善类、城乡社区服务类青年社会组织，积极发挥重点青年社会组织的示范带动作用。

6. 九部委发布《关于社会智库健康发展的若干意见》

2017 年 5 月 4 日，民政部等九部委联合发布《关于社会智库健康发展的若干意见》，对积极发挥社会组织的智库功能，规范和鼓励社会组织参与政策建言提供有利的政策环境。自 2015 年习近平总书记提出建设“新型智库”以来，实践中已经有社会组织进行相关结构与功能转型，为国家建设贡献智慧。

7. 新修订《中华人民共和国红十字会法》正式施行，增强对红十字会的制度约束

2017 年 5 月 8 日，十二届全国人大常委会第二十六次会议新修订的《中华人民共和国红十字会法》正式施行。新修订的《红十字会法》对红十字会的治理结构作出了新的法律规定，明确要求增设监事会，形成理事会、执委会和监事会权责分开、监督制约的运行机制，这是完善红十字会治理结构和内部监督的重要举措。有关法定职责，新修订的《红十字会法》将包括造血干细胞捐献、人体器官捐献在内的“三献”工作纳入法治化轨道，明确红十字会新的职责；有关财产监管，新修订的《红十字会法》将“经费与财产”修改为“财产与监管”，目的是在支持保障红十字会开展工作的同时，提升红十字会财产收入管理和使用的规范化水平；有关法律责任，新修订的《红十字会法》增加了“法律责任”一章，是对《红十字会法》的重大补充和完善，既规范了红十字会及其工作人员的行为，又保护了红十字会的合法权益，增强了《红十字会法》的刚性和可操作性。通过法律的修订，可以增强红十字会自身的制度约束，使红十字会得到进一步规范。

8. 国务院办公厅印发《关于支持社会力量提供多层次多样化医疗服务的意见》，推动发展医疗、养老、互联网等多业态融合服务

2017 年 5 月 23 日，《国务院办公厅关于支持社会力量提供多层次多样化医疗服务的意见》发布，鼓励社会力量提供医疗服务，打造一大批有较强服务竞争力的社会办医疗机构，形成若干具有影响力的特色健康服务产业集聚区，服务供给基本满足国内需求，逐步形成多层次多样化医疗服务新格局。《意见》强调要推动发展医疗、养老、旅游、互联网、体育等多业态融合服务。国家卫生计生委相关负责人表示，社会办医是本轮医药卫生体制改革的重点任务之一，推动社会办医有利于提供多层次多样化的医疗保健服务，形成竞争共赢的办医格局，可以进一步优化医疗供给结构，满足人民群众日益增长的卫生需求。

9. 民政部印发《民政部彩票公益金使用管理信息公开办法（试行）》和《民政部彩票公益金项目督查办法（试行）》，明确要求加强资金使用监管

2017 年 6 月 12 日，民政部办公厅印发《民政部彩票公益金使用管理信息公开办法（试行）》和《民政部彩票公益金项目督查办法（试行）》。《信息公开办法（试行）》强调，公益金使用管理信息公开，遵循真实、准确、完整、及时、便民的原则。《督查办法（试行）》要求，民政部门应对项目实施过程进行督导和检查。

10. 中共中央、国务院发布《关于加强和完善城乡社区治理的意见》，社区社会组织迎利好机遇

2017 年 6 月，中共中央、国务院发布《关于加强和完善城乡社区治理的意见》，这是新中国成立以来首个国家层面的城乡社区治理纲领性文件，释放支持和鼓励社区社会组织发展并参与基层社会治理的利好信号。《意见》明确了城乡社区治理的政治方向以及治理的出发点和落脚点，确定了加强和完善城乡社区治理的发展思路和推进策略，对破解城乡社区治理难题、推进国家治理体系和治理能力现代化建设具有重要的意义。近年来，上海、深圳、成都等地社区社会组织呈兴起之势，《意见》的出台为社区社会组织发展创造了利好条件。

11. 民政部、财政部、国务院扶贫开发领导小组办公室联合发布《关于支持社会工作专业力量参与脱贫攻坚的指导意见》，支持社会工作专业力量参与脱贫攻坚

2017 年 6 月 27 日，民政部、财政部、国务院扶贫开发领导小组办公室联合发布《关于支持社会工作专业力量参与脱贫攻坚的指导意见》。《指导意见》对明确社会工作专业力量参与脱贫攻坚的服务内容、扶持壮大贫困地区社会工作专业力量、支持实施社会工作专业力量参与脱贫攻坚重点项目、加强组织保障都作出了明确规定。评论认为，三部门联合出台专门支持社会工作参与脱贫攻坚的文件，表明中央政府对社会工作在脱贫攻坚中的作用认识越来越清楚，定位也越来越准确。如果这份文件提出的理念、方法、措施都能落实的话，在社会工作的开展上将是一个里程碑。

12. 检察机关提起公益诉讼制度正式确立

2017 年 6 月 27 日，全国人大常委会作出《关于修改〈中华人民共和国民事诉讼法〉和〈中华人民共和国行政诉讼法〉的决定》，以法律形式正式授权检察机关开展公益诉讼，该《决定》于 2017 年 7 月 1 日正式施行。修改后的《民事诉讼法》第 55 条增加一款："人民检察院在履行职责中发现破坏生态环境和资源保护、食品药品安全领域侵害众多消费者合法权益等损害社会公共利益的行为，在没有前款规定的机关和组织或者前款规定的机关和组织不提起诉讼的情况下，可以向人民法院提起诉讼。前款规定的机关或者组织提起诉讼的，人民检察院可以支持起诉。"《行政诉讼法》第 25 条增加一款："检察院在履行职责中发现生态环境和资源保护、食品药品安全、国有财产保护、国有土地使用权出让等领域负有监督管理职责的行政机关违法行使职权或者不作为，致使国家利益或者社会公共利益受到侵害的，应当向行政机关提出检察建议，督促其依法履行职责。行政机关不依法履行职责的，检察院依法向法院提起诉讼。"检察机关提起公益诉讼制度的正式确立，为中国公益诉讼带来新的发展机遇。

13.《国家突发事件应急体系建设"十三五"规划》印发，支持专业化社会应急救援力量发展

2017 年 7 月 19 日，国务院办公厅正式印发《国家突发事件应急体系建设"十三五"规划》。《规划》提出，支持引导社会应急力量发展，鼓励发展社会化应急救援。具体措施包括：支持专业化社会应急救援力量发展，鼓励专业社会工作者和企业自建的应急救援队伍提供社会化救援有偿服务；完善政府与社会救援力量的协同机制，通过政府购买服务、与企业签订"服务协议"、搭建协作服务平台等形式，支持引导社会力量有序有效参与应急救援行动。

14. 民政部发布《慈善组织互联网公开募捐信息平台基本技术规范》《慈善组织互联网公开募捐信息平台基本管理规范》两项推荐性行业标准

2017 年 7 月 20 日，民政部发布《慈善组织互联网公开募捐信息平台基本技术规范》《慈善组织互联网公开募捐信息平台基本管理规范》，并于 2017 年 8 月 1 日起实施。两项行业标准强调，在平台上进行募捐的主体应是获得公开募捐资格的慈善组织，平台不应为不具有公开募捐资格的组织、个人提供公开募捐信息发布服务；平台应明确告知用户及社会公众，个人求助、网络互助不属于慈善募捐，真实性由信息提供方负责；个人为解决自己或者家庭困难，提出发布求助信息时，平台应引导其与具有公开募捐资格的慈善组织对接。此外，捐赠资金应直接进入慈善组织的银行账户或安全的第三方支付账户，平台不得截留或代为接受捐赠资金。两项行业标准对募捐主体、募捐信息、网络安全管理、社会监督、评价退出机制等作出明确规定，加强了对平台的监管，两次考核不达标将被取消指定，不再具有平台资格。同时，标准还通过一系列细节安排，保障了捐赠人的权益，强化了平台对慈善组织的服务功能。

15. 团中央、民政部、财政部出台《关于做好政府购买青少年社会工作服务的意见》，推动政府购买青少年社会工作服务

2017 年 7 月 26 日，团中央、民政部、财政部出台《关于做好政府购买青少年社会工作服务的意见》，列出了政府要购买的青少年社会工作服务清单，同时明确了这项工作的指导思想、基本原则、主要目标和主要内容。该《意见》是共青团在全面深化改革背景下推动政府购买青少年服务的重要探索，也是近年来共青团在相关领域顶层设计中的重要进展，对于推动各级团组织提升政策资源整合能力、更好服务青少年成长发展具有积极促进作用。

16. 银监会、民政部联合印发《慈善信托管理办法》，标志着我国慈善信托规制体系基本建立

2017 年 7 月 26 日，银监会、民政部联合印发《慈善信托管理办法》。《办法》共 9 章、65 条，涵盖了总则、慈善信托的设立、慈善信托的备案、慈善信托财产的管理和处分、慈善信托的变更和终止、促进措施、监督管理和信息公开、法律责任、附则等九个方面的内容，标志着我国慈善信托规制体系基本建立。2016 年 9 月 1 日我国首部《慈善法》实施，其中专设“慈善信托”一章，且明确信托公司可以担任慈善信托受托人，带动了一波慈善信托设立热潮。但在慈善信托实际操作过程中，很多细节问题不够明确，如慈善信托税收优惠问题并未真正解决等。此《办法》的出台解决了部分慈善信托发展过程中的细节问题，提高了慈善信托的可操作性，可促进慈善信托更加规范化发展。2017 年 12 月 7 日，《江苏省慈善信托备案管理实施办法》发布，江苏省成为全国第一个专门为慈善信托制定规范性管理办法的省份，为探索推进更透明、更具公信力的慈善事业固化了运作机制、提供了法律支撑。

17. 《南京市法律援助条例》出台，公益诉讼被纳入法律援助范围

《南京市法律援助条例》正式颁布出台，于 2017 年 8 月 1 日起实施。

《条例》扩大了法律援助的事项范围和方式，延展了受援对象的类别，把社会福利机构、社会组织对环境污染、破坏生态、危害食品安全等损害公共利益的公益诉讼纳入法律援助范围，实现了法律援助受援对象从自然人向社会组织的延伸。

18. 江西省人民政府办公厅出台《关于全面放开养老服务市场的实施意见》，鼓励社会力量建设小微型社区养老院

2017 年 8 月 1 日，江西省人民政府办公厅出台《关于全面放开养老服务市场的实施意见》，进一步推动社会力量成为养老服务业发展的主体。其中，支持社会力量建设小微型社区养老院成为一大亮点。根据《实施意见》，发展社区养老服务成为一大重点方向。除建设小微型社区养老院之外，江西省将支持社会力量参与整合改造闲置社会资源发展养老服务，举办或运营城乡社区居家养老服务设施，就近就便满足老年人养老服务需求。

19. 习近平总书记对群团改革工作作出重要指示

2017 年 8 月 26 日，习近平总书记作出重要指示：党的群团工作是党的一项十分重要的工作，群团改革是全面深化改革的重要任务。习近平强调，要推动各群团组织结合自身实际，紧紧围绕增强“政治性、先进性、群众性”，直面突出问题，采取有力措施，敢于攻坚克难，注重夯实群团工作基层基础。中央书记处要加强对群团改革的指导，中央改革办要加强对群团改革方案落实的督察，各级党委要负起组织推进群团改革的责任，正确把握方向，及时了解情况，认真解决难题，以改革推动群团组织提高工作和服务水平，努力开创党的群团工作新局面。

20. 《湖北省关于加强社会工作专业岗位开发与人才激励保障的实施意见》出台，要求 2020 年前农村社区普及社工

2017 年 9 月 27 日，湖北省民政厅、人社厅等 12 部门联合印发《湖北省关于加强社会工作专业岗位开发与人才激励保障的实施意见》，明确要求到 2020 年全省所有城市社区设置社会工作岗位 2 个以上，农村社区普及社会工作岗位。《实施意见》提出了一系列加强社工专业岗位开发与人才激励保障措施。建立健全社工专业人才培养、使用、评价、激励等政策制度；在乡镇街道、城乡社区、相关事业单位、社区公共服务平台和公益慈善类社会组织等开发设置社工岗位；民政、司法、工会、共青团、妇联、残联等系统内以社工服务为主的事业单位，设置一定比例的社工岗位并纳入专业技术岗位序列；培育 200 家民办社工服务机构，吸纳和使用社工专业人才，提供专业服务。

21. 国务院扶贫开发领导小组发布《关于广泛引导和动员社会组织参与脱贫攻坚的通知》

2017 年 11 月 22 日，国务院扶贫开发领导小组《关于广泛引导和动员社会组织参与脱贫攻坚的通知》正式发布，要求在产业扶贫、教育扶贫、健康扶贫、异地扶贫搬迁、志愿扶贫等重点领域组织社会组织参与其中，发挥全国性和省级社会组织示范带头作用，并为社会组织参与脱贫攻坚创造条件。这是扶贫社会动员领域唯一一个以国务院扶贫开发领导小组名义印发的政策文件，标志着社会扶贫工作顶层设计基本构建完成。

22.《志愿服务条例》实施，志愿服务有法可依

2017 年 12 月 1 日，全国《志愿服务条例》正式实施。《条例》填补了我国志愿服务领域在国家层面的立法空白，明确了志愿服务管理架构，并对志愿者和志愿服务组织的权利及义务作出要求。自此，社会组织招募、培训志愿者，并获得相应的支持、奖励，都有了明确的法律依据。

23.《江苏省慈善条例》出台，率先立法规范“个人求助”

2017 年 12 月 2 日，江苏省十二届人大常委会第三十三次会议审议通过《江苏省慈善条例》，于 2018 年 3 月 1 日起实施。该条例是我国新《慈善法》出台后，省级层面首部落实上位法的地方性慈善法规。为了让“个人求助”行为更有法可依，《条例》对个人求助进行约束。一是个人求助的范围限定在“为了解决本人、家庭成员或者近亲属的困难，向他人或者社会公开发布求助信息的”；二是规定求助的个人“应当对信息的真实性负责。不得虚构事实、夸大困难骗取他人捐赠”；三是要求发布个人求助信息的“广播、电视、报刊以及网络服务提供者、电信运营商应当在显著位置向公众进行风险防范提示”。如果是以宣传报道的形式为个人求助提供帮助的，“广播、电视、报刊以及网络服务提供者”应当对信息的真实性进行核实。

24. 民政部发布《慈善组织信息公开办法（征求意见稿）》

2017 年 12 月 14 日，民政部发布《慈善组织信息公开办法（征求意见稿）》，公开征求社会各界意见。《征求意见稿》明确，慈善组织应当依法履行信息公开义务，真实、完整、及时地向社会公开信息；慈善组织应当在民政部门统一的信息平台，向社会公开相关慈善信息。慈善组织有下列情形的，依据《慈善法》有关规定进行处罚：未依法履行信息公开义务的；泄露捐赠人、志愿者、受益人个人隐私以及捐赠人、慈善信托的委托人不同意公开姓名、名称、住所、通讯方式等信息的。

25.《民政部关于大力培育发展社区社会组织的意见》出台

2017年12月27日，民政部公布《民政部关于大力培育发展社区社会组织的意见》。《意见》提出，推动基层政府将城乡社区服务纳入政府购买服务指导目录，逐步扩大购买范围和规模，支持社区社会组织承接相关服务项目。鼓励社区社会组织多为社区内低保对象、特困人员、空巢老人、农村留守人员、困境儿童、残疾人等困难群体提供生活照料、文体娱乐、医疗保健等志愿服务。支持社会工作服务机构面向社区提供心理疏导、人文关怀、精神慰藉和心理健康等专业服务。引导农村社区社会组织发扬邻里互助的传统，开展以生产互助、养老互助、救助互助为主的活动，增强农村居民自我服务能力。《意见》明确，力争到2020年，社区社会组织培育发展初见成效，实现城市社区平均拥有不少于10个社区社会组织，农村社区平均拥有不少于5个社区社会组织。再过5到10年，社区社会组织管理制度更加健全，支持措施更加完备，整体发展更加有序，作用发挥更加明显，成为创新基层社会治理的有力支撑。

政府行动

1. 北京市公安局境外非政府组织管理办公室为境外非政府组织颁证

2017年1月23日，北京市公安局境外非政府组织管理办公室举办了首批境外非政府组织代表机构登记证书颁发仪式活动。20家境外非政府组织，作为首批颁发代表机构登记证书的组织当场领取了证书。

2. 民政部社会组织管理局约谈轻松筹平台

2017年2月16日，民政部社会组织管理局就轻松筹平台公开募捐信息发布不规范、个人求助信息审核把关不严格等违规问题约谈了轻松筹平台相关人员，这也是民政部首次公开约谈慈善组织互联网公开募捐信息平台。2月17日，轻松筹回应，已就约谈问题的整改工作向民政部汇报，将加强个人求助项目和公益募捐项目的区分，提高个人求助项目的风险提示。

3. 民政部公布“十三五”社会工作发展思路，力争2020年具有中国特色的社会工作服务体系基本形成

2017年3月21日，民政部网站公布了“十三五”时期我国社会工作发展思路，提出进一步加快社会工作发展步伐、拓宽社会工作服务范围、增强社会工作的惠及面与可及性，力争到2020年基本形成具有中国特色的社会工作服务体系，社会工作在各地区、各领域得到全面发展，社会工作服务基本覆盖到困难、特殊群体，社会工作在创新社会治理、加强社会建设、促进社会和谐中的基础性作用得到有效发挥。

4. 山西省鼓励社会组织、企业或者个人认养文物

2017年3月21日，山西省政府公布《山西省动员社会力量参与文物保护利用“文明守望工程”实施方案》，决定启动社会力量参与文物保护利用“文明守望工程”。《实施方案》提出，积极鼓励和引导社会组织、企业或个人通过出资修缮、认领认养等方式，参与市、县级文物保护单位和其他不可移动文物的保护利用。市、县人民政府及其文物行政部门要选择一批适合社会力量参与的文物保护利用项目，遴选热爱文物保护事业、经济实力强、社会信誉高的申请者，签订认领认养协议，在不改变文物所有权的前提下，在一定年限内给予认领认养者使用权、经营权。经整体维修保护的不可移动文物可以辟为文化旅游场所、博物馆、纪念馆和其他文化教育场所、发展相关文化产业场所，尽可能向社会开放。

5. 民政部“全国社会组织信息查询平台”上线，进一步推动社会组织信息公开

2017年4月18日，中国社会组织网“全国社会组织信息查询平台”上线，平台对外提供全国70多万家社会组织的名称、统一社会信用代码、法定代表人、成立日期、注册资金、登记状态、证书有效期、组织类型、住所、业务范围等基础信息查询服务。全国社会组织信息查询平台的开通，进一步推进了社会组织信息公开及公众监督，提升社会组织治理透明度。

6. 江苏省政府与环境组织合作提起环境公益诉讼

2017年4月27日，由江苏省人民政府、江苏省环保联合会诉德司达（南京）染料有限公司环境污染责任公益诉讼纠纷一案，在南京市中级人民法院开庭审理。此案是江苏省作为国务院确定的生态环境损害赔偿制度改革试点省以来，省政府与省环保联合会携手作为共同原告提起的首例环境民事公益诉讼，也是江苏省人民政府首次以赔偿权利人身份提起的生态环境损害赔偿诉讼。

7. 广东省惠州市要求广告设施要给“公益”留位置

2017年4月，为让公益广告更好发挥作用，广东省惠州市文明委印发

《惠州市公益广告促进和管理暂行办法》，明确公益广告的作品生产、宣传手段、监督管理等重点内容。根据《办法》，各级媒体媒介均有义务刊播公益广告。各地各有关部门应当积极运用各类社会媒介和广告设施刊播公益广告。同时，城乡规划部门作为户外公益广告设施设置的规划编制部门，应当规划一定比例的公益广告空间设施。此外，惠州市支持和鼓励广告行业组织、社会公益团体积极参与公益广告活动，成立公益广告专业委员会，举办公益广告大赛，评选推广优秀公益广告作品。

8. 山东省委下发《关于调整理顺山东省非公有制经济组织和社会组织党建工作领导体制的通知》，调整理顺非公有制经济组织和社会组织党建工作领导体制

2017 年 4 月，山东省委下发了《关于调整理顺山东省非公有制经济组织和社会组织党建工作领导体制的通知》，决定依托省委组织部设立中共山东省委非公有制经济组织和社会组织工作委员会，在山东省委组织部指导下，负责统筹谋划、协调推动全省非公有制经济组织和社会组织党建工作。同时决定，撤销依托山东省民政厅设立的省社会组织党工委和依托山东省工商联设立的非公有制经济组织党工委。山东省委非公有制经济组织和社会组织党工委会同有关方面，按照程序明确山东省民政厅、省工商联在社会组织、非公有制经济组织党建工作中的职责。

9. 公安部召开境外非政府组织参与“一带一路”建设座谈会，为境外非政府组织参与“一带一路”建设提供便利

2017 年 5 月 10 日，公安部召开境外非政府组织参与“一带一路”建设座谈会。世界经济论坛、美中贸易全国委员会、美国能源基金会、世界自然基金会等 11 家境外非政府组织驻华代表机构负责人，以及清华、北大专家学者和外交部、商务部、中国人民对外友好协会等单位代表，就响应“一带一路”倡议，广泛整合人才、管理、资金等资源，积极推动开展合作等方面展开交流。公安部境外非政府组织管理办公室相关负责人表示，公安机关将重点围绕依法登记和服务管理工作，创新理念、加强指导，推动地方公安机关主动加强与业务主管单位的协作配合，在登记管理上提供更好的服务，依法保障境外非政府组织在华合法权益；并将积极会同银行、税务、海关等部门，为境外非政府组织参与“一带一路”建设、开展“一带一路”项目合作提供更多的便利措施，创造更好的社会和法治环境。

10. 天津市在社会组织中设立政治委员

2017 年 5 月 12 日，天津市召开在社会组织中设立政治委员抓好思想政治工作推动会。会议指出，在社会组织中设立政治委员，抓好思想政治工作，是推动全面从严治党向基层延伸，巩固扩大社会组织党的组织和工作覆盖成果，不断增强党的阶级基础，夯实党的执政基础的重要举措。会议对全面完成在全市社会组织设立政治委员工作做出安排：2017 年 6 月底前，天津市级实体性民非组织、市律师协会、注册会计师协会、税务师协会所属律师、会计师、税务师事务所以及民办学校、民办医院要全部完成政治委员设立工作；2017 年 9 月底全市社会组织要全部设立政治委员，建立起面向全体党员和从业人员做好思想政治工作的工作体系和骨干力量。

11. 广东省惠州市社会组织与 148 个贫困村结对帮扶

2017 年 5 月 26 日，广东省惠州市举行社会组织参与精准扶贫签约仪式。第一批 57 家社会组织与 46 个省级贫困村结对帮扶共建，今后还将结对帮扶共建 102 个市级贫困村。2017 年内实现社会组织与 148 个省、市贫困村全面建立结对帮扶共建关系。此次活动由惠州市民政局、市扶贫办、市社会组织党委、市社会组织总会共同倡议，5 月 18 日发出《关于社会组织参与精准扶贫工作的倡议书》，号召全市各社会组织行动起来，加入精准扶贫工作。

12. 中央网信办印发《网络社会组织“同心圆”工程实施方案》，加强党对社会组织的领导

2017 年 6 月 2 日，中央网信办向各地网信部门印发《网络社会组织“同心圆”工程实施方案》，落实习近平总书记关于“加快网络社会组织建设”和“网上网下要形成同心圆”的重要指示精神。《方案》明确，网络社会组织是指在网信领域开展工作并在民政部门登记注册的社会团体、基金会和社会服务机构，并提出要加强党对网络社会组织工作的领导，要求各地要把网络社会组织“同心圆”工程作为基础性战略性工作抓。

13. 全国志愿服务信息系统正式上线，提升志愿服务信息化水平

2017 年 6 月 23 日，全国志愿服务信息系统正式上线。通过该系统，社会公众可以便捷地注册为志愿者参与志愿服务；志愿者可以参与自己感兴趣的志愿团体和项目，记录、转移、接续自己的志愿服务时间；志愿服务组织可以按照规范的流程发布项目、招募管理志愿者、开展服务，实现供需有效对接；党政管理部门可以全面了解志愿服务情况、开展数据决策分析。全国志愿服务信息系统的应用，将提升公众参与志愿服务的便捷度、志愿服务供需对接的精准度和志愿服务决策管理的科学度。

14. 公安部明确指出伪慈善“善心汇”敛财犯罪，监管伪慈善成行业发展大挑战

2017 年 7 月 21 日，公安部官方公布，对涉嫌传销的“善心汇”张天明等多名犯罪嫌疑人依法采取刑事强制措施，明确指出伪慈善“善心汇”利用“扶贫济困、均富共生”等幌子，用蒙蔽、诱导、欺骗手段发展成员，敛取巨额资金。公安部已统一部署，全国各地公安机关对“善心汇”系列恶劣犯罪问题进行查处。在公安部 2017 年侦破的传销和非法集资案件中，有多起打的是“爱心公益”“慈善互助”的幌子，其中包括“人人公益”“鸟巢有慈善活动，参加者可领 5 万元”“善心汇”等，涉案金额高达数百亿元，受骗群众以百万计。“公益”“慈善”被当做诈骗、传销的新噱头和新诱饵，防止和监管伪慈善成为中国公益慈善行业健康发展的一大挑战。

15. 民政部开通全国慈善信息公开平台，方便社会公众查询和监督慈善活动

2017 年 9 月 4 日，民政部开通全国慈善信息公开平台“慈善中国”。全国慈善信息公开平台是依据《慈善法》“信息公开”要求而建设的统一信息平台，用于慈善组织、慈善信托受托人等参与主体面向社会公开慈善信息。截至 9 月 4 日上午 8 时，该平台实时公布了全国 2134 家慈善组织信息、38 件慈善信托备案信息，慈善信托合同规模近 8.6 亿元。其中，517 家慈善组织具有公开募捐资格，在平台上备案发布了 837 项公开募捐活动信息，展示了 1595 项慈善项目信息。建设“一张网”“一个库”的全国慈善信息公开平台，方便社会公众查验慈善信息、便捷慈善活动监督，让整个公益慈善界都“举头三尺有神明”。需要说明的是，该平台在显著位置提示：依法在本平台进行募捐方案备案后，需要启动并实施网络公开募捐活动，应当在民政部指定的互联网公开募捐信息平台发布募捐信息。

16. 十九大报告多处涉及非营利领域

2017 年 10 月 18 日，中国共产党第十九次全国代表大会在北京召开，习近平代表第十八届中央委员会向大会作报告。在十九大报告中，共出现“社会组织”5 次，“慈善”1 次，并多处涉及社会组织、慈善事业、志愿服务等内容，在协商民主、社区治理、环境治理、基层党建等方面将“社会组织”纳入其中，释放出积极信号，使得社会组织有望在社会治理中发挥更大作用。其中，涉及“社会组织”的 5 次表述为：要推动协商民主广泛、多层、制度化发展，统筹推进政党协商、人大协商、政府协商、政协协商、人民团体协商、基层协商以及社会组织协商；加强社区治理体系建设，推动社会治理重心向基层下移，发挥社会组织作用，实现政府治理和社会调节、居民自治良性互动；构建政府为主导、企业为主体、社会组织和公众共同参与的环境治理体系；要以提升组织力为重点，突出政治功能，把企业、农村、机关、学校、科研院所、街道社区、社会组织等基层党组织建设成为宣传党的主张、贯彻党的决定、领导基层治理、团结动员群众、推动改革发展的坚强战斗堡垒；注重从产业工人、青年农民、高知识群体中和在非公有制经济组织、社会组织中发展党员。

17. 首届丝绸之路沿线民间组织合作网络论坛在京举行，习近平致信论坛

2017 年 11 月 21 日 –22 日，首届丝绸之路沿线民间组织合作网络论坛在北京举行。国家主席习近平向论坛致贺信。习近平在贺信中表示，建设丝绸之路沿线民间组织合作网络是加强沿线各国民间交流合作、促进民心相通的重要举措。希望与会代表以这次论坛为契机，共商推进民心相通大计，为增进各国人民相互理解和友谊，促进各国共同发展、推动构建人类命运共同体作出贡献。2017 年 5 月，习近平主席在“一带一路”国际合作高峰论坛开幕式上宣布“建设丝绸之路沿线民间组织合作网络”。为落实习近平主席重要讲话精神，中国民间组织国际交流促进会发起丝绸之路沿线民间组织合作网络，致力于将其打造成“一带一路”沿线各国民间组织交流信息、协调行动、加强合作的有效平台。截至 11 月 21 日，已有来自 60 多个国家和地区的 300 多个民间组织加入合作网络。论坛通过了《丝绸之路沿线民间组织合作网络章程》和“北京共识”，宣布成立合作网络国际指导委员会和秘书处，标志着合作网络建设步入新阶段。

18. 四部委联合印发《关于进一步规范行业协会商会收费管理的意见》

2017 年 11 月 21 日，经国务院批准，国家发展改革委、民政部、财政部、国资委联合印发了《关于进一步规范行业协会商会收费管理的意见》。《意见》规定：行业协会商会收取会费应同时明确所提供的基本服务项目，并向会员公开，严禁只收费不服务；综合考虑经济形势、市场环境、企业经营状况和承受能力等因素，调整规范以产销量、企业规模等为基数收取会费的方式，合理设置会费上限；会费不得重复收取，行业协会商会总部及分支（代表）机构不得向同一家会员企业分别收取会费；合理设置会费档次，一般不超过 4

级，对同一会费档次不得再细分不同收费标准；会费应设立专账管理，向会员公布年度收支情况并自觉接受监督。《意见》切实规范行业协会商会收费行为，改善营商环境，减轻企业负担，促进行业协会商会健康发展。

19. 习近平致信中国农学会，祝贺百年社会组织做出新贡献

2017 年 12 月 12 日，习近平致信祝贺中国农学会成立 100 周年，向中国农学会全体同志、向广大农业科技工作者致以诚挚问候。习近平在贺信中强调，当前，中国特色社会主义进入新时代。实施乡村振兴战略，推进供给侧结构性改革，推动农业绿色发展，深化精准扶贫，提高广大农民生活水平，对农业科技和农业农村人才提出了新的要求。希望中国农学会发扬传统，与时俱进，团结带领广大农业科技工作者，面向农业科技创新主战场，在推动我国“三农”事业发展中发挥更大作用，为实现“两个一百年”奋斗目标、实现中华民族伟大复兴的中国梦作出新的更大的贡献。

行业建设

1. 中国民间组织首次在日内瓦举办“减贫促进人权”主题边会，回应国际对中国减贫事业的期待

2017 年 6 月 16 日，在联合国人权理事会第 35 次会议召开期间，中国民间组织国际交流促进会和中国扶贫基金会在联合国日内瓦总部万国宫共同举办了主题为“减贫促进人权”的边会。中国国际扶贫中心研究员王小林以《中国的减贫与人权：进展与经验》为题发言，中国扶贫基金会秘书长刘文奎以《消除贫困，保障发展——中国扶贫基金会为实现联合国 2030 年可持续发展目标所做的努力》为题，介绍了中国扶贫基金会在国内开展卫生健康、教育、生计发展和灾害救援等四大领域的工作和取得的成绩。来自各国的政府代表、国际机构和各国非政府组织人士参加了会议，分享中国的减贫经验。

2. 寻找走失老人媒体救助联盟成立

2017 年 9 月 12 日，由中华社会救助基金会关爱失智老人项目发起的“寻找走失老人媒体救助联盟”在北京成立，希望能够发动更多的媒体和社会力量帮助失智老人回家。中民社会救助研究院 2016 年发布的《中国老年人走失状况白皮书》数据显示，每年全国走失老人约有 50 万人，而平均每天约有1370名老人走失，失智和缺乏照料成为老人走失的主因。中华社会救助基金会关爱失智老人项目负责人表示，“在对有明确线索来源的寻人启事分析后发现，救助站来源最多，占比超过63%；志愿者团队及公益组织和媒体，占总线索来源不足6%。”这表明，在寻人线索方面，志愿者、公益组织和媒体还可以发挥更大作用。

3.“二光之争”引发商业与公益的本质大讨论

2017年9月14日，中国人民大学中国公益创新研究院院长康晓光公开发表《驳“永光”谬论》的文章，指出徐永光8月出版的新书《公益向右，商业向左》否认人的利他性，颠覆公益的本质。文章引发业界对商业与公益的本质及其关系的广泛而深入的思考和讨论。

活动方式和资源

1. 中国妇女发展基金会发声明终止与“善心汇”合作

2017年4月7日，中国妇女发展基金会在官网发布声明，终止与“善心汇”合作。声明指出，2016年12月27日，善心汇向中国妇女发展基金会捐赠并建立“善心汇公益基金”，后由于公众对善心汇的经营模式存疑（质疑其为传销、骗局），该基金自启动后未开展任何活动，而终止合作后，“善心汇”在外开展的任何活动与自己无关。

2. 阿里巴巴公益基金会发布“XIN伙伴计划”，创新资助模式

2017年4月8日，阿里巴巴公益基金会发布“XIN伙伴计划”战略性资助计划，全面提升对中国环保公益组织长期战略性的资金和资源支持。首批“XIN伙伴”包括北京自然之友公益基金会、公众环境研究中心、长沙绿色潇湘环保科普中心、北京合一绿色公益基金会等4家环保组织和机构。它们将在阿里巴巴公益基金会的支持下，从法律与政策倡导、环境大数据应用、志愿者网络建设、社会组织培育等专长领域出发，推动中国生态文明建设。

3. 国内首单股权慈善信托设立

2017年4月21日，国内首单股权慈善信托“国投泰康信托2017年真爱梦想2号教育慈善信托”在北京市民政局完成备案。此单股权慈善信托由国投泰康信托担任受托人，上海真爱梦想公益基金会担任慈善项目执行人，北京市中盛律师事务所担任信托监察人，渤海银行担任资金保管人。

此单股权慈善信托由单一委托人设立，交付股权的公允价值为48万元，信托期限为5年，每年慈善支出不少于5万元，慈善信托财产及收益用于支持全国素养教育研究与推广项目。股权慈善信托对于扩大慈善信托财产范围、满足社会各界多样化的慈善需求具有重要的创新和探索意义。

4. 中国扶贫基金会启动“顶梁柱健康扶贫公益保险项目”，开展公益性大病医保服务

2017年7月12日，阿里巴巴、蚂蚁金服和中国扶贫基金会达成三方战略合作，启动“顶梁柱健康扶贫公益保险项目”，针对全国重点贫困县的建档立卡贫困户开展公益性大病医保服务。预计到2020年，项目可累计覆盖贫困人口1000万。根据协议，中国扶贫基金会将通过阿里巴巴公益和蚂蚁金服公益两大互联网公益平台募集保费，为全国重点贫困县20～60岁的建档立卡贫困户投保，对医保范围外的住院费用以40%为基线进行理赔，保额为10万元。

5. “福蛋公益行动”上线，以“公益O2O”关心留守儿童

2017年7月11日，互联网安全志愿者联盟联合阿里巴巴集团安全部、阿里巴巴集团社会公益部和马云公益基金会推出“公益O2O”大型公益活动——“福蛋公益行动”项目。福蛋公益行动首次将志愿者参与网络志愿服务的“正能量值”转化为“爱心鸡蛋”，采用志愿者（鸡蛋侠）送福报的方式，将自己在线上志愿服务活动中积累的虚拟“正能量值”兑换成实物“鸡蛋”进行捐助。具体方式是，志愿者们在联盟官网上通过完成一项项公益任务，换取积分谷子，喂养自己在志愿者官网（www.A-isv.org）免费领养的虚拟“能量小鸡”，当“能量小鸡”成长产下“爱心福蛋”，联盟将从贫困蛋农处购买新鲜的鸡蛋，并由志愿者亲自送到捐赠的留守儿童身边。该计划可谓“一箭三雕”：一方面鼓励大家参与网上志愿服务，将安全公益正能量值捐赠给留守儿童；一方面用正能量积分换取鸡蛋来帮助贫困地区的蛋农；另一方面鼓励大学生参加支教等社会实践活动。

6. 99公益日预热，微信支付联手腾讯公益推出“公益币”

2017年8月15日，微信支付联手腾讯公益推出“公益币”玩法。2017年8月9日至9月9日，微信用户在中国境内参与活动的线下门店进行线下消费，通过微信支付后每笔交易均可获得“公益币”，可用于支持特定的公益项目。用户所捐赠的公益项目，腾讯基金会将出资捐赠款项给项目以实现公益目标。此前，微信已经推出“捐步慈善”的创新公益模式，在激励用户健康运动的同时，也让参与社会慈善事业更加容易。通过一次次的产品创新，“轻量化公益”逐渐融入微信用户的移动社交中，成为他们生活理念的一部分，也会成为未来互联网公益的发展趋势。

7. “小朋友画廊”公益活动，提升网络公益募捐的倡导作用

2017年8月29日，微信朋友圈被“小朋友画廊”H5页面公益活动刷屏。用户可以在线上看到36幅绘画作品，大部分作品都有作者亲自录制的语音，说明画作的心意并表达感谢。用户可以轻松一键捐款，或给这些特殊的“小朋友”文字留言鼓励和支持他们，“购买”后可以将电子画作保存为屏保。仅一天时间募款金额就超千万元。然而，随后有网友发出“投资商欺骗行为”“自闭症、脑瘫、唐氏综合征等精智障碍人群能否作画”等质疑。随后，腾讯发布声明表示“小朋友画廊”H5是由腾讯公益和“wabc无障碍艺途”公益机构联合出品的线上线下互动公益项目，不存在所谓的“投资商”。用户每购买一幅自闭症儿童的电子画作，就相当于向腾讯公益平台上的“用艺术点亮生命”公益项目进行了捐赠。善款将用于帮助患有自闭症、脑瘫、唐氏综合征等精智障碍的特殊人群改善生活，融入社会，实现自我价值，不存在“分成”。“小朋友画廊”活动是募捐形式的创新，也是对慈善公益项目本身巧妙的推介，将自闭症这一特殊人群的艺术创作展示在公众面前，增强了社会对他们的理解和关注，为网络慈善公益的发展提供了新鲜探索。

8. 阿里巴巴发起“95公益周”带动国人“公益3小时”

2017年9月5日，阿里巴巴集团向社会发出“人人3小时，公益亿起来”的倡议，并携手多家国内知名公益机构、知名企业共同开启首届“95公益周”。倡议呼吁每人每年捐出3小时践行公益，让公益行动改变自己、改变生活，唤醒更多人的善意、善心和善行，同时希望带动超过1亿用户参与，让每个人都能用点滴行动参与公益，为世界带来微小而美好的改变，实现“天更蓝、心更暖”的愿景。截至9月5日零时，已有超过7000万人次参与“3小时公益”行动。

9. 爱佑未来联合企业为公益伙伴提供非定向配捐，助力公益伙伴筹资和机构发展

“99公益日”期间，众多优质公益项目同台竞争公益资源，正在崛起的草根组织与老牌项目竞争难以获得良好的资源。2017年9月7日~9日，爱佑未来作为资源平台的嫁接方，联合链家、柔宇科技、民生人寿保险三家企业为公益伙伴提供2000万元非定向配捐，零管理费，提供品牌传播资源共享，另拿出500万元为脱颖而出的小伙伴提供优质的项目扶持、发展培训及海外交流等机会。

10. “99公益日”部分公益组织因“机器刷单”遭调查

2017年9月9日，腾讯“99公益日”共筹得善款超13亿元，累计1268万人次参与捐赠，刷新国内互联网募捐记录。但在许多项目的捐赠明细中，出现单个账户进行高频小额捐赠的异常现象。就此，腾讯公益发表声明，称接到疑似“机器刷单”举报，并已联合腾讯安全部门、第三方力量启动调查，具体调查结果预计将于2018年第二季度完成。声明中说，凡查实恶意刷单的都会取消配捐，情节严重的还将受到“停止募捐资格、计入黑名单、上报主管部门、通报媒体”等处罚。由于网络世界的新的信息不对称，“炒作”“刷单”等成为无法回避的词语，而公益组织若要沾染则是对自身公信力的重大打击。

11. 腾讯公益志愿者平台上线

2017年9月28日，腾讯公益“志愿者平台”正式上线。志愿者平台是一个为志愿者及公益组织搭建公益互动和任务对接的平台，志愿者能够通过志愿者平台认领公益任务，完成后，还可以获得特殊激励奖励。目前，平台已有超1000个志愿者公益任务，涵盖了扶贫救助、助学、关爱空巢老人、动物保护等多个方面。

12. 《南方周末》公益版启动“公益报道A计划”，填补公益领域深度报道缺失

2017年11月17日，《南方周末》公益版启动“公益报道A计划”，面向全国招募首批6名优秀撰稿人，稿酬最高5万元。该计划旨在填补公益深度报道的缺失，希望在全国范围内寻找愿意专注公益深度报道的优秀写作者，基于公益领域生态，挖掘并采写具有新闻性、有故事性、有重大性、有公共性的公益报道，并借助《南方周末》等渠道，把公益传播到公益圈外去。

13. 原北京新阳光慈善基金会同梦慈善基金创始人借“配捐”诈骗千万元

2017年12月初，原北京新阳光慈善基金会同梦慈善基金创始人刘建利用个人账户收白血病患者“救命钱”并承诺“配捐善款”，但刘建收款超千万元后去向不明。百余名白血病患者既没有拿到预期的“配捐善款”，更没有拿到承诺退回的本金。据悉，河北省三河市警方已介入调查该事件。据报道，2015 年 7 月，同梦慈善基金已宣布与新阳光基金会终止合作，但记者未查询到其转投他家基金会门下的信息，这意味该专项基金此后不复存在。既没有与其他基金会合作，也没有独立注册成为合法机构，刘建此后所宣称的“同梦慈善基金”实际是一个根本不复存在的幌子。

14. 马云公益基金会发布“马云乡村师范生计划”，升级项目组合

2017 年 12 月 11 日，继“乡村教师计划”和“乡村校长计划”后，马云乡村教育计划启动了第三个项目“马云乡村师范生计划”。该计划旨在通过激励优秀师范毕业生投身乡村教育，帮助他们在乡村一线实现个人价值，从而改善乡村教师队伍人才结构，带动乡村教育发展。项目预计在 10 年内投入至少 3 亿元，为中国乡村教育注入新生力量，发现和培养未来乡村教育家。项目将采用定向招募和联合选拔机制。定向，是基金会坚持从省属一类师范院校招募人才；联合选拔，是指采用合作师范院校推荐和学生自主网络申报结合。基金会还将运用大数据对报名学生的能力模型进行分析匹配，经过胜任力清单构建、关键人员访谈、测评数据校验等环节，通过为师范生画像（包括个性、职业诉求等）构建师范生胜任潜力模型，帮助发现具有教育使命感与教育智慧的师范毕业生。

15. “同一天生日”募捐活动被质疑，深圳民政局宣布将展开调查

2017 年 12 月 23 日，北京零分贝科技有限公司和爱佑未来慈善基金会联合推出“分贝筹”微信应用发布了“同一天生日”网络筹款活动，公众可选择与自己同一天生日的孩子作为受助对象，为其捐赠一元钱，活动刷爆微信朋友圈。然而，刷屏的同时，不少网友发现该项筹款活动存在诸多错误：相同的照片，孩子的名字和生日却不同；甚至有显示根本不存在的出生日期（2009 年 2 月 29 日）。网络质疑不断：“孩子的信息是否真实”“是否真的贫困户”“善款最终进了谁的钱包”“募捐主体是否有募捐资质”……随着事件的发酵，各种质疑接踵而至。12 月 23 日，“分贝筹”发布通报称活动在测试阶段被工作人员发到朋友圈后传播开来，出现了信息错误和界面不稳定的情况，就此向公众道歉，并于 12 月 24 日关闭活动。截至活动关闭，总计筹款 2941978.00 元。12 月 24 日，深圳市民政局宣布，对“同一天生日”展开调查。12 月 26 日，深圳市民政局宣布，对活动发起方——爱佑未来慈善基金会进行立案调查。12 月 27 日，爱佑未来慈善基金会发布关于“同一天生日”H5 的说明与致歉，称所有受助小朋友信息都是真实的，在“同一天生日”H5 中出现的小朋友，都来自国家建档立卡贫困户家庭，其个人资料均由各地驻村干部和结对干部实地走访了解、拍摄并上传。12 月 28 日，爱佑未来慈善基金会发布回应：对筹款项目存有疑虑的捐赠人，基金会将安排专门的工作组为其退款。未退回的剩余善款，承诺在民政部门和当地政府的监督下，全程透明公开，执行好救助项目。至 12 月 31 日，事件无进展。

16. “传化 · 安心驿站” 面世，全公益服务卡车司机

2017 年 12 月 26 日，“传化 · 安心驿站” 启动仪式在北京举行，传化慈善基金会首个公益产品正式亮相。该项目是中国首个服务于 3000 万卡车司机的公益产品，其公益使命是“助卡车司机‘车安、家安、心安’”。

组织建设

1. 阿里云云盾、阿里公益共同设立“先知公益基金”，保护企业安全并支持公益

2017 年 3 月 24 日，阿里云云盾、阿里公益共同宣布将设立“先知公益基金”，用于支持公益事业和互联网安全人才的培养。先知（安全情报平台）是一个帮助企业发现安全漏洞和风险的私密众测平台。企业加入先知后，可自主发布奖励计划，激励先知平台的白帽子（网络安全工程师）或者安全公司来测试和提交企业自身网站或业务系统的漏洞，全面发现安全问题和风险，按漏洞效果付费。它也是国内第一家做到对白帽子 24 小时内完成从漏洞确认到赏金支付的众测平台。“先知公益基金” 的设立，使（网络安全工程师）或者安全公司可参与先知平台上由企业发起的公益众测项目，针对拟定资助的公益项目捐出所获赏金。基金首批 46 万元善款计划赠予中国扶贫基金会的“爱心包裹” 项目，用于改善农村小学音体美教学现状和学习生活条件。该基金的建立既有助于保护企业安全，还激励（网络安全工程师）或者安全公司参与公益。

2. 北京慈善义工联合会首个明星义工分会成立

2017 年 3 月 26 日，北京慈善义工联合会首个明星义工分会成立。明星义工分会将以“塑造公益文化，根植公益理念” 为己任，逐步开展更多、更专业的慈善活动。分会目前主要工作内容分为“明星与双创”“传承与保护非遗”“声声不息”“护航行动” 等几大部分。北京慈善义工联合会明星义工分会的成立，是团结影视行业的从业者，借助明星的社会影响力号召更多人参与公益、参与慈善，为构建和谐社会提升社会精神文明建设而做的有益的尝试。

3. 南都基金会十周年，基金会的投入发挥了撬动公益行业发展的作用

2017 年 5 月 19 日，南都公益基金会十周年答谢会暨“中国第三部门的未来”高峰对话在北京举行。活动发布了南都公益基金会 10 年影响力视频以及 2017 - 2019 年基金会新战略。10 年间，南都公益基金会慈善活动总支出近 2.3 亿元，共资助 451 家机构/个人，资助项目达 783 个，受资助机构所服务对象覆盖中国大陆地区。基金会的资助投入发挥了撬动公益行业发展的杠杆作用。

4. 郑州市人大代表自发成立人大代表慈善基金

2017 年 5 月 25 日，由人大代表发起的郑州市第十四届人大二七代表团第三组代表慈善爱心基金成立，现场募集善款 25.5 万元，郑州慈善总会为该基金设立专门账目。该基金将主要用于帮扶老红军、老党员、普通困难党员、困难离退休干部、低保群众、贫困学生和重度残障人；资助慈善学校的相关项目；以及其他需要慈善救助的特殊人群等。人大代表的特殊身份，将影响更多的人大代表凝聚慈善力量。

5. 全国首个涉罪未成年人社会工作服务中心“点亮心光”成立

2017 年 6 月 29 日，全国首个涉罪未成年人社会工作服务中心“点亮心光”在深圳正式挂牌成立。该中心是由深圳市人民检察院、市民政局和团市委共同支持下成立的一个公益性民间组织，服务对象为未成年犯罪嫌疑人和刑事案件中的未成年被害人。该中心成立后，将以专业社工为依托，利用社会企业的支持，建立涉罪未成年人中途观护站，为取保候审期间、附条件不起诉考察期间的涉罪未成年人提供就业机会，为涉罪未成年人提供劳动技能培训，让他们拥有一技之长。此外，中心将与专业心理咨询机构对接，对涉罪未成年人开展心理干预，引导涉罪未成年人积极从事社会义工服务。中心还将借助网络媒体开展对未成年人的法制宣传，以实现预防校园欺凌、预防未成年人犯罪的目的。另外，未成年受害者也是“点亮心光”重点服务的群体，主要是帮助他们从伤害阴影中走出，用积极健康的态度面对以后的生活。

6. 中国红十字基金会“汤计人道传播基金”成立

2017 年 9 月 27 日，中国红十字基金会“汤计人道传播基金”成立暨首届“汤计博爱新闻奖”新闻发布会在京举行。该基金和奖项由新华社高级记者汤计首倡发起、联合捐赠企业在中国红十字基金会设立，旨在褒奖和传播人道公益事业做出突出贡献的新闻作品及新闻从业人员，救助因采写新闻报道等因公负伤致残或陷入困境的记者或媒体从业人员，倡导新闻媒体及其从业人员关注和推动改善处于人道困境的最易受损人群的生存境遇，鼓励社会力量关注和改善新闻从业人员群体生存现状。

7. 中国首个由奥运冠军和世界冠军发起的体育基金会成立

2017 年 10 月 28 日，由 10 多位奥运冠军和世界冠军共同发起成立福建省鑫圣鑫体育基金会，它是中国首个由奥运冠军和世界冠军联合发起的体育公益基会金。基金会的主要业务为资助开展全民健身以及青少年体育文化推广项目、资助开展帮助退役运动员就业与转型项目。功成名就的运动员以基金会的形式继续投身体育事业，实现自身社会价值。

8. 全球第一支影像公益基金成立，用镜头做公益

2017 年 11 月 23 日，全球范围内第一支专业的影像公益基金——上海宋庆龄基金会 VPhoto 影像公益基金成立。该基金由潘石屹和曹玉敏发起，在上海宋庆龄基金会指导监督下成立，将致力于“用镜头做公益”，其公益愿景是让普通人因影像得以不朽。基金将组织专业的摄影师和摄影爱好者，针对社会各阶层人群的生存现状、即将没落的古村落、灾害救助、儿童关怀与发展等开展一系列主题性拍摄。影像公益基金通过采用即时影像系统，让专业摄影师和全世界范围的图片编辑以及数码师云端协同工作，仅需 5 分钟公众就可以看到公益现场的高质量图片，引发社会更广泛的传播。同时，基于中国公益组织埋头做事却缺乏有效传播的现状，影像公益基金每年将安排数千个机位赞助中国部分公益组织活动，使得义工们拍摄的作品及拍摄者背后的故事，以最快的速度进行传播，并即时反馈传播数据。此外，影像公益基金将定期组织有世界级摄影大师共同参与的公益影像展览以及部分作品拍卖，还将利用互联网传播的方式展开在线筹募，基金募集的款项不仅用于影像拍摄，也将用于资助贫病家庭的儿童。

研究与出版

1. 《反家庭暴力法》实施情况调研报告，推动反家暴法有效实施

北京源众性别发展中心、北京为平妇女权益机构、北京同语、广州新媒体女性等多家关注妇女权益的公益组织共同开展了关于《反家庭暴力法》执行情况的研究，于《反家庭暴力法》实施一年后的2017年3月8日联合发布关于《反家庭暴力法》实施调研报告。调研报告基于对部分地方的实地调研、对媒体报道的统计分析、网络问卷调查以及对性少数人群之间暴力调查等方式，从多种视角反映该法执行情况，发现反家庭暴力存在的问题和挑战，并提出相应建议。

2.《慈善蓝皮书：中国慈善发展报告（2017）》发布

2017年6月14日，由中国社会科学院社会政策研究中心及社会科学文献出版社共同举办的《慈善蓝皮书：中国慈善发展报告（2017）》发布会在北京举行。蓝皮书指出，截至2016年12月底，全国共有社会组织69.9万个。其中社会团体33.5万个，基金会5523个，民办非企业单位35.9万个。2016年，社会捐赠总量预期将达1346亿元。其中，基金会系统接收的捐赠总额预估为489亿元；慈善会系统捐赠款物预估为348亿元；民政系统接收的社会捐赠款物为70.83亿元，民办非企业单位和社会团体接收捐赠测算为194亿元，其他类捐赠接收主体接收捐赠的数额约为244亿元。

3.《儿童保护及救助系统现状调研报告（2016）》发布，儿童保护需更多可操作性细则

2017年8月2日，中科院心理研究所公布了与世界宣明会合作开展的《儿童保护及救助系统现状调研报告（2016）》。报告指出，目前国家层面儿童保护的法律只是原则性规定，缺乏可操作性，多数地区也缺乏具体政策、制度干预儿童虐待问题，受虐儿童难以被发现，难以得到安置，施暴者也得不到应有惩罚；同时认为，虽然民政部成立了未成年人（留守儿童）保护处，但我国未成年人保护的“有关部门”很多，并没有明确的儿童保护责任分工，“职责范围”一直不明确，导致实践中很容易出现儿童保护“都管”或“都不管”的情况。

4.《中国儿童发展报告2017》发布，助力反贫困与儿童早期发展

2017年12月18日，中国发展研究基金会《中国儿童发展报告2017》正式发布，报告主题是“反贫困与儿童早期发展”。报告称，大量的各国政策实践和最新科学研究表明，可以把人力资本开发作为反贫困的一种重要手段，把儿童早期发展作为一个重要突破口。儿童发展投资越早，收益越早，回报越高。报告认为，随着中国特色社会主义进入新时代，人民群众对自身及下一代过上美好生活的需求不断提高，然而由于中国经济社会发展的不平衡和不充分，儿童发展还面临着一系列重大挑战。

公民行动

1. 媒体报道走失自闭症少年死于托养中心，自媒体与传统媒体接力“扒粪”

2017 年 3 月，15 岁自闭症少年雷文峰从深圳市龙华新区走失，后在广东省韶关市新丰县练溪托养中心身故。有披露，该托养中心出现托养人员频繁死亡，2017 年 1 月 1 日至 2 月 18 日，49 天内死亡 20 人。最先披露此事的是前南都首席记者姜英爽创办的自闭症垂直自媒体“大米和小米”。《新京报》接力进行深度调查报道《一个自闭症少年的死亡之路》，完整地复原了自闭症少年雷文峰从出走迷失，辗转于医院、派出所、救助站，最后被托养中心送至医院死亡的全过程，这个曲折的悲剧呈现在所有人面前，广东省新丰县练溪托养中心持续的非正常死亡现象也终于被揭开冰山一角。在确凿的调查结果出炉前，当地政府曾试图掩饰这一丑闻，在新丰县政府网站上发公告否认托养中心存在“多人非正常死亡”的事实。3 月 21 日，民政部发出紧急通知，要求各地民政部门对救助管理机构站外托养等工作进行全面检查。自媒体“冰川思想库”发表评论文章《孙志刚死后 14 年，为什么雷文峰仍须死?》在文章末尾写道：从 2002 年进入媒体，10 多年的光景里，我和同行们亲历了调查报道在中国的兴起，以及它的衰落。与其说，我在为《新京报》的“扒粪行动”鼓与呼，毋宁说我在凭吊一个刚风华正茂就迅速老去的媒体年代。

2. 福建村民简办丧事省资捐赠 20 万元助力公益

2017 年 4 月 15 日，蔡金安、蔡永炉兄弟俩在料理父亲蔡天清的丧事后，按照父亲蔡天清临终前的叮嘱，移风易俗，带头简办丧事，把节省下来的 20 万元捐赠给社会发展公益事业。

3. 中国最早成立的青年公共空间——厦门碧山公共空间关停

2017 年 4 月 30 日，中国最早成立的青年公共空间——厦门碧山公共空间关停。此前，它旨在搭建青年思维碰撞和信息分享平台，为期待改变的青年人提供头脑风暴、会议、培训、沙龙等活动场地，培育校园沙龙和讨论分享文化，希望借此连接各群体间交流，鼓励跨界合作。厦门碧山公共空间共运营了6年，举办过数百场不同类型的以青年参与为主的活动。评论认为，此类青年公共空间的产生以及一系列思辨活动，得以使很多人重拾大学精神；公共空间的关停部分原因是线上对线下的冲击。

4. 湖南桂阳村民自发筹建教育基金，公务开支采用理事AA制

2017年6月1日，为资助当地贫困学生，扶助发展当地教育，湖南省桂阳县莲塘镇光明村村民自主发起、联合社会各界爱心人士及企业资助成立桂阳县教育基金会光明专项教育基金。基金所筹资金将全部用于扶助贫困生、奖励优秀师生等，每年预算15万元。基金还立下了规定，基金不报销餐费和差旅费，所有公务开支采用理事AA制。

5. 四家中国本土民间环保机构以公开信形式就WWF与京东结为战略合作伙伴提出质疑

2017年6月11日，中国绿发会濒危物种基金、青环志愿者服务中心、上海道融自然保护与可持续发展中心和灵山基金会环保行动者基金等4家环保组织联合发出《致世界自然基金会的一封公开函》，表达了对京东出售蓝鳍金枪鱼的关注和担忧，就WWF与京东集团结为战略合作伙伴提出质疑。2017年6月8日，京东与WWF结为战略合作伙伴，称双方将在全球范围内从生产、流通和消费端共同推动可持续发展和可持续生活的理念与行动；但6月9日，刘强东高调宣布将“极危”保护物种蓝鳍金枪鱼作为食材引进国内。面对质疑，京东承诺6月12日起下架所有自营的蓝鳍金枪鱼，而WWF也回应在全球范围内反对野生蓝鳍金枪鱼的捕捞行为、不支持养殖蓝鳍金枪鱼市场化的行为，不建议公众消费蓝鳍金枪鱼。

6.“凉山格斗孤儿”事件引发热议，未成年人保护机制尚不完善

2017年7月20日，“凉山格斗孤儿”视频在网络上引发热议。视频中称，这些小孩多失去双亲，或生活失去依靠，被恩波格斗俱乐部收养，接受艰苦的格斗训练，还偶尔参加商业演出。“凉山格斗孤儿”事件持续引发“这是慈善还是利用孩子赚钱”舆论争议，孩子受教育和生存发展权利该如何保障的问题也成为焦点。四川成都警方介入调查俱乐部对孤儿们收养的合法性，以及是否有未成年人参与商业比赛；凉山的教育部门将学生强行带离并送回家乡接受法定的义务教育。面对教育部门的强制要求，很多孩子表示还想回来。舆论再度质疑“解救孩子实质是逼迫孩子再回‘贫困’牢笼，是打着爱的名义干伤害的事情”。最终，在政府的支持下，恩波格斗俱乐部获得了体校资质，曾经被“遣送”的孩子们也将可以继续回来训练与学习，并且还会扩招生源，他们不仅能接受格斗训练，而且毕业还能获得国家承认的学历。

企业（家）

1. 好未来关注农村教育均衡发展，联合多方搭建希望在线公益平台

2017 年 1 月 10 日，知名的中小学教育机构好未来宣布上线“希望在线”教育平台。“希望在线”教育平台通过“科技 + 公益”让偏远农村的孩子通过移动互联网能够获得和城市孩子一样的优质教育资源，给他们带来教育公平的希望。“希望在线”教育公益平台承载了共享平台、在线行动平台和交流社区三大构想，教育机构、公益组织和个人可以通过三种路径实现公益行为：第一，B2C 模式，好未来等教育机构将教育资源直接共享给学生。第二，B2B2C 模式，教育企业可将教育产品提供给公益组织，让专业的公益人将教育资源扎实落地，让公益更高效。第三，C2C 模式，依托好未来等提供的直播技术，个人可以通过“希望在线”公益平台，为有需求的学生提供远程支教。南都公益基金会、中国发展研究基金会、西部阳光农村发展基金会、21 世纪教育研究院、上海真爱梦想基金会、中国国际民间组织合作促进交流会家长与教师合作管理委员会等六家公益合作组织，受邀成为“希望在线”首批合作组织。

2.“头条寻人”成立志愿者联盟，依赖普通人与明星的通力合作

2017 年 2 月 28 日，今日头条“头条寻人”项目成立头条寻人全国志愿者联盟。头条寻人全国志愿者联盟总人数超过 168 万，分为三部分，包括由环卫工人、保安、出租车司机组成的日常志愿者；由专业救援队组成的专业志愿者；以及由明星代表组成的明星志愿者。日常志愿者由于经常在街道等户外场所活动，比普通人更易于发现走失者的线索，一旦日常志愿者工作的区域中有人走失，头条寻人就会发送寻人启事弹窗请他们留意寻找。明星志愿者将依赖自身影响力帮助更大规模扩散寻人信息，并提高公众对走失群体的关注和认知。

3. 多家中央企业发布精准扶贫白皮书

2017 年 3 月 3 日，中共中央办公厅、国务院办公厅印发《关于进一步加强中央单位定点扶贫工作的指导意见》，明确提出了扶贫攻坚的主要任务和具体要求，并提出强化牵头机制，由国务院国资委牵头联系中央企业的定点扶贫工作。2017 年 8 月 30 日，国务院扶贫开发领导小组印发了《中央单位定点扶贫工作考核办法（试行）》的通知。考核办法要求国务院国资委牵头对中央企业的定点扶贫工作开展考核，通过考核，激励先进，鞭策后进，进一步压实中央单位的帮扶责任，推动加大帮扶力度，向深度贫困地区倾斜，向乡村基层延伸，切实帮助定点扶贫县如期完成脱贫攻坚任务。央企近年来在精准扶贫过程中发挥了重要骨干和示范引领作用，探索出定点扶贫的有效模式，也积累了诸多宝贵经验。2017 年以来，多家大型央企纷纷发布本企业有关扶贫的白皮书，梳理企业多年来的扶贫经验和典型案例。其中包括《国家开发投资集团有限公司扶贫白皮书（1995 - 2017）》、《中国石化在西藏（2002 - 2017）》白皮书、《南方电网有限责任公司精准扶贫报告（2013 - 2017）》、《中国华能集团有限公司精准扶贫白皮书》等。

4. 菜鸟绿色联盟公益基金成立，专注解决物流业污染

2017 年 3 月 17 日，中国首个物流环保公益基金——中华环境保护基金会菜鸟绿色联盟公益基金在京成立。该基金是由菜鸟网络、阿里巴巴公益基金会、中华环境保护基金会发起，圆通、中通、申通、韵达、百世、天天等六家快递公司共同出资成立。未来，基金计划投入 3 亿元，用于开展绿色物流、绿色消费、绿色供应链等方面的研究、倡导和推动。高速增长的快递业成为中国经济的一匹黑马，但在快递包装中，“大材小用”、过度包装的现象也比较严重，回收使用率极低。同时，海量快递包装对环境的破坏也逐渐引起社会关注。为此，菜鸟绿色联盟公益基金将专注于解决日趋严重的物流业污染现状，推动快递包装创新改良，促进快递车辆使用清洁能源，引导运用大数据技术减少资源浪费，更好地保护生态环境。

5. 京东推出“京东公益物资募捐平台”，为社会公众提供阳光、透明的公益捐赠体验

2017 年 3 月 24 日，“京东公益物资募捐平台”正式上线。该平台完全基于移动端开发，网友通过京东 APP 即可访问京东公益模块，浏览了解公益项目，以爱心价点选购所捐赠项目所需物资，一键即可完成捐赠。网友的爱心物资经由京东物流体系直接配送到公益项目地，并由公益机构执行人员发放至受助人手中。网友可通过京东 APP 实时查询物流状态，跟踪物资发放到受助人手中的全过程。“京东公益物资募捐平台”充分发挥了京东自营式电商优势，从商品供应、物流配送、技术运营、客户服务等方面为公益项目提供全方位支持，为社会公众提供阳光、透明的公益捐赠体验。

6. Kindle“书路计划”面向开放，探索捐赠图书电子化

2017年4月27日，中国扶贫基金会与亚马逊中国宣布，旨在消弭城乡之间青少年阅读鸿沟的“书路计划”正式面向社会开放，任何社会组织、企业与个人都能够参与该公益项目，直接通过中国扶贫基金会向偏远地区的小学捐建Kindle电子图书馆。中国扶贫基金会将对电子图书馆的Kindle设备进行统一采购，对“书路计划”进行监督与管理。亚马逊中国将配合中国扶贫基金会为“书路计划”提供整套的技术解决方案，协调图书馆的电子书目内容，以及学生作文选集《书路童行》的成册义卖和教师培训等一系列项目及活动，并继续捐赠亚马逊Kindle电子图书馆。

7. 北斗航天卫星应用科技集团捐赠儿童定位的“彩虹豆”，丰富留守儿童救助手段

2017年6月2日，由全国妇联、国家信息中心指导，中国儿童少年基金会、北斗航天卫星应用科技集团联合发起的“北斗关爱新行动”——关爱留守儿童公益项目正式启动。项目的亮点包括：一是基于北斗卫星导航核心技术，构建国家级留守儿童关爱大数据平台，提供安全防护、预警应急、公益救助、健康监测、医疗援助等综合服务，达到社会公益资源共享共通。二是捐赠“留守儿童安全礼包”。礼包中配置的用于儿童定位的“彩虹豆”（或定位手表）可与“留守儿童关爱服务平台”连接，家长可通过手机APP对留守儿童进行定位、监测、即时通讯。该公益项目运用新技术、新思路、新手段，丰富发展儿童慈善项目资助服务体系。

8. 腾讯发布“创益计划”，助力公益机构和公益项目提升公益创意传播能力

2017年6月13日，腾讯宣布推出助力公益生态发展的“创益计划”，计划首期将拿出20亿元的广告资源，资助全国的公益组织和公益项目提升公益创意传播能力。腾讯“创益计划”是创新创意+公益，是用创造性的思维，艺术的表现形式，来传播公益理念。

9. 阿里巴巴发布中国首个公益大数据开放平台，打造智慧公益体系

2017年7月4日，由阿里巴巴联合《公益时报》及全国100多家主流媒体共同打造的“天天正能量”公益平台，推出了中国公益领域首个大数据开放平台——网络公益大数据平台，引发社会关注。平台目前分为公益捐赠、公益众筹、公益行动、公益动态四个维度，由阿里云提供技术支持，每天从海量的网络信息中，持续、全面、高频率地采集公益领域的活跃信息，对全国各地公益动态和热点事件进行实时监测，同时利用智能分析技术，将公众的公益偏好、不同地区的公益需求和特点，以可视化的方式动态呈现出来。平台面向全社会开放，公众、政府、公益机构、企业 CSR 等均可进入平台，实时获取全国公益整体数据及最新动态，也可以直接点击地图上的某个具体省份，通过公益参与人数、每日善款流向、公益关注领域等数据，了解当地公众的公益热情程度，当地公众最喜欢的公益方向，当地公益组织最感兴趣的领域……从而有针对性地制定公益策略、采取公益行动。据平台开发者介绍，随着平台数据采集量的增多和维度的日益完善，这种“公益画像”会越来越清晰，未来阿里巴巴“天天正能量”还将与权威学术机构合作，对现有数据进行更深入的研究，实现对行业未来趋势的分析和预判，让公益变得更加智能、高效。

10. 美的集团创始人何享健公布 60 亿元慈善捐赠计划，示范“慈善信托 + 基金会”模式

2017 年 7 月 25 日，美的集团创始人何享健公布 60 亿元慈善捐赠计划。何享健 60 亿元捐赠计划包含股权捐赠和现金捐赠两个部分，其中，1 亿股美的集团股票将设立慈善信托，20 亿元现金捐赠，包含 5 亿元现金设立的“顺德社区慈善信托”，另有 15 亿元现金涵盖了精准扶贫、教育、医疗、养老、创新创业、文化传承等多个领域。这种“慈善信托 + 基金会”的模式，对推动中国大额捐赠的落地和私人基金会的可持续发展有示范和标杆作用。

11. 斗鱼“直播 + 公益”，让更多人加入到公益中来

2017 年 9 月，斗鱼直播的 4 位明星主播 FLY、王慕霸、何涛涛、张博涵来到新疆维吾尔自治区策勒县固拉哈玛乡支教。与传统意义上的支教有所不同，斗鱼直播支教之旅有效地利用了新兴媒体平台，通过直播的手段将支教过程中的一点一滴真实地展现在大众面前。以往，只有极少数的人深入了解过支教，而多数人并不清楚支教的重要作用，而这次借助直播媒体的力量，让更多的人了解并正确地认识支教，这种新兴业态大大降低了公益认知的时间成本，将有利于更多的人参与到公益中来。据统计，本次支教在斗鱼直播平台上最高同时在线有 86 万用户观看。

12. 今日头条推出“捐时间”公益平台

2017 年 9 月 14 日，今日头条推出“捐时间”公益平台，用户在今日头条每阅读一分钟，就可以在用户自己的个人界面兑换一个“公益金”，公益金可以捐赠给自己喜欢的公益项目。在“捐时间”项目的运作模式中，今日头条负责寻找、对接爱心企业和有资质的公益基金会。用户在今日头条捐助“公益金”后，由爱心企业按承诺实际捐赠善款、物资。

13. 阿里巴巴宣布成立脱贫基金，并对脱贫KPI进行严格考核

2017年12月1日，阿里巴巴宣布成立脱贫基金，未来5年会投入100亿元，探索出“互联网+脱贫”的新模式，组建一套组织保障体系，用公益的心态，商业的手法，全面参与到脱贫攻坚战中去。阿里巴巴确立的脱贫观包括：通过建立起包括交易、物流、支付、金融等在内的基础设施，帮助贫困地区、贫困人口提供因地制宜的脱贫解决方案。阿里巴巴脱贫基金由马云任主席，蔡崇信、彭蕾、张勇、井贤栋担任基金副主席，阿里巴巴党委书记邵晓锋则任基金秘书长。除了4个副主席，阿里巴巴体系内的每个独立公司都会负责一个脱贫项目，对总裁进行脱贫KPI考核。以后，每半年公布一次脱贫报告，并首批邀请30位观察员，对项目进行监督。

14. 中国电建、中国交建两家企业获得中国社会责任海外履责奖

2017年12月6日，由新华网、中国社科院企业社会责任研究中心、中国企业改革与发展研究会等单位联合主办的“2017中国社会责任公益盛典”在北京隆重举行，中国电力建设集团有限公司和中国交通建设股份有限公司获得大会颁发的中国社会责任海外履责奖。

海外力量

1. 耶鲁大学成立“中国情商基金会”，推动中国儿童情商教育研究和实践

2017年3月，美国耶鲁大学宣布成立耶鲁大学“中国情商基金会”，推动中国儿童情商教育研究和实践。耶鲁大学“中国情商基金会”成立后，将重点聚焦中国儿童情商教育，并将把与情商教育相关的最新研究、培训与实践项目引入中国。该基金会主席、项目主要捐赠人红杉资本全球执行合伙人沈南鹏说：“我相信‘中国情商基金会’的成立，能让中国儿童更早地接受到情商方面的系统教育，给他们的人生带来积极影响。”

2. 董方军、游忠惠正式加入"捐赠誓言"

2017 年 5 月 30 日，"捐赠誓言（Giving Pledge）"公布最新加入这一全球慈善行动的名单，国际公益学院全球善财领袖计划 GPL 学员董方军、游忠惠承诺将半数以上资产捐给慈善事业，正式成为签署"捐赠誓言"的宣誓人。这是继蒙牛集团创始人、老牛基金会创始人牛根生之后，再次有来自中国大陆的慈善家宣布加入该慈善行动。"捐赠誓言"是由沃伦·巴菲特、比尔和梅琳达·盖茨夫妇于 2010 年发起的一项全球倡议，致力于鼓励全球最富有的个人和家庭将其大部分财富投入到慈善事业中，以解决当前最紧迫的社会问题。

3. ARNOVA 第一届亚洲会议在中国人民大学举行，鼓励非营利领域不同方向的学者之间的对话

2017 年 6 月 6 日 –7 日，由中国人民大学中国公益创新研究院和 ARNOVA 共同主办的 ARNOVA 第一届亚洲会议在中国人民大学举行，来自中、美、日、韩国等 10 余国的约 150 位专家学者参加了会议。此次会议围绕"亚洲的非营利世界：碎片化研究领域中的多元视角"的主题，汇集了同亚洲各地区、各领域与非营利组织和志愿行动相关的研究，鼓励非营利领域不同方向的学者之间的对话。ARNOVA 是全球历史最悠久、最具声望的致力于非营利与志愿部门研究的专业协会，拥有来自世界各国的 1200 多个专家学者会员。此前已连续 45 年成功地在美国和世界其他地区举办学术会议，在全球非营利研究领域积累了不凡的学术影响力。

4. 罗斯高演讲催化大众对农村教育问题的思考

2017 年 9 月 15 日，美国斯坦福大学中国问题学者、发展经济学家罗斯高在一席公众号发表题为"农村儿童的发展怎样影响未来中国"的演讲，里面描述了中国农村的教育落后程度很高，主要是因为农村孩子从婴幼儿期就没有足够的营养以及来自父母的教育。罗斯高提到一个可能的解决办法是吸引母亲，特别是在孩子 0 –3 岁的时候，回到农村给予儿童足够的培养。城乡教育的巨大差距和农村留守儿童问题一直是近年基础教育和儿童保护领域的热点话题，因此也涌现出来不少针对这篇演讲的评论。其中不少评论对罗斯高这篇演讲中的数据和逻辑提出了不同的观点，多数评论认为罗斯高呼吁 0 –3 岁儿童母亲回乡照顾孩子的解决建议虽然可爱但不现实，在城乡贫富差距这一根本问题没有解决的情况下，让农村妈妈回乡照顾孩子只是一厢情愿。

5. 亚太社工大会首次在华召开，中国社工事业赢得国际社会认可和尊重

2017 年 9 月 26 日，第 24 届（2017）亚太地区社会工作区域联合会议首次在华召开。亚太社工大会是亚太地区社会工作领域规模最大的国际会议，每两年召开一次，中国内地首次成为国际社工大会东道主。评论认为，中国社会工作赢得国际社会的认可和尊重，其国际影响力的扩大和提升也迎来良机。挑战与机遇并存，中国社会工作的创新和可持续发展路径仍有待探索。

致　谢

非常感谢中国扶贫基金会原执行会长何道峰先生、执行副理事长王行最先生、副理事长兼秘书长刘文奎先生、常务副秘书长陈红涛先生、副秘书长王鹏先生为本报告提供的一如既往的前期及后续支持。感谢社会科学文献出版社社会政法分社社长王绯女士对本报告的出版给予的有力支持，同时，感谢黄金平先生高质量的编辑工作。也非常感谢朱碧丹女士继续为本报告设计了精美的封面和版式。

在报告撰写过程中，得到了创 Yi 空间联盟创始人王志斌先生、台湾空间资源分享平台执行单位负责人詹育芳女士，北京轻松筹网络科技有限公司联合创始人兼副总裁于亮先生、北京轻松筹网络科技有限公司市场推广部工作人员李众女士，北京十方缘老人心灵呵护中心发起人方树功先生、北京十方缘老人心灵呵护中心员工杜婉灵女士和翟静女士、广州十方缘老人心灵呵护中心理事长匡胜利先生、十方缘二星义工王德珍女士、十方缘三星义工潘璐女士、十方缘四星义工王丽萍女士、十方缘被呵护老人家属刘建军先生、十方缘被呵护老人家属吴岩女士，中国扶贫基金会副秘书长丁亚冬先生、中国扶贫基金会原资源发展部公关处处长李昊先生、中国扶贫基金会资源发展部主任助理黎钊先生，腾讯公益慈善基金会执行秘书长窦瑞刚先生、腾讯产业政策部主任陈圆圆女士、腾讯产业政策部总监何佳霖女士、山东省菏泽市舒王庄村支书助理兼“为村”管理员张宁宁女士，蒲韩种植养殖联合社总经理郑冰女士、蒲韩乡村不倒翁学堂干事任淑列女士、蒲韩种植养殖联合社植保服务部干事苗盼女士，杭州老爸评测科技有限公司创始人兼总经理魏文锋先生、杭州老爸评测科技有限公司联合创始人兼副总经理符文洛先生等相关人士的大力支持，以及大量这里未提及的专家学者及公益界朋友的支持，包括信息资料的提供、个案访谈时的支持，以及提供诸多有价值的意见。谨向他们致以诚挚的谢意！

此外，特别要感谢八年以来一直关注和支持《中国第三部门观察报告》的公益界同仁，专家学者，关心公益事业的公众和媒体，以及相关政府部门官员，正是他们的认可和鼓励，使我们看到了报告真正的价值和意义，激励我们更努力地走下去。

最后，衷心地感谢中国扶贫基金会八年来为本报告提供的支持与资金资助。

图书在版编目(CIP)数据

中国第三部门观察报告. 2018 / 康晓光，冯利主编
. -- 北京：社会科学文献出版社，2018.6
ISBN 978-7-5201-2920-6

Ⅰ. ①中… Ⅱ. ①康… ②冯… Ⅲ. ①社会团体-研究报告-中国-2018 Ⅳ. ①C232

中国版本图书馆 CIP 数据核字（2018）第 119501 号

中国第三部门观察报告（2018）

主　　编 / 康晓光　冯　利

出 版 人 / 谢寿光
项目统筹 / 王　绯　黄金平
责任编辑 / 黄金平

出　　版 / 社会科学文献出版社·社会政法分社（010）59367156
地址：北京市北三环中路甲 29 号院华龙大厦　邮编：100029
网址：www.ssap.com.cn
发　　行 / 市场营销中心（010）59367081　59367018
印　　装 / 三河市龙林印务有限公司

规　　格 / 开 本：787mm × 1092mm　1/16
印 张：18.25　字 数：300 千字
版　　次 / 2018 年 6 月第 1 版　2018 年 6 月第 1 次印刷
书　　号 / ISBN 978-7-5201-2920-6
定　　价 / 88.00 元